Norbert Herschkowitz
Elinore Chapman Herschkowitz

Klug, neugierig und fit für die Welt

HERDER spektrum
Band 5686

Das Buch

Was geschieht im Kopf von Kindern, wenn sie sprechen und laufen lernen, zum ersten Mal lächeln oder „Nein" sagen? Und was können Eltern für einen guten Start ins Leben tun? Die Gene sind nicht alles – das Gehirn entwickelt sich auch aufgrund der Erfahrungen, die Kinder in ihrer Welt machen. Die ersten sechs Jahre sind besonders wichtig. Die Autoren erklären, wie sich das Gehirn entwickelt: Was ist bei der Geburt schon da; welche neuronalen Netzwerke werden wann geknüpft? Erfahrung kann diese Netzwerke stärken oder schwächen. Darum brauchen Kinder Menschen, die förderliche Erfahrungen zum richtigen Zeitpunkt möglich machen – und die wissen, dass zuviel „Frühförderung" auch kontraproduktiv sein kann. Das Grundlagenbuch für alle, die wissen wollen, wie man Kinder optimal in ihrer Entwicklung unterstützt.

Die Autoren

Norbert Herschkowitz, Prof. Dr. med., Kinderarzt und Neurowissenschaftler; Forschungstätigkeit in Europa und den USA, leitete die Abteilung für Entwicklung und Entwicklungsstörungen an der Universitäts-Kinderklinik Bern.

Elinore Chapman Herschkowitz, Pädagogin, langjährig als Dozentin am Lehrerseminar Bern tätig.

Das Ehepaar lebt in der Nähe von Bern. Umfangreiche Vortragstätigkeit. Bei Herder ist von beiden Autoren außerdem erschienen: Lebensklug und kreativ. Was unser Gehirn leistet, wenn wir älter werden.

Norbert Herschkowitz
Elinore Chapman Herschkowitz

Klug, neugierig und fit für die Welt

Gehirn- und Persönlichkeitsentwicklung in den ersten sechs Lebensjahren

Aus dem Amerikanischen von Boike Rehbein

HERDER
FREIBURG · BASEL · WIEN

Gedruckt auf umweltfreundlichem, chlorfrei gebleichtem Papier

www.herder.de
Satz: Dtp-Satzservice Peter Huber, Freiburg
Herstellung: fgb · freiburger graphische betriebe 2006
www.fgb.de
Umschlaggestaltung und Konzeption:
R·M·E München / Roland Eschlbeck, Liana Tuchel
Umschlagmotiv: © Corbis
ISBN-13: 978-3-451-05686-4
ISBN-10: 3-451-05686-0 Taschenbuch-Neuausgabe

ISBN 3-451-28267-4 Erstausgabe

Inhalt

Vorwort

Die ungeheuren Fortschritte unseres Wissens über das Gehirn, vor allem über die biologischen Veränderungen im ersten Lebensjahrzehnt, haben John Lockes Metapher der psychischen Entwicklung korrigiert, von der die psychologische Interpretation der menschlichen Entwicklung während der letzten 200 Jahre beherrscht war. Während meines Studiums Mitte des letzten Jahrhunderts waren Wissenschaftler, die sich mit der Psyche beschäftigten, davon überzeugt, dass die universellen Meilensteine der Entwicklung – beispielsweise die so genannte „Achtmonatsangst", die Sprache, das Vermögen, Scham zu empfinden und Schlussfolgerungen anzustellen – Produkte zufälliger Belohnungen und Strafen seien. Selbst das stark abnormale Phänomen des Autismus wurde als Produkt einer gleichgültigen, abweisenden Mutter aufgefasst. Überraschend ist weniger diese Auffassung selbst als die in meiner Generation verbreitete Annahme, sie sei rational. Wenn eine wissenschaftliche Gemeinschaft sich von der Gültigkeit einer Annahme überzeugt hat, die rational begründet werden kann und im Einklang mit der politischen Ideologie steht, verfällt sie leicht in die dogmatische Verteidigung von etwas, das sich in der Praxis als falsch erweist. Man erinnere sich daran, dass vor Kopernikus intelligente Leute davon überzeugt waren, die Sonne drehe sich um die Erde, Hexerei könne Krankheiten verursachen und die Asche in einer Feuerstelle sei schon im Holz enthalten gewesen, das dort brannte.

Dank der Arbeit zahlloser Wissenschaftler können wir heute ein alltägliches Phänomen besser verstehen: Im Alter von drei Monaten kann ein Kind wohl die Mutter von einer fremden Person unterscheiden. Aber erst im Alter von sechs bis sieben Monaten beginnen Kinder in jeder kulturellen Umgebung, vom Dschungel in Sumatra bis zu einer Pariser Wohnung, zu weinen, wenn sich ihnen ein Fremder nähert. Dieses Verhalten beruht auf dem biologischen Fahrplan, der das Gehirnwachstum steuert und beispielsweise die Regionen sensorischer Assoziation und die Temporallappen (Schläfenlappen) mit dem präfrontalen Kortex (Stirnhirn) verbindet. Viele andere Phänomene sind ebenfalls mit der Ausbildung des Gehirns verknüpft.

Die Entdeckungen der Hirnforschung haben Mediziner und Forscher dazu gezwungen, den Einfluss individueller Schwankungen in der Chemie des Gehirns zu berücksichtigen, die zu Unterschieden im Energiehaushalt, in der Aufmerksamkeit und Ausprägung der Angst vor neuen Ereignissen führen.

Da diese Erkenntnisse relativ neu sind, haben sie noch keinen Eingang in Bücher und Artikel gefunden, die als Ratgeber für Eltern gedacht sind. Es ist höchste Zeit, diesem Mangel abzuhelfen. Elinore und Norbert Herschkowitz haben sich der Aufgabe angenommen und helfen damit Eltern und den Millionen von Kindern, die dieses Jahr zur Welt kommen. *Klug, neugierig und fit für die Welt* ist ein bemerkenswertes Buch. Es gelingt ihm, psychologisches und biologisches Wissen zu einer Einheit zu verschmelzen, ohne abgehoben zu sein, technische Einzelheiten zu vermitteln, ohne pedantisch zu wirken, und vor allem, sich kurz zu fassen, ohne leichtfertig zu verfahren.

Das Buch zeichnet sich in mehrfacher Hinsicht durch Aktualität aus. Die Autoren berücksichtigen, dass Erkenntnis und Emotion keine separaten Prozesse sind, sondern Teile eines größeren Ganzen. Sie hüten sich auch vor einem einfachen Determinismus, der viele ähnliche Bücher kennzeichnet. Den Autoren ist klar, dass die Lieblingsantwort der Natur weder „Ja" noch „Nein" lautet, sondern „Vielleicht". Die Abschnitte über die Sprache, Reaktionen auf Neues, Selbstbewusstsein und Persönlichkeit sind herausragend. Und ich kenne kein Buch für Eltern, das den Begriff des Temperaments so gelungen behandelt. Für sie ist die Auffassung sicher interessant, dass man die geistigen Fähigkeiten des Kindes eher als eine Vielzahl kognitiver Fähigkeiten betrachten sollte, nicht als *eine* allgemeine intellektuelle Kompetenz.

Es ist nicht ohne Bedeutung, dass die Autoren mit Bedacht der Versuchung widerstehen, Eltern konkrete Ratschläge dafür zu geben, wie sie ihre Kinder füttern, baden und mit ihnen spielen sollten. Kinder zu erziehen ist etwas anderes, als einen Auflauf zuzubereiten. Junge Kinder sind ziemlich robust, sie sind keine Porzellanuhren, die leicht zerbrechen. Eltern stellen fest, dass ihre Kinder nach dem zweiten Geburtstag beginnen, ihre Erfahrungen zu interpretieren und damit in Erlebnisse umzuwandeln. Diese Erlebnisse, nicht die objektiven Ereignisse, sind die wichtigsten Determinanten für das spätere psychische Profil des Kindes. Die meisten Kinder des puritanischen Zeitalters, die von ihren Eltern hart bestraft wurden, hatten später keinen großen Bedarf an professioneller Hilfe, weil sie hinter Strafen einen guten Willen sahen, nämlich dem Kind einen guten Charakter zu verleihen. Die Autoren vermeiden es zwar, eine politische Ideologie zu befürworten oder abzulehnen, aber in einer Hinsicht beziehen sie einen klaren Standpunkt, den ich für sinnvoll halte: Sie sind der Meinung, die Eltern sollten ihrem Kind vermitteln, dass es Mitglied einer Familie ist, eines Teams, und damit sowohl Privilegien wie Pflichten hat. Der steigende Wohlstand vieler Eltern aus der so genannten Mittelschicht macht die vielen Arbeiten überflüssig, die man im 19. Jahrhundert von den meisten Kindern erwartete. Die Tatsache, dass Kleider gewaschen oder Holzscheite gespalten wurden, war weniger wichtig als die Tatsache, dass das Kind mit diesen einfachen Tätigkeiten zum Wohlergehen der ganzen Familie beitragen konnte. Wenn Kinder der Meinung sind, etwas beitragen zu können, müssen sie weniger oft daran erinnert werden, dass man sie liebt, und weniger oft durch Geschenke überzeugt werden, dass sie in den Augen ihrer Eltern etwas wert sind. Ich stimme den Autoren voll und ganz zu, wenn sie den Eltern vorschlagen, ihre Kinder als Kollegen zu behandeln und nicht als Rassepferde, die eines Tages viel Geld verdienen und Berühmtheit erlangen sollen.

Die Autoren machen unmissverständlich klar, dass Eltern einen starken Einfluss auf ihre Kinder haben. Die wissenschaftliche Forschung gibt ihnen Recht. Kinder, die in sehr unterschiedlichen Elternhäusern aufwachsen, haben unterschiedliche Fähigkeiten und Interessen. Kinder aus einem ähnlichen Elternhaus, die in unterschiedliche Kindergärten gehen, sind sich hingegen bemerkenswert ähnlich.

Wenngleich die Autoren schreiben, Eltern sollten mit ihren kleinen Kindern sprechen, spielen und ihnen vorlesen, weisen sie doch gleichzeitig darauf hin, dass es sehr wichtig ist, das Kind seine eigenen Erfolge feiern zu lassen. Kluge Eltern verhalten sich wie ein guter Regisseur: Sie leiten das Kind an, lassen ihm aber so viel Freiheit, dass es glaubt, jeder Erfolg sei seine eigene Leistung.

Dieses Buch beantwortet viele schwierige Fragen, die Eltern sich stellen. Es wird die Liebe verstärken, die die meisten Eltern für ihre Kinder empfinden, und den Optimismus untermauern, mit dem Eltern die Lebensaufgabe der Erziehung angehen.

Jerome Kagan
Professor für Psychologie
Harvard University

Dank

Nun, da wir das Buch zum Druck freigeben, würden wir gerne all denen danken, die uns bei der Arbeit daran inspiriert, ermuntert und geholfen haben. Die Liste beginnt in der Folge des Auftretens mit unseren Eltern, Hilel und Ela Herschkowitz sowie John und Clara Chapman, denen wir nicht nur unsere Gene verdanken, sondern auch die Überzeugung, dass Eltern eine äußerst wichtige Rolle im Leben eines Kindes spielen. Wir danken unseren Kindern, Daniel Herschkowitz und Jessica Herschkowitz Gygax, für die Erfahrungen, die wir durch die Beobachtung ihres Heranwachsens machen konnten. Ebenfalls danken wir den kleinen Patienten und ihren Eltern, die Norbert im Verlaufe seiner 25 Jahre an der Kinderklinik betreut hat.

David und Hillie Mahoney von der Dana Foundation waren die Ersten, die uns ermuntert haben, unser Projekt zu beginnen. Die Begeisterung der Mahoneys, die Barbara Gills und Barbara Bests von der Dana Foundation und die der Dana Alliance for Brain Initiatives hat uns Mut gemacht. Wir danken auch Bill Safire für seine beständige Unterstützung. Jane Nevins von der Dana Press war von Anfang an unsere treue Beraterin und Lektorin. Wir möchten Louise Demarest Thunin, Schriftstellerin, Mutter und Großmutter, Susan Aravanis und Elizabeth N. Lasley, Schriftstellerinnen und junge Mütter, für die Lektüre des Manuskripts und wertvolle Ratschläge danken. Stephen Mautner, Cheflektor der Joseph Henry Press, lektorierte die Endfassung. Randy Talley, Hersteller bei der Dana Press, war für die Koordination der Grafiken zuständig, und Kathryn Born, medizinische Zeichnerin, schuf die Illustrationen für das Buch.

Wir haben als Repräsentanten des kollektiven Wissens, das diesem Buch zu Grunde liegt, einige Menschen ausgewählt, die uns besonders geholfen haben, indem sie uns ihre neuesten Veröffentlichungen zur Verfügung gestellt, spezielle Fragen beantwortet und uns ihre persönlichen Erkenntnisse mitgeteilt haben: Karl Zilles und Katrin Amunts, Institut für Hirnforschung, Düsseldorf; Patricia Goldman-Rakic (†), Pasko Rakic, Yale University; Henning Schneider, Universitäts-Frauenklinik, Bern; Emilio Bossi, Geburtsmediziner und Dekan der medizinischen Fakultät, Universität Bern; Dennis Molfese, University of Louisville, Kentucky; Jean-Pierre Changeux, Institut Pasteur, Paris; William Damon, Stanford University; Joaquin M. Fuster, Hirnforschungsinstitut, Los Angeles; Carla Shatz, Abteilung für Neurobiologie, Harvard Medical School; Guy McKhann, The Zanvyl Krieger Mind/Brain Institute, Johns Hopkins University; Petra Hüppi, Abteilung für Pädiatrie, Universität Genf; Marcel Zentner, Abteilung für Psychologie, Universität Genf; Shintaro Okada, Abteilung für Entwicklungsmedizin, Universität Osaka, Japan; und Yoshikatsu Eto, Abteilung für Pädiatrie, Tokyo Jikei University School of Medicine.

Besonderer Dank gilt Jerome Kagan, Nancy Snidman, Eric Petersen, Steve Most, Sue Woodward, Marc McManis und Doreen Arcus von der Kinderstudie der Harvard University sowie Joseph

Volpe von der Abteilung für pädiatrische Neurologie an der Harvard School of Medicine. Wir möchten auch den Belegschaften der Countway Medical Library, der Bibliothek der Universitätsklinik von Bern und der psychologischen Bibliothek der Universität Bern für ihre freundliche und kompetente Hilfe danken.

Einleitung

„Fördere das Gehirn deines Babys.“ Als ich in der Bostoner Niederlassung von Tower Records das riesige Angebot von CD's durchstöberte, fiel mir ein Titel ins Auge. Das Bild fröhlicher, aufgeweckter Säuglinge und die Behauptung, die „Kraft der Musik" könne den Aufbau des Gehirns fördern, reichten aus, um meine Neugier zu wecken. Ich begab mich mit der CD zur Kasse. Aus einem ähnlichen Impuls heraus hatte ich schon die Ausgabe des *Time Magazine* vom 13. September 1999 gekauft. Auf dem Titelblatt stand in großen Lettern die reißerische Frage: „Das IQ-Gen?" Sollte das heißen, dass wir Genmanipulationen vornehmen könnten, um die Menschen intelligenter zu machen?

Wir alle wollen das Beste für unsere Kinder. Und unsere Erfahrung lehrt uns, wie wichtig es in einer schnell sich ändernden Welt ist, große Mengen von Information zu verarbeiten, kreative Lösungen für die Probleme unserer Umgebung zu finden, mit unseren Emotionen umgehen zu können und mit anderen Menschen auszukommen. Weil wir wissen, dass das Gehirn dabei eine zentrale Rolle spielt, sind wir sehr empfänglich für Neuigkeiten aus dem Bereich der Hirnforschung.

Wir leben im Informationszeitalter. Es ist aber auch ein Zeitalter der Verwirrung und der Unsicherheit. Die großen Informationsmengen enthalten zahlreiche Widersprüche über das, was zu tun oder nicht zu tun ist. Eltern sind in dieser Situation natürlich versucht, den nächstbesten Strohhalm zu ergreifen und so lange wie möglich daran festzuhalten.

Wenn Sie einen Schritt zurücktreten und sich mit den Lehren der Wissenschaft über die Entwicklung des menschlichen Gehirns beschäftigen, können Sie ein gesundes Gleichgewicht finden, ohne zu viel oder zu wenig für die kognitive, emotionale und soziale Entwicklung ihres Kindes zu tun. Sie haben sich zweifellos schon gefragt, ob es biologisch festgelegte Phasen in der Kindesentwicklung gibt, in denen man kritische Zielvorgaben verpassen könnte. Vielleicht haben Sie sich auch gefragt, ob es so etwas wie ein IQ-Gen gibt. Möglicherweise haben Sie sogar darüber nachgedacht, in welcher Weise und aus welchem Grund jedes Baby einzigartig ist. Auch Soziologen, Psychologen, Kinderärzte und Hirnforscher stellen diese Fragen. Wir versuchen, ihre Antworten in diesem Buch zusammenzufassen, um Ihnen die Möglichkeit zu verschaffen, Ihr eigenes Wissen zu erweitern.

Unser Eifer, uns neue Entdeckungen anzueignen, sollte durch einige allgemeine Hinweise gezügelt werden. Nicht alle wissenschaftlichen Berichte haben unmittelbare praktische Folgen. Dass zwei Ereignisse gleichzeitig auftreten, beweist nicht unbedingt, dass eines die Ursache des anderen ist. Das Gehirn ist ein unüberschaubares Netzwerk, in dem zahlreiche Subsysteme zusammenarbeiten. Beispielsweise ist kein einzelnes Gehirnzentrum allein für Erinnerungen oder Aufmerksamkeit zuständig. Tierversuche eröffnen uns zwar wertvolle Einsichten in die Grundlagen der Nerventätigkeit und des Verhaltens, aber die Ergebnisse müssen meist noch für den Menschen belegt werden. Heute gibt es neue Techniken zur Erforschung des Zusammenhangs von Gehirnzentren und Funktionen. Sie erfordern keine Eingriffe und ermöglichen direkte Untersuchungen. Damit stehen wir auf der Schwelle zu einer neuen, aufregenden Zeit.

Dieses Buch ist eine Gemeinschaftsarbeit. Es beruht auf einem 34-jährigen zweisprachigen Dialog zwischen Amerika und Europa, Hirnforschung und Pädagogik, Pädiatrie und Erziehung. Um die Darstellung zu vereinfachen und uns nicht als unbeteiligte Beobachter zu präsentieren, haben wir beschlossen, dass ich die Einleitung schreibe. Dann wird Norbert den Ton angeben. Tatsächlich aber haben wir beide das ganze Buch zusammen geschrieben.

Wir haben unser gemeinsames Interesse an der Kindesentwicklung bei unserem ersten Rendezvous entdeckt, bei einer Tasse Tee unter Bäumen auf dem Gelände der Universität Stanford. Obgleich unsere ersten Aufzeichnungen für ein Buch in das Jahr 1967 zurückreichen, sind viele Jahre vergangen, bis das Buch Gestalt anzunehmen begann. In dieser Zeit war Norbert Leiter der Abteilung für Entwicklungsstörungen an der Universitäts-Kinderklinik Bern. Diese Abteilung beschäftigte ein multidisziplinäres Team von Psychologen, Psychiatern, Neurologen und Biochemikern, die Grundlagenforschung über die Entwicklung des Gehirns betrieben. Gleichzeitig zogen wir zwei zweisprachige Kinder groß und ich unterrichtete angehende Grundschullehrer in Englisch. Ich wunderte mich darüber, wie mühelos Kinder Sprache verstehen und gebrauchen lernen und wie leicht sie von einer Sprache in eine andere wechseln. Oft war es mir ein Rätsel, dass Studenten schon mit den einfachsten Grundlagen einer Fremdsprache Schwierigkeiten haben. Da wir in Europa wohnten und jedes Jahr eine gewisse Zeit bei unserer Familie und Kollegen in den Vereinigten Staaten verbrachten, wurden uns Unterschiede in den Auffassungen über Kindererziehung bewusst. Wichtiger als die Unterschiede aber sind die Ähnlichkeiten der Hoffnungen und Ängste hinsichtlich der Zukunft der Kinder.

Als Mutter und Lehrerin verfolgte ich Norberts Arbeit im Bereich der Hirnforschung und Pädiatrie mit großem Interesse. Während wir gemeinsam Artikel für wissenschaftliche Zeitschriften verfassten, Kongresse besuchten und öffentliche Vorträge schrieben, gewann ich Einblick in die Hirnforschung. Dabei wurde mir ihre Bedeutung für die Kindesentwicklung bewusst. Für mich als Nichtwissenschaftlerin war es nicht einfach, die Grundlagenforschung zu verstehen. Und für den Wissenschaftler war es nicht leicht, die richtige Sprache zu finden, um Laien wie mir, die sich lieber mit Romanen als mit Neuronen beschäftigen, die Ergebnisse der Hirnforschung nahe zu bringen.

Zwei Ereignisse beförderten unser Vorhaben, ein Buch zu schreiben. Vor etwa acht Jahren begann Norbert die Zusammenarbeit mit Jerome Kagan vom Fachbereich für Psychologie der Harvard University und Karl Zilles vom Institut für Hirnforschung in Düsseldorf. Die Arbeit befasste sich mit der Entwicklung des Gehirns und des Verhaltens im Säuglingsalter. Sie eröffnete uns neue Dimensionen im Bereich der Kindespsychologie und der Biologie des Gehirns. Wir sind für diese Erfahrung und die persönlichen Freundschaften, die sich aus ihr entwickelten, äußerst dankbar.

Das zweite wichtige Ereignis war das Zusammentreffen mit David und Hillie Mahoney von der Dana Foundation in New York. Die Begeisterung, mit der sie sich für einen Dialog zwischen Wissenschaftlern und der Öffentlichkeit einsetzten, steckte uns an. Wir gelangten zu der Überzeugung, unser Buchprojekt verwirklichen zu müssen.

Die Natur hat die Menschen mit einem Instinkt ausgestattet, Säuglinge zu beschützen und zu ernähren. Aber sie hat uns keine Regeln für die Erziehung von Kindern an die Hand gegeben. Daher müssen sich Eltern auf Gebräuche stützen, die sie von den Mitgliedern ihrer Gemeinschaft übernehmen, auf das einzelne Kind zuschneiden sowie an die Bedürfnisse und Erwartungen der Familie und der Gesellschaft anpassen. Der gesunde Menschenverstand ist eine gute Orientierungshilfe, ebenso wie das Wissen über die Entwicklung des kindlichen Nervensystems und seine Wechselwirkung mit der Umgebung.

Das Gehirn spielt bei allem, was wir denken, fühlen und tun, eine aktive Rolle. Es ist das Organ, das den größten Teil der Signale unserer Sinnesorgane interpretiert und Verbindungen zwischen ihnen herstellt, es ist die Grundlage des Gedächtnisses, des Lernens und des Handelns. Gleichzeitig ist es der Sitz unserer Emotionen. Schon im alten Griechenland wusste Hippokrates: „Die Quelle unseres Wohlbefindens, unserer Heiterkeit, unseres Lachens und unseres Vergnügens wie auch unserer Trauer, Schmerzen, Angst und Tränen ist nichts anderes als das Gehirn." Hoffnungen und Wünsche entstehen ebenso im Gehirn wie die Strategien, die wir entwickeln, um unsere Ziele zu erreichen.

Da auch die Kontrollzentren für lebenswichtige Funktionen wie den Blutdruck, die Atmung, die Bekämpfung von Infektionen und die Ausschüttung von Hormonen im Gehirn angesiedelt sind, trägt es zu unserer allgemeinen Gesundheit und zu unseren Reaktionen auf schwierige Situationen bei. Neue Forschungen über die Empfindlichkeit der Systeme, die für Stress und Emotionen zuständig sind, haben die große Bedeutung der individuellen Persönlichkeit für die Verbindung zwischen dem Gehirn und dem Körper aufgewiesen.

Die Natur baut das Gehirn nach einer universellen genetischen Vorlage und einem allgemeinen Zeitplan zusammen – wenn auch mit einer großen individuellen Variation –, damit es den Bedingungen entspricht, die das Baby in der Welt außerhalb des Mutterleibs vorfindet. Wir müssen Babys nicht beibringen, wie man sieht oder hört. Sie finden allein heraus, wie man sitzt, steht und läuft. Und sie eignen sich die Sprache an, die in ihrer Umgebung gesprochen wird. Die Stimulation, die sie vorfinden, reicht aus, damit sich die entsprechenden Systeme entwickeln, wenn die Sinnesorgane und das Nervensystem funktionieren. Dabei können kritische Phasen verpasst werden. Wir wissen beispielsweise, dass die Fähigkeit des räumlichen Sehens davon abhängt, dass man in den ersten zwei Lebensjahren normale visuelle Erfahrungen gemacht hat. Sehfehler müssen daher früh korrigiert werden.

Andere Fähigkeiten beruhen auf spezifischen, individuellen Lernerfahrungen, entweder durch Nachahmung eines Vorbilds oder unter Anleitung. Wie das genau geschieht, hängt von den Bedürfnissen des kulturellen Umfelds ab, in dem das Baby aufwächst. Alle Kulturen verfügen über Normen im Umgang mit Emotionen und mit anderen Mitgliedern der Gesellschaft. Darüber hinaus hat jede Gesellschaft besondere Bedürfnisse. Vor der Erfindung der Druckerpresse war es eine wertvolle Fähigkeit, wenn man lange Textpassagen auswendig lernen und wiedergeben konnte. Später wurde diese Fähigkeit durch Lesen und Schreiben ersetzt. Heute ist es von größter Bedeutung, Computer bedienen und die großen Informationsmengen, die sie liefern, verarbeiten zu können.

Bezüglich der kulturell bedingten Fähigkeiten erbringt die Hirnforschung beruhigende Ergebnisse. Ihre Aneignung ist nicht auf biologisch festgelegte „kritische" Phasen beschränkt. Wenn man sie nicht in einem bestimmten Alter gelernt hat, ist es nicht ausgeschlossen, sie sich später anzueignen. Wir können jedoch Phasen abgrenzen, die für das Lernen besonders fruchtbar sind, in denen man also besonders leicht lernt. Zum Beispiel ist es viel einfacher, im Alter von sieben bis zwölf Jahren eine zweite Sprache zu lernen als im Erwachsenenalter.

Die ersten Lebensjahre eines Kindes haben einen Einfluss darauf, welche Art von Mensch es später wird, aber sie legen es nicht unwiderruflich fest. Wenn das Kind aufwächst, wächst auch seine Umgebung immer mehr über den Kreis der Familie hinaus. Gleichzeitig trifft es aus den Möglichkeiten, die seine

Umgebung bietet, eine eigene Auswahl, die auf der einzigartigen Kombination seines genetischen Materials und seiner persönlichen Erfahrungen beruht. Es wird verschiedene Rollenmodelle, Vorbilder und Ideale entdecken. Seine Persönlichkeit und sein Gehirn werden sich sein ganzes Leben lang weiterentwickeln.

Jede Stufe in der Entwicklung eines Kindes hat allerdings einen Einfluss auf den Übergang zur nächsten Stufe. Die ersten sechs Jahre bilden somit eine Grundlage für die Schulzeit. Es zeichnet die ersten Lebensjahre aus, dass außerordentlich viel unbewusst gelernt wird. Einstellungen und Gewohnheiten bilden sich heraus, für die großenteils Sie selbst das Vorbild sind. Das hat Auswirkungen auf den Start des Kindes in das Leben außerhalb der Familie. Wenn seine ersten Erfahrungen auf dem Spielplatz und in der Schule positiv sind, wirkt das als Anreiz für weiteres Lernen und für die Entwicklung sozialer Fähigkeiten.

Sie können viel tun. Sie können die Neugier und die Vorstellungskraft Ihrer Kinder stimulieren. Sie können dazu beitragen, dass sie lernen, mit Enttäuschungen fertig zu werden und Strategien zur Lösung von Problemen und zur Erreichung von Zielen zu entwickeln. So erfahren sie Probleme als „Herausforderungen", die zu bewältigen sind, nicht nur als „Stress", mit dem sie nicht zurechtkommen. Sie können Ihre Kinder ermuntern, sprachliche Fähigkeiten zu entwickeln, sodass sie mehr über ihre Welt herausfinden und besser mit anderen Menschen kommunizieren können. Sie können ihnen zeigen, dass ihre Handlungen – und Unterlassungen – Folgen haben. Sie können ihren Ehrgeiz und ihr Verantwortungsbewusstsein stärken. Sie können ihr Verständnis für die Gefühle und Bedürfnisse anderer fördern. Und Sie können den Horizont Ihrer Kinder über ihre eigenen Interessen hinaus erweitern, sodass sie auch die Bedürfnisse ihrer Familie und ihrer Gemeinschaft erkennen. Erwachsene können die Selbstachtung eines Kindes stärken, indem sie ihm das Gefühl geben, ein Teil von „uns" zu sein und nicht nur ein isoliertes „Ich".

Unser Buch beginnt mit einer kurzen Darstellung des Lebens, das Ihr Baby im Mutterleib führt. Wir geben einen Überblick über die eindrucksvolle Entwicklung des Gehirns und des Verhaltens während der Schwangerschaft, die das Baby auf das Leben in der Welt vorbereitet. In den drei folgenden Teilen des Buches beschäftigen wir uns chronologisch mit den sich herausbildenden Fähigkeiten und dem heutigen Wissensstand über die Entwicklung des Gehirns.

Über die allgemeinen Informationen zur Gehirnentwicklung hinaus – also zu den Prozessen, die bei allen Kindern in ähnlichen Zeitabschnitten stattfinden – bringen wir Ihnen neue Forschungsergebnisse nahe, die zur Erklärung der Individualität des Kindes beitragen. Wir ergänzen die Darstellung um praktische Beispiele, die Ihnen helfen, die Persönlichkeit des Kindes besser zu verstehen und seinen individuellen Werdegang zu verfolgen. Das Material in diesem Buch kann jedoch keine kinderärztliche Untersuchung der körperlichen, geistigen, emotionalen und sozialen Entwicklung Ihres Kindes ersetzen.

Da in unserer Erinnerung die wirklichen Kinder, die Norbert und seine Kollegen im Laufe der Jahre untersucht haben, immer noch präsent sind, ist es uns schwer gefallen, sie in einer anonymen, vereinheitlichenden Weise zu betrachten. Daher haben wir Fantasiekinder geschaffen, die denen ähneln, mit denen wir in unserem Leben zu tun gehabt haben. Die Geschichte der jungen Eltern, Allen und Deborah, ihrer Kinder, Sophie und Peter, und des kleinen Kreises von Sophies Spielgefährten soll die zeitliche Variation der Entwicklung und das breite Spektrum individueller Persönlichkeitsmerkmale illustrieren, die man bei Kindern feststellen kann.

Wenn wir von „Eltern" sprechen, meinen wir alle sorgenden Bezugspersonen. Es ist interessant, dass Menschen wahrscheinlich die einzigen Lebewesen sind, bei denen Großeltern eine Rolle beim Heranwachsen der Kinder spielen.

Jedes Kapitel schließt mit praktischen Überlegungen. In den mit „Fragen und Antworten" überschriebenen Abschnitten gehen wir auf Fragen ein, die Eltern oder Besucher unserer Vorträge an uns gerichtet haben. Die Fragen beziehen sich auf Themen des Alltags, beispielsweise: Fördert pränatale Stimulation die Gehirnentwicklung? Wie wichtig ist eine frühe Einschulung? Warum sind die Kinder in derselben Familie so verschieden? Die Antworten greifen auf das im Buch erörterte Material zurück und beruhen auf dem gegenwärtigen Wissensstand.

Damit Sie sich im komplizierten Netzwerk des Gehirns zurechtfinden, haben wir am Ende des Buches einige Abbildungen zusammengestellt, denen die Namen von Zentren und Regionen des Gehirns von Erwachsenen zu entnehmen sind. Wenn Ihnen ein Wort im Text nicht geläufig ist, können Sie es hier oder im Glossar im Anhang nachschlagen.

Wir hoffen aufrichtig, dass das Wissen über die Entwicklung Ihres Kindes und seine Interaktion mit der Welt Ihnen helfen wird, jene liebevolle, unterstützende und stimulierende Umgebung zu schaffen, die das Heranwachsen des Kindes zu einem Individuum und einem Mitglied der Gesellschaft fördert. Wir hoffen aber auch, dass es zu Ihrer Freude an Ihrer gemeinsamen Entdeckungsreise beiträgt.

Die deutsche Übersetzung gab uns Gelegenheit, den Text an die Gegebenheiten des deutschsprachigen Raums anzupassen und neuere Forschungserkenntnisse einzuarbeiten.

Elinore Chapman Herschkowitz

Teil I

Ein Kind macht sich bereit für die Welt

Kapitel 1

Das Leben im Mutterleib

Der Schwangerschaftstest ist positiv! Bis jetzt haben Sie immer höflich zugehört, wenn die frisch gebackenen Eltern unter Ihren Freunden ausgiebig von den Erfolgen und Problemen ihrer zauberhaften Sprösslinge berichteten. Nun versetzen Sie sich plötzlich in ihre Lage. Wie wird Ihr eigenes Kind sein? Wird es ein wilder Junge sein, der Trompete spielt, mit Ihnen eine Schachpartie austrägt und Sie auf langen Wanderungen durch die Wälder begleitet? Oder wird es ein Mädchen sein, das über Organisationstalent verfügt und das Familienunternehmen übernimmt? Sicher ist eines: Sie sind fest entschlossen, alles in Ihrer Macht Stehende zu tun, um Ihrem neuen Familienmitglied zum bestmöglichen Start ins Leben zu verhelfen.

In den ersten Wochen nach der Empfängnis, noch bevor Sie sicher sind, dass Ihr Baby mehr ist als ein bloßer Traum, hat es bereits große Fortschritte auf dem Weg gemacht, ein echtes Individuum zu werden. Mit etwa 20 Tagen beginnt das Herz des Embryos zu schlagen. Einige Tage später wachsen die Ansätze der späteren Arme und Beine. Das Gehirn beginnt sich noch früher zu entwickeln, was auch notwendig ist. Es hat eine große Aufgabe vor sich, denn es muss das werdende Kind in der kurzen Zeitspanne von neun Monaten auf das Leben außerhalb des Mutterleibs vorbereiten.

Das Gehirn beginnt, Form anzunehmen

In der zweiten oder dritten Woche, wenn der Embryo nur etwa 3 Millimeter lang ist, beginnt sich das Gehirn auszubilden. (Biologen und Mediziner bezeichnen das werdende Kind bis zum Ende des dritten Monats als *Embryo* und danach bis zur Geburt als *Fötus*. Eltern sprechen dagegen natürlich lieber von einem *Baby*.) Wie in der Skizze eines Malers entstehen die schwachen Konturen der späteren Struktur des Gehirns, bevor die Details eingezeichnet werden. Das Grundmuster und die zeitliche Abfolge sind durch die Anweisungen im Genmaterial des Babys vorgegeben. Manche der Strukturen nehmen ihre Funktionen vor der Geburt auf, andere kommen später nach und nach hinzu.

Ende des ersten Monats erscheint eine Rinne im Gehirn, die die spätere linke von der rechten Hemisphäre trennt. Die beiden sichtbaren Hälften gaben zu zahlreichen faszinierenden und oft fantasievollen Theorien über unsere Persönlichkeit und unsere Neigungen Anlass. Während die beiden Hälften sich mit der Zeit immer mehr auf bestimmte Funktionen spezialisieren, agieren sie immer zusammen und ergänzen einander.

Bis etwa zur siebenten Woche entwickeln sich das Gehirn und der Körper des Babys nach einem geschlechtlich nicht getrennten Muster. Wenn das Genmaterial die Anweisungen für einen männlichen Menschen enthält, veranlasst es zu diesem Zeitpunkt die Entwicklung männlicher Geschlechtsorgane. Diese beginnen dann mit der Produktion des Hormons Testosteron, das die Entwicklung der Gehirnstrukturen beeinflusst, für Unterschiede zwischen männlichem und weiblichem Gehirn sorgt und dadurch auch die zeitliche Abfolge der Entwicklung verändert.

Für die rasante Entwicklung des Gehirns muss eine riesige Zahl von Nervenzellen, den Bausteinen des Nervensystems, erzeugt werden. Zwischen dem zweiten und dem siebenten Monat im Mutterleib entstehen mehr als 100 Milliarden Nervenzellen, auch *Neuronen* genannt. Diese Zahl entspricht etwa der Hälfte der Sterne in der Milchstraße oder der Bildung von etwa 500 000 Neuronen pro Minute. Früher hat man angenommen, alle Nervenzellen, über die ein Mensch je verfügt, entstünden vor der Geburt. Neuere Forschungen deuten jedoch darauf hin, dass auch im Erwachsenenalter eine begrenzte Zahl von Nervenzellen aus vorhandenen Stammzellen entsteht.

Nach der Periode der Neuronenvermehrung wandern die noch unfertigen Nervenzellen vom Ort ihrer Entstehung zu ihren genetisch vorherbestimmten Plätzen im Gehirn. Um eine Vorstellung von der Größe der dabei zu überbrückenden Entfernungen zu geben, hat der Neurobiologe Pasko Rakic ein Gleichnis gebraucht: Wenn die Nervenzellen so groß wie Menschen wären, entspräche ihre Wanderung der der gesamten Bevölkerung der Vereinigten Staaten von der Ost- zur Westküste (das bedeutet: ca. 4 600 Kilometer). Die ersten Zellen, die sich ausbilden, durchwandern die kürzeste Strecke, sodass sich die später kommenden einen Weg durch sie bahnen müssen, um ihren Bestimmungsort zu erreichen. Es ist ein Wunder, dass beim langen Marsch durch die Massen kaum Zellen von ihrem Weg abkommen. Wenn das jedoch geschieht – beispielsweise infolge von Infektionen –, kann das zu Entwicklungsstörungen wie Gehirnlähmung, Epilepsie und Autismus beitragen.

Auf ihrer Wanderung beginnen die Neuronen, ihre eigentümliche Gestalt auszubilden, die es ihnen später ermöglicht, ihre besonderen Funktionen auszuüben. Es wachsen ihnen Verzweigungen namens *Dendriten*, die die elektrischen Impulse empfangen. Ebenfalls wächst ein Nerv, oder *Axon*, aus, der die Signale weiterleitet – entweder an andere Neuronen oder beispielsweise an die Muskelfasern. Sobald die Neuronen an ihrem Bestimmungsort ankommen, suchen sie – wie Schüler an einer neuen Schule – den Kontakt zu anderen Neuronen und bilden Verbindungen zu ihnen, die man als Synapsen bezeichnet. Der berühmte spanische Neurobiologe Ramon y Cajal hat die Synapsen mit dem romantischen Ausdruck „protoplasmische Küsse" charakterisiert. An der Synapse stößt das Axon eines Neurons auf Dendriten des nächsten Neurons, ohne sie jedoch direkt zu berühren. Chemische Botenstoffe, die *Neurotransmitter*, bringen die Signale zur nächsten Zelle, die sie dann mittels elektrischer Impulse weiterleitet.

Ungefähr ab der siebenten Woche lassen sich Neurotransmitter beim Embryo nachweisen. Sie spielen eine wichtige Rolle in den Frühphasen der Gehirnentwicklung, indem sie die Ausbildung der Gehirnstruktur anregen, und fungieren erst später als wirkliche Botenstoffe. Einige Wochen später beginnen sich die Synapsen zu entwickeln. Die meisten aber entstehen erst nach der Geburt.

Für die Zelle ist die Ausbildung von Synapsen eine Sache von Leben und Tod. Neuronen, denen es nicht gelingt, eine Verbindung zu anderen Neuronen herzustellen, verkümmern und verschwinden schließlich in einem Prozess, den man als *Apoptosis* bezeichnet. Die Apoptosis mag zwar tragisch für das einzelne Neuron sein, aber sie ist unabdingbar, da sie Ressourcen für die weitere Hirnentwicklung freisetzt.

Erste Bewegungen

Stellen Sie sich vor, Sie lägen im Bett und dächten ruhig über die Tatsache nach, dass die erste Hälfte ihrer Schwangerschaft bereits vorüber ist. Plötzlich spüren sie einen unbestimmten schwachen Stoß im Bauch, als drückte etwas gegen die Wand ihres

Uterus. Ja, es hat sich bewegt. Da ist es erneut! Sie rufen den Vater des Babys, und wenn er schnell genug ist, kann er die Bewegung mit der Hand fühlen.

Vor nicht allzu langer Zeit konnten wir uns nur vorstellen, was Babys im warmen, dunklen Mutterleib tun. Heute vermitteln uns moderne Ultraschalltechniken neue Einblicke in die Aktivitäten des Babys, auch wenn die Bilder nicht so deutlich sind wie die einer Fernsehkamera. Ultraschall wird in Routineuntersuchungen eingesetzt und ist für den Fötus ungefährlich.

Wir wissen nun, dass das Baby sich schon bewegt, lange bevor die Mutter die Bewegungen spüren kann. Bereits gegen Ende des zweiten Monates nach der Befruchtung beginnen die Muskeln des winzigen Embryos zu zucken. Die Muskelbewegungen sind asymmetrisch. Die Muskeln auf der rechten Seite des Embryos sind aktiver als die auf der linken.

Mit etwa drei Monaten vollführt das Baby Bewegungen, die schon eher so aussehen, als seien sie Übungen für das Leben nach der Geburt. Anstatt den ganzen Körper auf einmal zu bewegen und zu verdrehen, beginnt der Fötus mit einzelnen Regungen der Gliedmaßen – beispielsweise bewegt er zu einem gegebenen Zeitpunkt nur einen Arm. Die meisten Föten setzen ihren rechten Arm dabei häufiger ein als den linken.

Bewegungen einzelner Gliedmaßen sind in diesem Stadium möglich, weil die aus dem Rückenmark des Babys entspringenden Nerven lang genug geworden sind, um die Muskeln zu erreichen und zu ihnen Verbindung aufzunehmen. Diese Nerven senden Signale an die Muskeln und veranlassen sie zur Ent- oder Anspannung.

Der Fötus trainiert nicht nur seine Arme und Beine, sondern übt auch viele Bewegungen, die wichtig sind fürs Essen, Trinken und Atmen. Er öffnet und schließt den Kiefer, bewegt die Zunge, macht Bewegungen des Saugens und des Schluckens. Man kann außerdem Bewegungen beobachten, die einem Gähnen und einem Schluckauf ähneln. Einige Wochen später kann der Fötus sogar am Daumen lutschen. Es dürfte uns nun nicht mehr überraschen, dass es sich dabei zumeist um den rechten Daumen handelt. Bewegungen wie diese sind ein Zeichen dafür, dass das Gehirn des Babys nun ein aktiver Bestandteil des Bewegungsapparats ist.

Peter Hepper und seine Kollegen an der Queen's University in Belfast haben hinsichtlich der Mundbewegungen von Föten im zarten Alter von vier bis fünf Monaten interessante Unterschiede zwischen den Geschlechtern beobachtet. Mit Ultraschalltechniken konnten sie sehen, dass männliche und weibliche Föten etwa die gleiche Anzahl von Mundbewegungen machen. Einige Wochen später aber waren die weiblichen den männlichen Föten weit voraus. Aus dieser Beobachtung kann man noch keine weit reichenden Schlüsse über spätere Sprachfähigkeit und sprachliche Gewohnheiten ableiten, aber sie ist ein Hinweis darauf, dass die weibliche Gehirnentwicklung in diesem Stadium weiter fortgeschritten ist.

Ungefähr zu der Zeit, in der die schwangere Frau zum ersten Mal die Aktivität ihres Babys bemerkt, also etwa im fünften Monat, werden die Bewegungen des Fötus koordinierter und geschmeidiger. Das liegt daran, dass nun die Axone der Neuronen in der motorischen Hirnrinde Kontakt mit den Neuronen im Rückenmark aufgenommen haben und ihre Aktivität steuern. Im Mutterleib sehen wir somit drei Entwicklungsstufen: zuerst spontane Zuckungen der Muskeln, dann isolierte Bewegungen, ausgelöst durch das Rückenmark, und schließlich koordinierte Bewegungen, gesteuert von der motorischen Hirnrinde.

Der Tastsinn

Während das Baby im Uterus heranwächst, empfangen seine Sinnesorgane bereits zahlreiche Stimulationen von außen und aus dem Inneren des Körpers. Diese Stimulationen sind für die Entwicklung des Gehirns absolut notwendig. Der Tastsinn entsteht früh und bedarf intensiver Übung vor der Geburt. Wenn der Fötus sich bewegt, stößt er gegen die Wand des Uterus, und manchmal berühren seine winzigen Hände das eigene Gesicht. Zwei bis fünf Monate nach der Befruchtung entwickeln sich in der Haut Tastrezeptoren, die auf Druck reagieren und die Signale weiterleiten. Die ersten dieser Rezeptoren entstehen um den Mund herum, wo sie auch später besonders zahlreich sind. Daher erforschen Babys so viele Dinge mit ihrem Mund. Obgleich die Tastrezeptoren einen Eindruck automatisch registrieren, sind sie in diesem Stadium noch nicht mit den höheren Zentren des Nervensystems verbunden.

Fünfeinhalb bis sieben Monate nach der Befruchtung werden Verknüpfungen zwischen den Tastrezeptoren und den Zellen im somatosensorischen Kortex hergestellt, also der Region des Großhirns, die auf die Tasteindrücke spezialisiert ist. *Somato* leitet sich von *soma* ab, dem griechischen Wort für „Körper" bzw. „Leib". Nach einer ersten Verarbeitung im so genannten primären Bereich des somatosensorischen Kortex wird die Information aus den Tastrezeptoren an die höheren Kortexbereiche weitergeleitet, die die Informationen zusammensetzen. Jetzt kann der Fötus Tasteindrücke wahrnehmen und möglicherweise auch Schmerz empfinden.

Du da drinnen – kannst du mich hören?

Der Evangelist Lukas, ein Arzt, bewies eine gute Kenntnis vom Verhalten des Fötus, als er schrieb: „Und es geschah, als Elisabet den Gruß Marias hörte, hüpfte das Kind in ihrem Schoße" (Lukas 1, 41). Das war etwa im sechsten Monat von Elisabets Schwangerschaft. Entgegen Lukas' Auffassung behaupteten anerkannte Mediziner noch zu Beginn des 20. Jahrhunderts, ungeborene Kinder könnten nicht hören. 1925 aber machte Dr. Albrecht Peiper, Arzt an der Kinderklinik der Berliner Universität, eine interessante Beobachtung. Er spielte Neugeborenen – von denen das jüngste erst 25 Minuten alt war – auf einer Spielzeugtrompete ein paar Noten vor und beobachtete, dass ihre Bewegungen sich änderten.

Da sein Interesse nun geweckt war, wollte Peiper auch wissen, ob Babys bereits im Mutterleib hören können. Er bat Frauen in den letzten Wochen ihrer Schwangerschaft, sich ruhig hinzulegen, damit er die Bewegungen ihrer Babys ertasten konnte. Um die Möglichkeit auszuschließen, dass ein Erschrecken der Mutter das Verhalten des Fötus beeinflussen könnte, warnte er sie, bevor er eine laute Autohupe betätigte. Einige der Babys reagierten mit einem Stoß gegen die Wand des Uterus, andere zappelten eine Zeit lang.

Heute bestätigen Ultraschalltechniken und Herzschlagmessungen, dass Föten im Alter von etwa fünf Monaten auf Geräusche reagieren. Bei plötzlichen Geräuschen zucken sie zusammen, blinzeln, hören auf, sich zu bewegen, und ihr Herzschlag verlangsamt sich augenblicklich. In diesem Alter beginnt die *Cochlea*, die so genannte Schnecke im Innenohr, zu funktionieren. Nerven bilden Verknüpfungen mit dem auditiven Kortex (der Hörrinde im Gehirn) der Föten.

Was kann ein Fötus eigentlich hören? Er ist umgeben von den zischenden Geräuschen im Darm der Mutter – Ärzte nennen sie

Borborygmi. Die Lautstärke im Uterus kann etwa 70 Dezibel (dB) erreichen. Das ist etwa die Lautstärke eines Staubsaugers. Der Fötus kann den Herzschlag der Mutter als Vibration spüren. Die Stimme der Mutter ist ungefähr 24 dB lauter als die Gesamtheit der Hintergrundgeräusche. Die Stimme wird durch Vibrationen übertragen, sodass das Baby sie in seinem letzten Monat im Uterus auf jeden Fall hören kann. Untersuchungen haben gezeigt, dass Föten einen Monat vor der Geburt zwischen Musik, Herzschlag und Sprache unterscheiden können.

Als „wir" selbst im sechsten Monat schwanger waren, befanden wir uns zur Zeit des chinesischen Neujahrs in San Francisco auf der Straße. Überall um uns herum hörten wir Feuerwerk krachen. Elinore hatte den Eindruck, dass jede Explosion mit einem Stoß aus dem Innern ihres Uterus quittiert wurde. Unser Sohn hat zwar kein Schlaginstrument spielen gelernt, aber wir haben uns oft über seine andauernde Schwäche für Feuerwerk lustig gemacht.

Der Blick von innen

Es gibt nicht viel zu sehen, höchstens ein schwaches orangefarbenes Leuchten in den letzten Wochen vor der Geburt. Aber auch im Dunkeln befindet sich der Gesichtssinn des Babys in intensivem Aufbau, um es auf das Leben in der Welt des Lichts vorzubereiten. Schon einen Monat nach der Befruchtung, wenn die ersten Spuren eines Gehirns zu beobachten sind, entstehen kleine Wölbungen, die sich später zu den Augen des Babys entwickeln.

Carla J. Shatz, die heute die Abteilung für Neurobiologie an der Harvard Medical School leitet, hat in Tierexperimenten gezeigt, dass die grundlegende Vernetzung des visuellen Systems stattfindet, bevor eine Stimulation aus der Außenwelt die Augen des

Babys erreicht. Ohne Licht beginnen spezielle Nervenzellen in der Netzhaut des Auges, genannt *Ganglionzellen*, wahrscheinlich unter genetischem Einfluss, spontan kurze elektrische Impulse auszusenden. Die Impulse werden von der Netzhaut über den Sehnerv an das Gehirn übermittelt. Die spontane elektrische Aktivität ist wesentlich für die richtige Verknüpfung der Nervenverbindungen. Fehlt sie, entwickelt sich der Gesichtssinn nicht normal.

Die Grundlagen werden von selbst, ohne jede Stimulation von außen, entwickelt. Ungünstige Bedingungen können jedoch die notwendigen Entwicklungsschritte verhindern. Die spontane elektrische Aktivität der Nervenzellen im visuellen System ist empfindlich. Stoffe, die die Übertragung der elektrischen Aktivität über die Synapse behindern (z. B. Nikotin, Medikamente, Rauschgifte), können zur Veränderung des feinen Musters von Verknüpfungen und damit zu späteren Störungen des Gesichtssinns führen.

Wenn das Baby geboren wird, ist sein Gesichtssinn im Wesentlichen ausgebildet. Aber es bedarf der langjährigen Stimulation durch die Außenwelt, um voll funktionieren zu können – und da gibt es jede Menge zu sehen.

Was gibt's zu essen? Geschmackssinn

Sie haben vielleicht schon gehört, dass Neugeborene die Milch ihrer Mutter erkennen und manchmal sogar die Nase rümpfen, als hätte die Mutter ungewöhnlich scharf gegessen. Das bedeutet, dass die Systeme des Geschmacks und Geruchs zum Zeitpunkt der Geburt bereits entwickelt sind.

Geschmack und Geruch ähneln sich in der Hinsicht, dass sie „chemische Sinne" sind. Das heißt, sie sind auf unmittelbaren Kontakt mit den chemischen Stoffen angewiesen, aus denen die

Substanz besteht, die der Fötus durch seinen Mund oder seine Nase empfindet. Spezielle Rezeptoren verwandeln das chemische in ein elektrisches Signal. Nachdem das Signal einige Vermittlungsstationen durchlaufen hat, erreicht es die Hirnrinde des Babys, wo es registriert wird.

Zwei bis drei Monate nach der Befruchtung entstehen am Ende der Zunge, in der oberen Mundhöhle und am oberen Kehlkopf Geschmacksknospen. Einige von ihnen und ihre Verbindungen zum Gehirn funktionieren schon im letzten Drittel der Schwangerschaft. Aber sie entwickeln sich noch weiter und werden zahlreicher, sogar in den ersten Monaten nach der Geburt. Ein Hinweis auf die frühe Entwicklung des Geschmackssystems ist die Tatsache, dass Frühgeborene, die in der 24. Woche zur Welt kamen, bereits über einen einfachen Geschmackssinn verfügen.

Geruchssinn

Ungefähr vier bis sechs Monate nach der Befruchtung können chemische Substanzen in der Amnionflüssigkeit Geruchsrezeptoren in der Nase des Babys erreichen. Im letzten Drittel der Schwangerschaft sind die Rezeptoren ausgebildet. Das Baby kann jetzt riechen. Auch wenn Ihr Baby Ihre Freude am Essen nicht teilen kann, erhält es möglicherweise einige Signale, besonders von starken Gerüchen wie Knoblauch.

Lernen im Mutterleib?

Wir wissen, dass Babys sich im Mutterleib recken und drehen und dass ihre Sinne neue Informationen sorgfältig aufnehmen. Aber können sie auch schon lernen und Erinnerungen bilden? Dr. Peiper wies nach, dass der Fötus Geräusche wahrnimmt und darauf heftig reagiert. Es fiel ihm schon auf, dass sich die Reaktionen bei Wiederholungen des Geräusches abschwächten, dass also eine kurzfristige Erinnerung gebildet wurde.

Spätere Untersuchungen haben Peipers Beobachtungen bestätigt und ergänzt. Die Erinnerungsspur, von der Peiper sprach, wird nun als Habituation bezeichnet. Sie ist einer der einfachsten, aber wesentlichen Lernprozesse. Habituation, die im gesamten Leben eine wichtige Rolle spielt, ist die Fähigkeit, auf einen nicht bedrohlichen wiederholten Stimulus weniger stark zu reagieren. Nach einem ersten Schreck gewöhnten sich die Babys an die Autohupe. Mit Ultraschalltechniken konnte nachgewiesen werden, dass Föten bereits 23 Wochen nach der Befruchtung zu einer Habituation in der Lage sind. Habituation ist bei weiblichen Föten früher als bei männlichen zu beobachten. Das gibt uns einen weiteren Hinweis darauf, dass sich das weibliche Nervensystem früher entwickelt.

Um herauszufinden, wie lange Föten eine Erinnerung behalten können, spielte Peter Hepper Müttern im neunten Schwangerschaftsmonat eine bestimmte Melodie vor. Er spielte sie laut und oft genug, dass die Föten mit ihr vertraut werden konnten. Eine Woche nach der Geburt wurde den Babys die Melodie erneut vorgespielt. Sie verhielten sich anders als bei einer Melodie, die sie noch nie gehört hatten. Zwei Wochen später aber konnten sie beide Melodien nicht mehr voneinander unterscheiden. Das zeigt, dass die Föten zwar eine Erinnerung erwerben konnten, diese aber nicht von langer Dauer war.

Wir wissen, dass im ausgebildeten Nervensystem eine Struktur namens Hippocampus wichtig für die Entstehung von Erinnerungen ist. Es ist daher von Bedeutung, dass dieses Element fünf bis sechs Monate nach der Befruchtung eine intensive Entwicklung erfährt. Um eine Erinnerung jedoch über einen längeren Zeitraum – von Monaten oder Jahren – zu bewahren, muss sie vom Hippocampus an den Kortex weitergegeben werden.

Diese Verbindung wird frühestens zwei Wochen nach der Geburt gebildet.

Das derzeitige Wissen über die Bildung von Erinnerungen und Lernprozesse lassen vermuten, dass Babys vor der Geburt keine bleibenden Erinnerungen erwerben. Es spielen sich im Mutterleib allerdings Entwicklungen ab, die die Voraussetzungen sind für das spätere Lernen und die Bildung von Erinnerungen.

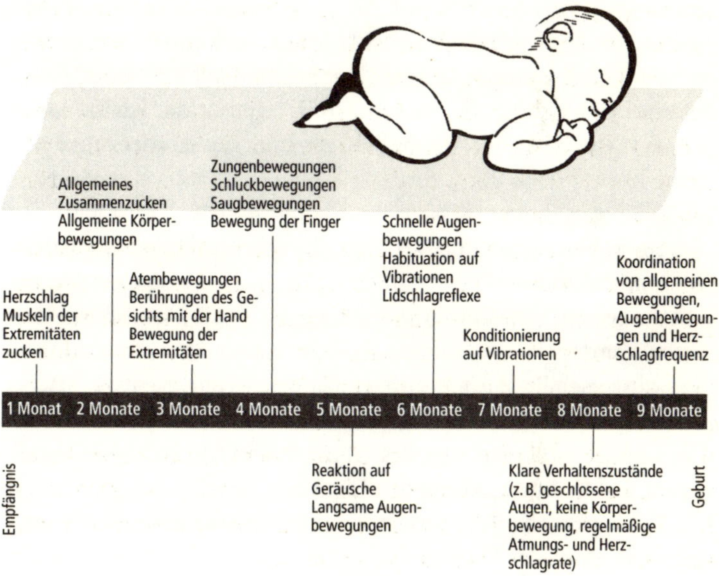

Der Zeitplan für die Entwicklung der Aktivitäten des Fötus ist für alle Babys ähnlich, ganz im Gegensatz zur Verhaltensentwicklung nach der Geburt, die individuell sehr unterschiedlich ist.

Welchen Effekt hat pränatale Stimulation?

Schon bevor die Menschen irgendeine Vorstellung davon haben konnten, was Babys im Uterus bereits können, wollten sie die Entwicklung der Föten aktiv beeinflussen. In Talmudschriften aus dem 2. bis 6. Jahrhundert werden pränatale Stimulationsprogramme erwähnt.

Als Frank Lloyd Wrights Mutter schwanger war, hängte sie Bilder englischer Kathedralen auf, in der Hoffnung, das würde einen positiven Einfluss auf ihr Kind haben. Wie wir wissen, wurde das Kind später Architekt. Wright verkündete sogar recht früh in seiner Karriere, er wolle der größte Architekt aller Zeiten werden. Die Gründe für seinen Erfolg lagen in der Kombination seines Talents, seiner Persönlichkeit und der Förderung durch seine Mutter nach der Geburt.

Es liegen keine wissenschaftlich erhärteten Resultate vor, die einen beschleunigten Verlauf der vorgeburtlichen Gehirnentwicklung durch eine Stimulation des Fötus beispielsweise mit Musik zeigen. Günstige Auswirkungen auf die Entwicklung der Föten kann man auf das verstärkte Interesse der Mutter an ihrer Schwangerschaft zurückführen, das wiederum positive Effekte auf ihren Lebensstil vor und nach der Geburt ihres Kindes hat. Die natürliche Umgebung des Uterus bietet hinreichende Stimulation für die Entwicklung des Fötus.

Wenn zusätzliche Stimulation die Entwicklung beschleunigen würde, wären Frühgeburten, die den Einflüssen der Außenwelt früher als andere Babys ausgesetzt sind, den Babys voraus, die volle neun Monate im Mutterleib verbringen. Unsere eigenen Untersuchungen zeigen jedoch, dass Babys, die nach 32 Wochen zur Welt kommen, den anderen Babys trotz früherer Stimulation durch die Außenwelt nicht voraus sind.

Dr. Petra Hüppi, die in Boston und Genf arbeitet, benutzte Verhaltensskalen und Magnetresonanzaufnahmen (MRI), um die

Entwicklung von Früh- und Normalgeburten aufzuzeichnen und miteinander zu vergleichen. Sie verglich Babys im Alter von 40 Wochen, von denen einige gerade, andere einige Wochen zuvor geboren waren. Trotz des früheren Starts war die Entwicklung der Frühgeburten eher verzögert. Die acht Wochen, die die anderen Babys zusätzlich im Mutterleib verbracht hatten, waren offenbar förderlich gewesen.

Die Entwicklung des Gehirns wird zwar durch zusätzliche Stimulation vor der Geburt nicht beschleunigt, kann aber durch negative Einflüsse behindert werden. Alkohol, Nikotin, Drogen und Fehlernährung sind ebenso bekannte Risikofaktoren wie Röntgenstrahlen und einige Infektionskrankheiten.

Hat Stress der Mutter einen Einfluss auf das Baby?

Wenn Sie von einem Termin zum nächsten hetzen, weil sie sich um den Haushalt, Ihre Arbeit und vielleicht sogar noch um Ihre älteren Kinder kümmern müssen, fragen Sie sich vielleicht, welchen Einfluss die tägliche Hektik auf das Gehirn ihres Fötus haben könnte. Schon 480 v. Chr. schrieb Empedokles, die Entwicklung des Embryos könne durch den geistigen Zustand der Mutter angeregt oder gehemmt werden. Und vor 1000 Jahren wurden in China „vorgeburtliche Kliniken" eingerichtet, um die Ruhe der Mütter zu gewährleisten, die man als notwendig für die psychische Gesundheit des Fötus erachtete.

In den frühen 1970er Jahren begannen Wissenschaftler, diese Frage systematisch zu untersuchen. In Kanada beschäftigten sich Forscher mit der Beziehung zwischen den Stresssituationen einer Mutter während der Schwangerschaft und der postnatalen Entwicklung des Babys. Die Wissenschaftler fanden heraus, dass Mütter, die während der Schwangerschaft ständig unter starken persönlichen Spannungen, vor allem unter Eheproblemen, zu leiden hatten, Kinder zur Welt brachten, die stärker zu Ekzemen neigten und Stufen der motorischen Entwicklung später erreichten als Kinder von Müttern mit einer entspannteren Schwangerschaft. Außerdem waren die Babys mürrischer, nervöser und konnten sich schlechter beruhigen. Die Autoren vermuteten, dass Veränderungen im Hormonsystem der Mutter infolge des Stresses Einflüsse auf das ungeborene Kind haben könnten.

Der Alltag ist voller kurzzeitiger Ereignisse, die man – je nach Persönlichkeit – als „stressig" bezeichnen könnte: Man bekommt einen Schreck durch einen Überschallknall, das zweijährige Kind rennt auf die Straße, der Chef kritisiert den Bericht, an dem man das ganze Wochenende gesessen hat. Das Nervensystem reagiert auf diese Ereignisse, indem es verstärkt Adrenalin in die Blutbahn ausschütten lässt. Das kann dazu führen, dass weniger Blut in die Gebärmutter fließt, ähnlich wie es beim Rauchen der Fall ist. Der Fötus nimmt die Veränderung wahr und „fühlt mit": Sein Nervensystem produziert ebenfalls mehr Adrenalin, was zu einer kurzzeitigen Veränderung des Herzschlags und der Körperbewegungen führt. Ein anderer Weg, auf dem die Stimmung der Mutter den Fötus beeinflussen kann, ist das Hormon Kortisol, das der Körper in Stresssituationen ausschüttet. Ein Teil davon gelangt direkt zum Fötus, ein weiterer Teil stimuliert das endokrine System des Babys über die Plazenta. Gelegentliche Stresssituationen oder kleine Sorgen haben keinen langfristigen Effekt auf die Entwicklung des Babys.

Anhaltender und starker Stress während der Schwangerschaft kann hingegen Auswirkungen haben. Eine verringerte Blutzufuhr über die Plazenta kann das Wachstum des Babys hemmen. Das Neugeborene ist dann zu klein oder zu leicht für sein Alter. In neueren Untersuchungen wurde ein hohes Maß von Angst seitens der Mutter, vor allem in den späteren Phasen der Schwangerschaft, mit einer Reihe von Verhaltensproblemen in Verbindung gebracht, die in der frühen Kindheit auftreten.

Hierzu gehören Hyperaktivität und Aufmerksamkeitsstörungen, besonders bei Jungen, und emotionale Probleme bei Mädchen und Jungen.

Zeichen von Individualität

Bei der vorgeburtlichen Ultraschalluntersuchung zeigen Föten oft ganz unterschiedliche Reaktionen. Einige werden erregt und bewegen sich stark, während andere weniger heftig reagieren. Ähnliche Beobachtungen hatte Peiper in seinen Versuchen mit der Autohupe gemacht. Die individuellen Reaktionen können entweder durch den augenblicklichen Zustand der Föten bedingt sein oder sie könnten mit dem Temperament zusammenhängen.

Eine Studie von 1999 hat bestätigt, was Mütter schon immer erlebten: dass die Babys im Mutterleib individuelle Aktivitätsmuster zeigen. Mitte des achten Monats maßen die Forscher mit Ultraschalltechniken die allgemeinen Spontanbewegungen des Fötus zu drei verschiedenen Zeitpunkten. Jedes Kind hatte ein eigenes Muster von Körperbewegungen. Die Forscher verglichen ihre Daten vor der Geburt mit der Aktivität des Babys in der zweiten und vierten Woche nach der Geburt. Die Babys, die vor der Geburt mehr Bewegung zeigten und stärker traten, waren auch in den ersten Monaten nach der Geburt aktiver. Es zeigte sich in all diesen Beobachtungen, dass gewisse individuelle Verhaltensweisen des Kindes angeboren sind, zum Teil genetisch bedingt oder durch die Lebensbedingungen im Uterus beeinflusst.

Startklar

Die 40 Schwangerschaftswochen dürften Ihnen sehr lang vorkommen, aber für die komplizierte Entwicklung des Nervensystems Ihres Babys sind sie erstaunlich kurz. Bei der Geburt ist die Produktion und Wanderung der Nervenzellen im Wesentlichen abgeschlossen. Die verschiedenen Gehirnstrukturen sind ausgebildet, und die wichtigsten Verknüpfungen funktionieren. Während das Stammhirn, das für die Lebensfunktionen zuständig ist, praktisch voll entwickelt ist, entwickeln sich Strukturen, die für höhere Funktionen, zum Beispiel Denken, notwendig sind, noch bis ins Erwachsenenalter. Der Balken, das *Corpus callosum*, beginnt die beiden Hemisphären des Gehirns miteinander zu verbinden. Neurotransmitter werden synthetisiert. Es findet elektrische Aktivität statt.

Die vorrangige Rolle der Gehirnentwicklung in dieser frühen Phase zeigt sich darin, dass das Gesamtgewicht des Babys nur 5 Prozent des Erwachsenengewichts beträgt, das Gewicht des Gehirns aber schon 30 Prozent dessen beträgt, was ein Erwachsenengehirn wiegt. Ein weiterer Hinweis auf die Bedeutung des Gehirns ist die Energie, die es braucht. Während das Gehirn von Erwachsenen nur 20 Prozent der gesamten Energiezufuhr des Körpers benötigt, verbraucht das Gehirn des Neugeborenen einen großen Teil der zugeführten Energie.

Netzwerke, die lebenswichtige Funktionen ausüben, beispielsweise die Atmung, nehmen unmittelbar bei der Geburt ihre Arbeit auf. Die sensorischen Systeme des Babys sind bereit, die ungeheure Menge an Stimulationen zu verarbeiten, die sie in der Außenwelt erwarten. Der Fötus hat den Leib und die Gliedmaßen schon trainiert, um sie auf das Leben außerhalb des Mutterleibs vorzubereiten. Der Tastsinn ist bereit, auf Ihre Liebkosungen zu reagieren.

Die Fähigkeit, einige Erinnerungen aus dem Mutterleib in das postnatale Leben mitzunehmen, trägt dazu bei, dass sich Ihr Baby in der neuen Umgebung zu Hause fühlt. Der Tonfall Ihrer Stimme und der Geruch Ihres Körpers bieten dem Baby Vertrautheit und Sicherheit.

Fragen und Antworten

Fördert zusätzliche vorgeburtliche Stimulation die Gehirnentwicklung meines Babys?

Wir wissen heute, dass das Leben im Mutterleib dem Fötus weit mehr Stimulation bietet, als man meinen könnte. Die Stimulation ist tatsächlich wichtig für die Entwicklung des Embryos und des Fötus. Aber es gibt keinen Beweis dafür, dass mehr auch besser ist. Wenn Sie gerne Mozart hören und sich dabei gut entspannen können, wenn Sie Kinderbücher laut lesen, um für das spätere Vorlesen zu üben, oder wenn durch Schwangerschaftskurse Ihr Interesse an der Entwicklung Ihres Kindes gesteigert wird, ist diese „indirekte Stimulation" sicher förderlich.

Welche Substanzen haben sich als schädlich für die Gehirnentwicklung des Babys erwiesen?

Von einigen Substanzen weiß man, dass sie sich negativ auf die Entwicklung des Gehirns auswirken. Am besten verzichtet man vollständig auf Alkohol, Nikotin und illegale Drogen. In hohen Dosen sind Röntgen- und andere Strahlen schädlich für das Wachstum des Gehirns. Insbesondere während des ersten Drittels der Schwangerschaft sollte man sich nicht überhitzen. Wenn Sie Fieber haben, sollten Sie es in Absprache mit Ihrem Arzt durch die Einnahme entsprechender Medikamente senken. Saunen und heiße Bäder sollten Sie meiden. Impfungen gegen Pocken und Röteln sollten vor der Schwangerschaft vorgenommen werden. Organische Lösungsmittel wie Toluol oder Benzol sollten Sie meiden oder nur in gut belüfteten Räumen benutzen.

Sind moderne elektronische Geräte gefährlich?

Moderne Geräte wie Videorekorder, Mikrowellenherde und Ultraschallgeräte sind nicht gefährlich. Heute ist man der Ansicht, dass werdende Mütter in den ersten drei Monaten der Schwangerschaft keine Magnetresonanzuntersuchungen vornehmen lassen sollten.

Wann sollte man vorsichtig sein?

Eine schwangere Frau sollte ihren Arzt oder andere Gesundheitsspezialisten aufsuchen, bevor sie Medikamente irgendeiner Art einnimmt. Dazu gehören auch pflanzliche Substanzen. Auch wenn sie „natürlich" zu sein scheinen, enthalten viele von ihnen nicht spezifizierte Mengen an Stoffen, die schädlich sein können. Wenn Sie morgens unbedingt Ihre Tasse Kaffee brauchen, sollten Sie zumindest Ihren täglichen Gesamtkonsum auf zwei Tassen beschränken. Da Grippe ein gewisses Risiko für den Fötus darstellt, sollten Sie in der Grippesaison vorsichtig sein. Eine einfache, aber wirkungsvolle Methode, die Kontakte mit dem Virus zu verringern, besteht darin, sich oft die Hände zu waschen und sich möglichst nicht an Nase und Mund zu fassen.

1997 warnte die Vereinigung von Kinderärzten, die „American Academy of Pediatrics", dass übermäßiger Lärm negative Auswirkungen auf die Entwicklung des ungeborenen Kindes haben könnte. Untersuchungen haben einen Zusammenhang zwischen hohen Geräuschpegeln und der verminderten Fähigkeit Neugeborener, hohe Frequenzen zu hören, einem erhöhten Risiko der Frühgeburt und geringem Gewicht bei der Geburt gezeigt. Es sind jedoch weitere Studien erforderlich, um festzustellen, ob der Lärm selbst die Ursache war oder ob das Problem eher mit ungünstigen sozio-ökonomischen Umständen zu tun hat.

Was heißt „übermäßiger Lärm"? Eine allgemeine Empfehlung lautet, nicht über einen längeren Zeitraum hinweg einem Geräuschpegel von über 80 dB ausgesetzt zu sein. Das ist etwa der Pegel, der bei starkem Autoverkehr entsteht. Ein starker Rasenmäher erzeugt 100 dB, und wirklich übermäßig ist eine laute Musikanlage in einem geschlossenen Auto – etwa 120 dB! Flugzeuge, die über einen hinwegfliegen, können Lärm von bis zu 140 dB erzeugen. Der allgemeine Geräuschpegel kann das Hörsystem des Babys beeinträchtigen. Außerdem aber können plötzliche, unerwartete laute Geräusche – etwa das Dröhnen von Flugzeugen, die auf einem nahe gelegenen Flugplatz starten oder landen – Stress für die Mutter bedeuten.

Kapitel 2

Das Neugeborene

Während das Baby den Geburtskanal passiert, wird die Nabelschnur zusammengedrückt und damit die Blutzufuhr von der Mutter zum Kind verringert. Der Sauerstoffgehalt im Blut des Kindes sinkt, während der Kohlendioxidgehalt steigt. Wenn das Baby auf die Welt kommt, wird es durch den Sauerstoffabfall veranlasst, tief einzuatmen – sein erster Atemzug –, wodurch sich seine Lungen entfalten und ihr volles Volumen erreichen. Wenn aus den gerade entfalteten Lungen die Luft plötzlich entweicht, strömt sie durch die enge Luftröhre am Kehlkopf vorbei und erzeugt die dramatische Ankündigung der Anwesenheit des Neugeborenen, seinen ersten Schrei: „Hier bin ich!"

Der große Augenblick des Hirnstamms

Babys kommen mit leuchtenden Augen und einem wachen Ausdruck auf die Welt, als seien sie ganz begierig darauf, ihre neue Welt kennen zu lernen. Dies ist das Werk des Hirnstamms. Wenn die Neuronen des Hirnstamms in Erregung geraten – durch laute Geräusche oder starke Lichtreflexe zum Beispiel –, produzieren sie plötzlich sehr viel Noradrenalin, einen Neurotransmitter, der das Kind aufmerksam und handlungsbereit macht. Über die Atmung erhält das Gehirn jetzt fünf Mal mehr Sauerstoff als im Mutterleib.

Multimedia ist ein neumodisches Wort, aber der Hirnstamm ist mit diesem Metier seit langem vertraut (vgl. Abbildung S. 315). Der Hirnstamm empfängt neue Sinneseindrücke über verschiedene Kanäle oder „Modalitäten". Die Informationen der Augen erscheinen im „visuellen Kanal", das Gehörte erscheint im „auditorischen Kanal", und Berührung erscheint im „somatosensorischen Kanal". Der Hirnstamm fügt die eingehenden Informationen verschiedener Kanäle in einem multimodalen Prozess zusammen.

Der Hirnstamm ist auch „interaktiv". Wenn das Baby ein plötzliches lautes Geräusch vernimmt, schreckt es auf. Sämtliche Muskeln seines Körpers zucken gleichzeitig. Wenn das Kind ein Gesicht erblickt, das sich vor ihm hin und her bewegt, neigt es den Kopf und verfolgt es mit den Augen. Der Hirnstamm erhält die Signale und aktiviert automatisch die entsprechenden Muskeln.

In der Zeit zwischen der Mitte der Schwangerschaft und der Geburt beginnt sich eine isolierende Schicht, das so genannte *Myelin*, um die Axone der Neuronen im Hirnstamm zu bilden. Dadurch werden die Geschwindigkeit und die Wirksamkeit der Signale erheblich vergrößert. Die Tatsache, dass die Bildung der Myelinschicht zu einem so frühen Zeitpunkt stattfindet, gibt Aufschluss über die enorme Bedeutung dieses Zentrums. Da der Hirnstamm um die Zeit der Geburt besonders aktiv ist, erhält er besonders große Mengen von Glukose, der Hauptenergiequelle des Gehirns. Das ist die große Zeit des Hirnstamms. Um die Geburt und in den darauf folgenden drei oder vier Monaten ist der Hirnstamm unangefochten die Funktionszentrale und erlaubt schnelle und reflexhafte Reaktionen. Im Verlauf der nächsten

Monate übernimmt dann die Großhirnrinde zunehmend die Kontrolle über den Hirnstamm.

Das Wichtigste zuerst

In die Freude über das neue Familienmitglied mischt sich die Sorge darüber, wie das Baby die anstrengende Geburt überstanden hat und wie es mit den Lebensbedingungen außerhalb des Uterus fertig wird. Obwohl eine Geburt ein natürlicher Prozess ist und in den meisten Fällen ohne Komplikationen verläuft, haben einige Kinder Schwierigkeiten, sich in ihr neues Leben einzufügen. Dank der perinatalen Medizin ist es heute möglich, die lebenswichtigen Funktionen des Kindes, zum Beispiel den Herzschlag, schon vor der Geburt zu überwachen und die Anpassung des Babys an seine neue Umgebung zu beobachten und, wenn nötig, zu unterstützen.

1952 stellte Virginia Apgar, eine Anästhesistin an der Columbia University, eine Methode vor, die erstmalig eine Beurteilung der Anpassungsfähigkeit des Babys an ein Leben außerhalb des Uterus ermöglichte. Durch ihre Arbeit auf der Unfallstation gelangte sie zu der Überzeugung, dass das Aufspüren und Korrigieren von Problemen innerhalb von Minuten nach der Geburt schwerwiegende Schäden am Gehirn des Babys verhindern könne. Der Herzschlag des Neugeborenen, seine Atmung, der Muskeltonus, Reflexe und die Hautfarbe werden eine, fünf und zehn Minuten nach der Geburt notiert und die Ergebnisse in ein Punktesystem übertragen und addiert. Eine Punktanzahl von unter sieben bedeutet, dass das Baby medizinischer Hilfe bedarf, und eine Punktanzahl unter vier, dass sofortige Intensivmaßnahmen notwendig sind. Es ist wichtig, sich darüber im Klaren zu sein, dass dieses Prüfungsverfahren für Neugeborene nicht die zukünftige

Entwicklung des Kindes vorhersagen kann. Apgars Bewertungsindex wird heute in den Kreißsälen der ganzen Welt angewendet. Einer neuen Studie zufolge besitzt er noch die gleiche Aussagekraft über die Überlebenschancen nach der Geburt wie vor einem halben Jahrhundert, als er eingeführt wurde.

Noch im Kreißsaal wird die behandelnde Schwester oder der Arzt das Baby wiegen und die Körpergröße und den Kopfumfang messen. Die Körpermessung gibt einen allgemeinen Aufschluss über die Entwicklung des Neugeborenen. Sind das Körpergewicht und die Körpergröße für die Schwangerschaftsdauer hinreichend? Wenn das Gewicht des Babys auffällig unter der zu erwartenden Zahl liegt, ist das ein Zeichen langsamen pränatalen Wachstums, was zahlreiche Gründe haben kann, beispielsweise eine falsche Ernährung der Mutter, eine Unterfunktion der Plazenta, Infektionen oder Drogenmissbrauch. Wenn das Baby zu leicht und zu klein ist, der Kopfumfang aber der Schwangerschaftsdauer entspricht, führten widrige Umstände zu einer Verzögerung des intrauterinen Wachstums, das Gehirn aber wurde ausreichend versorgt. Wenn der Kopfumfang ebenfalls zu klein ist, weist das darauf hin, dass auch das Gehirnwachstum betroffen sein könnte.

Ich wurde zum ersten Mal Vater, als ich Medizinstudenten unterrichtete, ein neugeborenes Baby zu untersuchen. Gleich nach der Geburt meines Sohnes raste ich mit ihm aus dem Kreißsaal zu einem Untersuchungstisch und unterzog ihn dort meiner gesamten neurologischen Testreihe, die etwa 42 Punkte umfasste. Danach ging ich voller Stolz hinauf in das Zimmer meiner Frau (das war zu jener Zeit, als die Mütter noch von ihren Babys getrennt wurden und nicht wie heute mit ihnen von Geburt an zusammenbleiben durften) und rief erfreut, ich hätte das Baby untersucht und es sei gesund. Meine Frau schaute mich an und fragte: „Welche Augenfarbe hat es?" Ich musste zurück zur Säuglingsstation gehen und nachsehen.

Die Sinne des Neugeborenen

Babys begrüßen die Welt mit offenen Augen, mit offenen Ohren und mit offenen Armen. Viele Wochen lang wurden die Augen des Babys, seine Ohren und sein Tastsinn im Mutterleib auf diesen Augenblick vorbereitet. Bei der Geburt sind diese Sinne bereit, sofort mit ihrer Aufgabe zu beginnen, der Aufnahme und Verarbeitung all der Sinneseindrücke, die das Neugeborene nun erwarten. Babys bedienen sich all ihrer Sinne, um mit der neuen Umgebung zurechtzukommen.

Die Welt des Neugeborenen mag eine vollkommen neue sein, aber sie ist kein Chaos. Das wäre sie nur, wenn das Kind nicht die Fähigkeiten besäße, in der Vielzahl visueller Eindrücke Konturen und Schatten zu erkennen und zwischen Sprache und Geräusch zu unterscheiden. Die Welt wäre dann nichts als eine Menge bedeutungsloser Lichtimpulse und Schallwellen. Stattdessen ist sein Gehirn mit hochspezialisierten Systemen ausgestattet, um die eingehenden Informationen zu verarbeiten und zu speichern. Neue Forschungen über die Gehirnentwicklung und

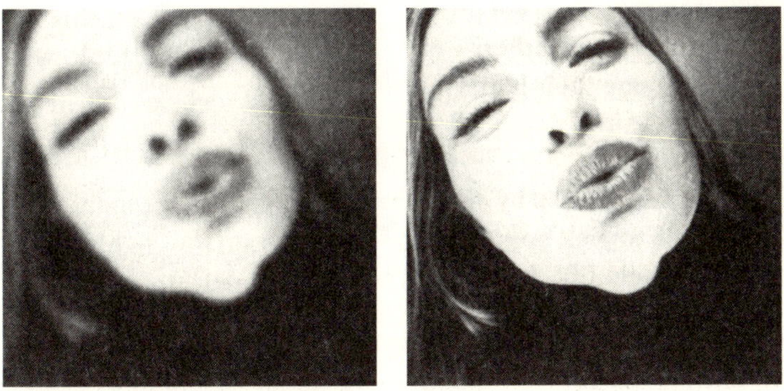

So sieht ein Neugeborenes ein Gesicht (links) – und so ein sechs Monate altes Kind (rechts).

präzisere Techniken zur Beobachtung des kindlichen Verhaltens erweitern ständig unser Wissen über die Art und Weise, wie ein Baby auf seine neue Welt regiert.

Sich umschauen

Sobald Ihr Kind ein oder zwei Atemzüge getan hat, blinzelt es in das helle Licht des Kreißsaals. Dann schaut es mit weit geöffneten Augen, als sei es verblüfft über die ungewohnten Eindrücke. Jetzt hat sein Sehvermögen plötzlich die Aufgabe, ihm zu helfen, sich in seiner Welt zurechtzufinden. Während sein Gehör im Mutterleib einer großen Anzahl von Geräuschen ausgesetzt und sein Tastsinn durch den Kontakt mit dem eigenen Körper und der Gebärmutterwand stimuliert worden war, lag sein visuelles System bis dahin größtenteils brach.

Neugeborene scheinen darauf zu brennen, alles kennen zu lernen. Marshall Haith und seine Kollegen beobachteten Säuglinge, die in einem dunklen Raum lagen. Sogar in völliger Dunkelheit bewegten die Babys ihre Augen, als suchten sie etwas Interessantes. Da jedoch kein Licht auf die Augen der Babys fiel, schlossen die Wissenschaftler, dass diese Augenbewegungen vom Gehirn direkt ausgehen und nicht durch die Außenwelt ausgelöst werden.

Ein Neugeborenes nimmt Gesichter als undeutliche Konturen wahr. Seine Augen können sich nur auf Gegenstände in einer Entfernung zwischen 20 und 75 Zentimetern einstellen. Das entspricht ungefähr dem Abstand zwischen dem Gesicht der Mutter und dem des Babys beim Stillen.

Neugeborene fokussieren auf starke Linien und klare Konturen. Studien ergaben, dass sie die Konturen eines Dreiecks, Rechtecks, Kreises und Kreuzes unterscheiden können. Die sichtbare Welt ist also kein Chaos, sondern hat Strukturen, die nicht verstanden, doch wahrgenommen und unterschieden werden. In menschlichen Gesichtern bilden die Augen und der Haaransatz hervorstechende Merkmale. Aus diesem Grund sollten die Mütter – und Väter – Neugeborener nicht zu oft ihren Haarschnitt wechseln.

Neue Geräusche

Aus der unglaublichen Vielzahl neuer Geräusche, die Ihr Baby plötzlich umgeben, gelingt es ihm, einige gewohnte Töne wieder zu erkennen. Dies hilft beim Übergang in die Welt außerhalb des Mutterleibs. Da man das Neugeborene nicht fragen kann, ob es die Stimme der Mutter von der einer anderen Frau unterscheiden kann, ist man auf Veränderungen von Verhalten oder Körperfunktionen angewiesen, um eine Antwort auf diese Frage zu erhalten. In einer neuen Studie untersuchten Wissenschaftler die Veränderungen von Herzschlag und Atmung als Reaktion auf die Stimme der Mutter und auf die anderer Frauen. Der Herzschlag des Babys verringerte sich bei der Stimme der Mutter augenblicklich, jedoch nicht bei einer anderen weiblichen Stimme. Das zeigt, dass das Baby eine Erinnerung an die Stimme im Mutterleib ausgebildet hat und sie auch nach der Geburt noch behält.

Obwohl der Gehörsinn eines Neugeborenen entwickelter ist als sein visuelles System und vor der Geburt besser trainiert wurde, wird auch das Hörsystem (auch auditorisches System genannt) weiter verfeinert und besser auf die Geräusche der neuen Umgebung abgestimmt. Während seiner ersten Wochen wacht das schlafende Baby nicht auf, wenn seine Eltern im Zimmer umhergehen oder miteinander reden. Zum Zeitpunkt der Geburt ist das Gehör nicht so gut wie das eines Erwachsenen. Das ist vielleicht ganz sinnvoll, da Babys sich an so viele neue Geräusche gewöhnen müssen. Die gedämpften Töne können mit dem verschwommenen Bild, das sie nach der Geburt wahrnehmen, verglichen werden. Neugeborene hören etwa 15 bis 20 dB weniger als Erwachsene – das ist so, als trüge man gute Ohrstöpsel.

Dennis und Victoria Molfese von der Southern Illinois University fanden heraus, dass das Gehirn eines Neugeborenen bereits zwischen sprachlichen und nicht-sprachlichen Geräuschen unterscheiden kann und dass sie in verschiedenen Großhirnhälften verarbeitet werden. Sie stülpten eine weiche Mütze mit Elektroden auf den Kopf des Babys, was das Kind nicht stört. Wenn das Zimmer völlig still war, maßen die Forscher das Grundniveau der elektrischen Gehirntätigkeit. Wenn das Baby ein Geräusch vernimmt, erscheinen besondere Wellen elektrischer Aktivität, so genannte ereigniskorrelierte Hirnpotentiale (EKP), in dem Teil des auditorischen Kortex, der auf die Verarbeitung von Lauten spezialisiert ist. Als die Forscher diese Welle mit dem Grundniveau des Babys verglichen, stellten sie fest, dass die linke Großhirnhälfte stärker auf sprachliche Geräusche reagierte und die rechte stärker auf nicht-sprachliche. Dies ist ein wichtiger Hinweis darauf, dass die beiden Gehirnhälften auf verschiedene Funktionen spezialisiert sind.

Riechen und schmecken

Ebenso wie das Sehvermögen und das Gehör führen auch Tast- und Geruchsinn das Baby durch die Welt außerhalb des Mutterleibs. Beide Sinne helfen ihm, Nahrung zu finden und einen wohltuenden Kontakt zwischen ihm und seiner Mutter herzustellen. Ein Neugeborenes ist für den Geruch um die Brustwarze der Mutter besonders empfänglich. Schon Minuten nach der Geburt erregt dieser Geruch die Aufmerksamkeit des Babys, und es beginnt, aktiv mit dem Mund nach der Brustwarze zu suchen.

1998 ergaben interessante Untersuchungen, dass Babys eine Erinnerung an Gerüche aus dem Mutterleib haben. Benoist Schaa und seine Kollegen vom Centre National de la Recherche Scientifique in Nuozilly legten Babys im Alter von drei Tagen zwei verschiedene Wattepads vor. Eines von ihnen war mit dem eigenen Fruchtwasser getränkt, das andere mit dem Fruchtwasser eines anderen Babys. Und voilà! Die Babys zogen eindeutig den Geruch ihres eigenen Fruchtwassers vor.

Neugeborene sind ziemlich wählerische kleine Feinschmecker, die ganz genau wissen, welchen Geschmack sie am liebsten mögen – und das sind nicht ganz zufällig süße Geschmacksrichtungen. Die angeborene Vorliebe für Süßes könnte einst von evolutionärem Vorteil gewesen sein, denn sie veranlasste unsere Urahnen, nach Früchten und Beeren mit einem hohen Energiegehalt zu suchen.

Wenn Neugeborene eine Geschmacksrichtung mögen, entspannt sich ihr Gesicht; manche Babys schürzen die Lippen oder stecken ihre Zungenspitze aus dem Mund. Wenn sie jedoch etwas probieren, das nicht ihrem Geschmack entspricht, verziehen sie das Gesicht oder drehen ihren Kopf weg. Das ist eine Art Kommunikation, das allererste Tischgespräch des Babys. Es ist interessant, dass das Baby bereits über den mimischen Ausdruck von positiven und negativen Eindrücken verfügt und dass seine Ausdrucksweise derjenigen der Erwachsenen entspricht. Es ist wichtig hervorzuheben, dass diese Ausdrücke universell sind und auf der ganzen Welt verstanden werden. Der komplizierte Bewegungsapparat, der für diese Gesichtsausdrücke benötigt wird, wird hauptsächlich von den Basalganglien und vom Stammhirn koordiniert.

Positive und negative Empfindungen des Babys zeigen sich auch in der elektrischen Aktivität des Gehirns. In einer Studie beobachteten Nathan Fox und Richard J. Davidson den Gesichtsausdruck von Säuglingen. Sie maßen mit Hilfe der Elektroenzephalographie (EEG) die Hirnaktivität der Säuglinge, wenn ihnen süße und saure Flüssigkeiten zum Kosten gegeben wurden. Wenn die Babys die süße Lösung probierten und einen zufriedenen Ausdruck hatten, zeigte sich auf der linken vorderen Hirnhälfte eine stärkere Aktivität, wenn sie aber Zitronensaft bekamen und unzufrieden reagierten, wurde die rechte Gehirnhälfte stärker aktiviert. Positive Empfindungen aktivieren somit im Allgemeinen die linke Gehirnhälfte, negative die rechte.

Auch wenn Neugeborene in der Lage sind, Gerüche und Geschmäcker zu unterscheiden und sich wenigstens für eine kurze Zeit an sie erinnern können, heißt das nicht, dass damit eine Vorliebe für bestimmte Geschmacksrichtungen festgelegt würde. Für Mutter und Kind ist es sinnvoll, wenn sich die Mutter während der gesamten Schwangerschaft ausgewogen ernährt, aber das Kind wird auf diese Weise nicht „programmiert", später Spinat und Brokkoli zu lieben.

Lernen, wie die Dinge sich anfühlen

Was die Bedeutung für das Wohlergehen eines menschlichen Wesens angeht, rangiert die Berührung gleich nach dem Bedürfnis nach Nahrung, Wasser und Sauerstoff. Durch Berührung erhält Ihr Baby seinen ersten Kontakt mit der Welt, wenn es nach der Geburt von liebevollen Händen in Empfang genommen wird. Durch die Berührung beginnt es, emotionale Bande zu anderen Menschen zu knüpfen. Frisch gebackene Eltern strecken ganz von selbst ihre Hände aus, um das Wunder der perfekt geformten Hände und Füße ihres Babys zu fühlen und seine weiche Haut zu bewundern. Sie schließen ihr Baby in ihre Arme und drücken es eng an ihr Herz. Es antwortet auf ihre Umarmung und die Wärme ihrer Haut, indem es sich enger ankuschelt und dabei seinen ganzen Körper entspannt.

Es existieren zwei verschiedene Tastsysteme. Das eine ist eher generell und reagiert auf Streicheln, das andere ist punktuell und reagiert auf lokalen Druck auf die Haut. Das generelle System entwickelt sich früher und macht das Neugeborene so empfänglich für Streicheln. Das eher punktuelle Tastsystem ist sehr wichtig für die Erkundung der Welt außerhalb des Mutterleibs. Die Gegend um den Mund ist mit einer besonders hohen Anzahl von Tastrezeptoren ausgestattet, die sich früh im Mutterleib entwickeln. Diese Fähigkeit des Babys ist jetzt besonders wichtig, um die Brustwarze seiner Mutter und damit Nahrung zu finden.

Der Tastsinn ist auch dafür verantwortlich, das Baby auf potenzielle Gefahren hinzuweisen. Rezeptoren in der Babyhaut registrieren Temperatur- und Druckunterschiede, und wenn diese Unterschiede ein gewisses Maß überschreiten, werden sie als Schmerz erfahren. Unglücklicherweise wurde noch bis Mitte des 20. Jahrhunderts angenommen, dass das neugeborene Kind keine Schmerzempfindung habe, und wenn ein Neugeborenes einen chirurgischen Eingriff benötigte, wurde er ohne Betäubung vorgenommen, um die Atmung des Säuglings nicht zu verlangsamen. Heute jedoch wissen wir, dass die Nervenbahnen, die die Schmerzempfindungen von der Haut zum somatosensorischen Kortex im Gehirn des Babys transportieren, schon um die 26. Woche nach der Befruchtung existieren. Aus diesem Grund sollten Schmerz stillende Maßnahmen, wann immer möglich, angewendet werden.

Die frühe Entwicklung des Tastsinns zeigt die große Bedeutung dieses Sinnes für Interaktionen des Kindes mit seiner Umwelt.

Muskeln in Aktion

Wenn Sie Ihren Finger zart auf die Innenfläche der wunderbar geformten kleinen Hand Ihres Kindes legen, schließen sich die Finger des Babys augenblicklich wie von selbst mit festem Griff um Ihren Finger und lassen ihn nicht mehr los. Der Griff des Babys ist so fest, dass es damit sogar vorsichtig in eine sitzende Position gezogen werden kann. Dieser automatische Griff wird als Greifreflex bezeichnet – einer der vielen Reflexe, mit denen das Baby schon bei Geburt ausgestattet ist. Während einige Reflexe das ganze Leben lang ihre Dienste verrichten, verschwinden die so genannten Neugeborenenreflexe im Laufe des ersten Lebensjahres, wenn der Kortex allmählich die Kontrolle über den Hirnstamm übernimmt und die Bewegungen nun willkürlich ausgeführt werden.

Reflexe können eine wichtige Schutzfunktion erfüllen. Wenn uns zum Beispiel grelles Licht blendet, schließen sich die Augenlider unverzüglich, um unsere Augen zu schützen. Das Signal geht vom Auge nur bis zum Hirnstamm, nicht bis zum Kortex, der für das Denken und Überlegen zuständig ist. Wenn dies der Fall wäre, könnten wir nicht schnell genug reagieren. Die Nervenbahnen für einige unserer Reflexe, zum Beispiel für das Zurückziehen der Hand, wenn wir einen heißen Herd berühren, verlaufen direkt über das Rückenmark.

Der Greifreflex des Neugeborenen verläuft über den Hirnstamm. Die Tastsensoren in der Handfläche des Babys senden einen elektrischen Impuls über das Rückenmark an den Hirnstamm. Dieser sendet sofort über das Rückenmark ein Signal zurück an die Fingermuskeln und befiehlt ihnen zuzugreifen. Ein Baby kann gar nicht anders handeln. Die Tastempfindung führt ganz automatisch dazu, dass das Baby die Faust ballt. Wenn dieser Reflex nicht später verschwände, könnte das Kind seine Hände weder für Erkundungen seiner Umwelt noch zum Hantieren mit Objekten gebrauchen.

Es sind verschiedene Reflexe notwendig, um dem Neugeborenen bei der Nahrungsfindung zu helfen. Wenn die Lippen des Babys die warme Haut der Brust seiner Mutter berühren, bewegt es automatisch heftig seinen Mund, um die Brustwarze seiner Mutter zu finden. Dem „Suchreflex" folgen der Saug- und der Schluckreflex. Das klingt alles ziemlich einfach, aber in Wirklichkeit bedarf es einer ausgefeilten Koordination aller Muskeln, besonders wenn die Ernährungsreflexe auf die Atmung abgestimmt werden müssen. Das ist die Aufgabe des Hirnstamms. Allerdings brauchen selbst gesunde Neugeborene ein paar Tage Übung, um die Koordination der Bewegungen zu beherrschen. Wissenschaftler fanden zu ihrem Erstaunen heraus, das der Säugling, wenn seine *eigenen* Finger den Mund berührten, nicht automatisch mit dem Suchreflex reagierte, der einsetzt, wenn eine andere Person mit ihrem Finger die gleiche Stelle berührt. Philippe Rochat konnte diese Beobachtungen 1998 bestätigen und fügte hinzu, dass sie ein Hinweis auf die beginnende Fähigkeit des Babys sind, seinen eigenen Körper als getrennt von anderen wahrzunehmen, eine frühe und wichtige Unterscheidung zwischen dem Selbst und dem Nichtselbst.

Die Bewegungen von Neugeborenen sind jedoch nicht nur Reflexe oder das Resultat zufälliger, unfreiwilliger Signale des Hirnstamms. Babys bewegen ihren Kopf und rudern mit Armen und Beinen. Einige dieser Bewegungen sind weniger zufällig, als es auf den ersten Blick scheinen könnte. Eine Studie konnte zeigen, dass Babys kurz nach der Geburt beginnen, Seheindrücke zu nutzen, um ihre Bewegungen zu koordinieren. Wenn die Babys mit dem Kopf zur Seite gedreht auf dem Rücken lagen, bewegten sie ihre Hände in ihr Blickfeld hinein, bis sie sie sehen konnten. George Butterworth und Brian Hopkins machten einige überraschende Entdeckungen, als sie eine typische Bewegung beobachteten, die Babys schon vor ihrer Geburt ausführen: Sie führen ihre Hand zum Mund. Zuerst wirkte das wie eine zufällige Bewegung, aber dann stellten die Forscher fest, dass die neugeborenen Babys den Mund öffneten, *bevor* die Hand zu ihm gelangte. Die Muskeln des Babymundes müssen im Voraus ein Signal erhalten, das sie veranlasst, sich bereitzuhalten. Die „Erwartung" der Ankunft der Hand ist ein sehr früher Hinweis auf die spätere Fähigkeit des Babys, zielgerichtete Bewegungen vorauszuplanen.

Die überragende Bedeutung der Muskeln liegt darin, dass sie unsere einzigen Mittel sind, auf die Umwelt direkt einzuwirken oder uns auszudrücken. Muskeln verändern unseren Gesichtsausdruck, unsere Blickrichtung und/oder Körperhaltung. Ob wir sprechen oder schreiben, stehen oder gehen, bauen oder spielen – immer sind unsere Muskeln in Aktion.

Ein individuell zugeschnittenes Nervensystem

Dass das Nervensystem des Babys auf sein individuelles Empfindungsniveau abgestimmt ist, kann man an seiner Reaktion auf eine Routineuntersuchung kurz nach der Geburt ablesen. Eine kleine Blutprobe wird an der Ferse des Babys entnommen. Dies geschieht zum Zwecke einer routinemäßigen Stoffwechseluntersuchung, die vorgenommen wird, um festzustellen, ob beim Säugling die Gefahr ernster Hirnschädigungen besteht, die sofort behandelt werden müssen. Babys zucken beim Einstich zusammen und fangen an zu weinen.

Reaktion auf Schmerz ist ein Teil des Systems, das den Körper darauf vorbereiten soll, auf Gefahr zu reagieren. In einer bedrohlichen Situation oder als Antwort auf große Schmerzen werden Neurotransmitter in den Blutkreislauf ausgeschüttet. Der Neurotransmitter Noradrenalin versetzt den Körper beispielsweise in ein Stadium der Handlungsbereitschaft, während das Stresshormon Kortisol dafür zuständig ist, die körperliche Ausdauer aufrechtzuerhalten. Bereits um die 18. Woche nach der Befruchtung beginnen die Grundkomponenten dieses Systems zu funktionieren.

Michael Lewis von der Robert Wood Johnson Medical School an der Universität für Medizin und Zahnmedizin von New Jersey hat die individuellen Reaktionen von Säuglingen auf den Einstich in die Ferse miteinander verglichen. Er ermittelte zwei verschiedene Gruppen von Säuglingen: die „stark reagierenden", die nach dem Einstich sofort und laut weinten und länger brauchten, um sich zu beruhigen, und die „schwach reagierenden", die nicht so rasch und intensiv weinten und sich schneller beruhigten.

Da die Babys nur ein paar Tage alt waren, schienen die unterschiedlichen Reaktionen der Säuglinge auf den angeborenen Charakteristika ihres Nervensystems zu beruhen. Lewis und seine Kollegen mussten jedoch die Möglichkeit in Betracht ziehen, dass die jeweilige Reaktion auf die momentane Verfassung des Säuglings zurückzuführen war. Vielleicht hatte ein Baby, das heftiger reagierte, nur Hunger oder war einfach aufgeregt? Vielleicht war ein Kind, das die Prozedur gelassener hinnahm, einfach nur zu müde, um zu reagieren? So entschieden sich die Forscher, die Heftigkeit der Reaktion der Neugeborenen auf den Fersenstich mit ihren Reaktionen auf eine Routineimpfung zwei Monate später zu vergleichen. Die stark reagierenden Säuglinge reagierten in der Mehrzahl heftiger auf die Impfung, während die meisten der schwach reagierenden auch die Impfung gelassener hinnahmen. Die Heftigkeit der Reaktion des Babys schien also eher ein angeborener Wesenszug zu sein als durch seine zufällige momentane Verfassung bedingt. Und wie wir sehen werden, kann diese Tendenz auch fortbestehen, während das Kind heranwächst.

Bereit zu lernen

Schon in dem Augenblick, in dem Ihr Kind auf die Welt kommt, beginnt es seine Welt zu erkunden. Eine seiner ersten Entdeckungen ist die Nahrungsquelle. Zuerst braucht es ein bisschen mütterliche Hilfe, um die Brustwarze zu finden und sie in seinen kleinen Mund zu stecken. Nach einigen Versuchen wird das Finden, Saugen und Schlucken für die meisten Babys zur Routine. Einige Babys brauchen ein bisschen mehr Übung.

Schon bald erkennen Babys, dass sie mit ihrem Handeln etwas bewirken können. In einer Studie konnte gezeigt werden, dass Babys im Alter von weniger als drei Tagen nicht nur die Stimme ihrer Mutter erkennen, sondern sogar in der Lage sind, sie durch eine Veränderung der Geschwindigkeit ihres Nuckelns abzurufen. Um das zu zeigen, machten Forscher eine Aufnahme von der Stimme einzelner Mütter, wie sie einige Seiten aus einem Kinderbuch vorlasen. Bevor der Test begann, bekamen die Babys Schnuller, an denen sie saugen konnten. Dann wurde ihre normale Nuckelfrequenz gemessen. Schließlich bekamen sie Kopfhörer aufgesetzt und der Test konnte beginnen. Wenn das Baby schneller als üblich nuckelte, konnte es die Stimme seiner Mutter hören, und wenn es langsamer saugte, wurde ihm die Stimme einer anderen Frau vorgespielt. Die Babys lernten in kurzer Zeit, schneller zu nuckeln, sodass sie die Stimme ihrer Mutter hören konnten.

Eine Verbindung zwischen zwei Ereignissen herstellen zu können, ist eine Grundform des Lernens. Um herauszufinden, ob Neugeborene dazu in der Lage sind, griffen Wissenschaftler auf das Verhalten von Babys zurück: Wenn sie etwas Süßes schmecken, beginnen sie Nuckelbewegungen zu machen. Sie saugen jedoch nicht automatisch, wenn man ihnen über die Stirn streicht. Also strichen die Forscher den Babys sanft über die Stirn, bevor sie ihnen etwas Zuckerwasser gaben. Sie wiederholten das einige Male, bis die Babys die Nuckelbewegungen machten, wenn man ihnen über die Stirn strich. Die Säuglinge hatten einen Zusammenhang (Assoziation) zwischen der Stirnberührung und der Süße hergestellt.

Die Babys gingen sogar noch einen Schritt weiter: Sie erwarteten, dass auf die Berührung das Zuckerwasser folgte. Wenn sie *kein* Zuckerwasser bekamen, nachdem man ihnen über die Stirn gestrichen hatte, protestierten sie, indem sie die Stirn runzelten oder schrieen. Offensichtlich wurden ihre Erwartungen nicht erfüllt. Die Fähigkeit, Assoziationen herzustellen, die zu Vorhersagen für spätere Ereignisse führen, wird im Nervensystem des Babys ausgebildet.

Das Interesse an Menschen

Nachdem das Baby in der Gebärmutter eingeschlossen war, könnte es wie Miranda in Shakespeares *Sturm* ausrufen: „Oh, schöne neue Welt, die solche Menschen birgt!" Es ist vielleicht noch kein Partylöwe, kann aber schon mit den Menschen interagieren, die es umgeben. Es reagiert auf Berührungen seines Vaters, schmiegt sich an die Brust seiner Mutter und schaut auf zum Gesicht der Eltern, wenn sie mit ihm sprechen.

Babys sind für menschliche Laute sehr empfänglich. Wenn auf der Neugeborenenstation ein Kind zu weinen beginnt, fallen oft mehrere andere ein. Säuglinge können zwischen menschlichem Weinen und einer möglichst originalgetreuen synthetischen Imitation unterscheiden. In einer Untersuchung konnte gezeigt werden, dass Säuglinge auf einer Neugeborenenstation, denen ein Band mit einer Aufnahme von schreienden Kindern und eines mit einer Computersimulation schreiender Kinder vorgespielt wurde, häufiger beim Hören der authentischen Aufnahme zu weinen begannen.

Babys sind sogar in der Lage, ihre eigene Stimme zu erkennen. 1999 entdeckten Marco Dondi, Francesca Simion und Giovanna Caltran von der Universität Padua, dass Neugeborene einen Unterschied zwischen einer Aufnahme ihres eigenen Schreiens und dem Schreien eines anderen Babys erkennen können. Wenn die andere Stimme vorgespielt wurde, hörten die Babys auf, an einem Nuckel zu saugen, und zeigten damit verstärkte Aufmerksamkeit. Außerdem pressten sie häufiger ihre Augenlider zusammen und runzelten die Stirn. Ihre eigene Stimme muss sie beruhigt haben, denn sobald sie sie hörten, saugten sie unverändert weiter.

Nicht nur menschliche Laute, sondern auch Gesichter erregen die besondere Aufmerksamkeit von Neugeborenen. Auf das Gesicht eines Menschen reagieren Babys anders als auf sonstige Seheindrücke. Um dieses Phänomen zu veranschaulichen, haben Mark H. Johnson und seine Mitarbeiter am Londoner MRC Cognitive Development Unit gezeigt, dass Neugeborene ihren Kopf und ihre Augen signifikant häufiger der Zeichnung eines Gesichts (A) zuwenden als einer ungeordneten Zeichnung (B) und sehr viel häufiger als dem leeren Umriss eines Kopfes (C). Es ist interessant, dass die Neugeborenen nur dann so reagierten, wenn die Bilder vorbeigezogen wurden. Dies zeigt die frühe Bedeutung der Wahrnehmung von Bewegung. Die Babys erkannten nicht nur Unterschiede im Muster der Linien und Umrisse, sondern reagierten auf die Ganzheit der Merkmale. Und damit waren sie besonders stark am Gesicht interessiert.

Für Eltern ist es überaus faszinierend, wenn ihr Baby sie anschaut, während sie ihre Lippen kräuseln oder die Zunge bewegen. Andrew Meltzoff, Psychologe an der University of Washington, hat beobachtet, wie Neugeborene auf diese einladende Mimik reagieren. In einer Reihe von Tests haben die Forscher abwechselnd 20 Sekunden lang entweder ihre Zunge oder ihren geöffneten Mund und dann 20 Sekunden ein ausdrucksloses

Gesicht gezeigt. Das Experiment wurde gefilmt und dann einem Dritten vorgeführt, der die Gesichter nicht sehen konnte. Die Ergebnisse zeigten, dass die Babys häufig versuchten, den Gesichtsausdruck der Erwachsenen zu imitieren.

Meltzoff hält das für eine Form früher Nachahmung, die soziales Lernen erleichtert. Andere Forscher stehen dieser Auffassung skeptisch gegenüber. Sie konnten Meltzoffs Ergebnisse nicht reproduzieren oder meinen, die Reaktionen der Babys seien Automatismen und keine echte Nachahmung. Die Frage bleibt offen. Tatsache ist: Es macht Spaß, vor Babys Grimassen zu ziehen und zu beobachten, wie sie reagieren.

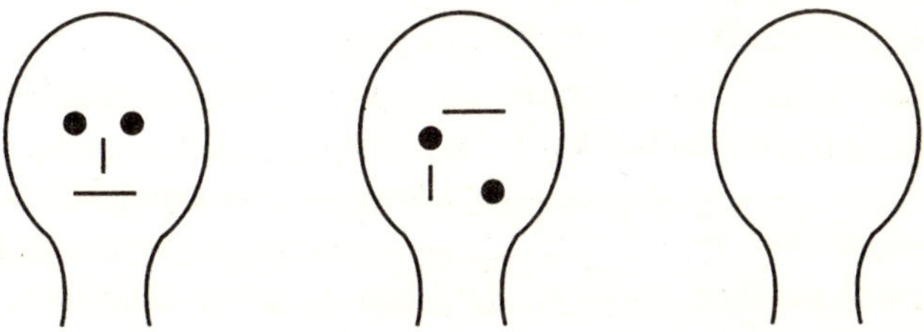

A B C

Diese Zeichnungen wurden angeschaut:

Am häufigsten A.	Gesichtsform mit schematisierten Merkmalen
Weniger häufig B.	Gesichtsform mit ungeordneten Merkmalen
Am seltensten C.	Umriss einer Gesichtsform ohne Merkmale

Neugeborene interessieren sich mehr für ein schematisiertes Gesicht als für eine Gesichtsform mit ungeordneten oder gar keinen Gesichtsmerkmalen. Das zeigen sie, indem sie das schematisierte Gesicht häufiger als die anderen Formen anschauen. (Nach M. Johnson et al. 1991.)

Fragen und Antworten

Ist die Geburt ein traumatisches Ereignis?

Da die Geburt körperlich anstrengend ist und der Körper des Babys sich unmittelbar an die ganz neue Umgebung anpassen muss, hat man den normalen Geburtsvorgang gelegentlich als ein „traumatisches" Ereignis bezeichnet und behauptet, es könne Folgen für die spätere Entwicklung haben. 1929 hat Otto Rank, ein Schüler Sigmund Freuds, sogar (im Widerspruch zu Freud selbst) die Meinung vorgebracht, das Geburtstrauma sei die Hauptursache für neurotische Ängste von Erwachsenen. Die Geburt ist zweifellos eine große Herausforderung für das Baby, aber die Natur hat sein Gehirn und seinen Körper so ausgestattet, dass es den Stress bewältigen kann. Es gibt keine erhärteten Beweise dafür, dass das Baby sich in irgendeiner Weise an seine Geburt erinnern kann oder dass die Erfahrung der Geburt bleibende Auswirkungen auf das spätere Leben hat.

In der Medizin hat der Terminus *Geburtstrauma* eine andere Bedeutung: Er bezieht sich auf physische Komplikationen wie Sauerstoffmangel, die sich auf das Neugeborene auswirken. Noch vor wenigen Jahrzehnten waren Komplikationen bei der Geburt häufiger als heute. Dank des großen Fortschritts in der Geburtshilfe und perinatalen Medizin kommt ein Geburtstrauma mittlerweile selten vor. Wenn die Geburt eine so grundlegende Veränderung darstellt, wäre es dann nicht sinnvoll, den Säugling langsam an seine Umgebung zu gewöhnen, indem man ihn beispielsweise im Wasser zur Welt bringt? Die Vorstellung liegt nahe, wenngleich die Wassergeburt für Menschen nicht gerade als „natürlich" bezeichnet werden kann. In Bezug auf das Baby konnten bislang keine Untersuchungen zeigen, dass eine Wassergeburt langfristig positive oder negative Auswirkungen hat. Auf Mütter kann das warme Wasser jedoch entspannend wirken, und das ist auch sehr wichtig.

Warum eigentlich „Rooming-In"?

Auf modernen Entbindungsstationen sind die Mütter nach der Geburt mit ihrem Baby im Normalfall in einem gemeinsamen Zimmer untergebracht. Auf diese Weise können sie sich mit dem Baby und seinem Essens- und Schlafrhythmus vertraut machen. Einige Untersuchungen deuten darauf hin, dass ein gemeinsames Zimmer den Müttern und ihren Babys geholfen hat, sich besser ans Stillen zu gewöhnen. Die Mutter sollte jedoch auch die Möglichkeit haben, das Neugeborene vorübergehend der Betreuung durch das Personal anzuvertrauen, wenn sie sich erholen möchte, ohne ein schlechtes Gewissen dabei zu haben.

Wie wichtig ist Körperkontakt?

Die Frage, ob die Mutter (oder auch der Vater) unmittelbar nach der Geburt mit dem Neugeborenen Körperkontakt haben sollte, ist immer wieder aufgeworfen worden, weil man befürchtet hat, dass das Fehlen von frühem körperlichem Kontakt bleibende negative Auswirkungen auf die Eltern-Kind-Beziehung haben könnte. In einer Auswertung von Studien zu diesem Thema hat Diane E. Eyer 1992 gezeigt, dass das bei Menschen nicht der Fall ist. Eine enge, liebevolle Beziehung ist nicht von einem kurzen

Körperkontakt abhängig, nicht einmal von mehreren Wochen. Sie entwickelt sich über die Jahre hinweg durch zahllose Interaktionen. Mütter und Väter bilden unter den verschiedensten Umständen ein enges Verhältnis zu ihren Kindern aus, was Eltern adoptierter Kinder – und diese Kinder selbst – bestätigen können.

Bei Frühgeburten empfiehlt man oft eine Maßnahme, die als „Känguruen" bezeichnet wird. Hierbei wird das Baby regelmäßig aus dem Brutkasten genommen und am Körper eines Elternteils gehalten oder getragen. Das stärkt den Kontakt zwischen den Eltern und ihrem Baby. Dadurch erhält das Neugeborene, dessen Nervensystem noch nicht vollständig auf die Außenwelt vorbereitet ist, natürliche Wärme.

Wie lärmempfindlich sind Babys?

Neugeborene hören nicht so gut wie Sie. Daher ist es nicht nötig, zu flüstern oder auf Zehenspitzen durchs Zimmer zu laufen, wenn sie schlafen. Untersuchungen haben jedoch gezeigt, dass übermäßiger Lärm ungeborenen Kindern schadet. Daher sollte man Neugeborene nicht auf Rockkonzerte mitnehmen, ihnen im Auto laute Musik vorspielen oder sie dem Lärm startender Flugzeuge aussetzen.

Teil II

Das erste Lebensjahr

Da Babys ebenso unterschiedlich sind wie die Blumen auf einer Wiese, wollen wir die große Vielfalt illustrieren, indem wir einige erfundene Personen einführen. „Sophie" und ihre Freunde vermitteln uns einen Eindruck von der großen Bandbreite individueller Eigenschaften und Möglichkeiten der Entwicklung.

Um ganz vorne zu beginnen, stellen wir zuerst Sophies Eltern vor, Deborah und Allen. Sie sind berufstätig und wohnen in einer Kleinstadt. Ihr erstes Kind, Sophie, war ein „einfaches" Baby. Zwei Jahre nach Sophies Geburt kam Peter, ihr Bruder, auf die Welt. Er entpuppte sich als eine echte Herausforderung für die nichts ahnenden Eltern.

Im Fortgang des Buches werden einige von Sophies Freunden vorgestellt: Anna, Mark, Sonja, Steven und Tommy. Wenn der Freundeskreis sich trifft, um Sophies Geburtstag zu feiern, lässt sich vom Säuglingsalter bis zur Schulzeit verfolgen, welche Fortschritte die Fähigkeiten der Kinder machen und wie sich ihr Verhalten ändert.

Der erste Geburtstag

Sophie versucht voller Inbrunst, ihre Eltern zu imitieren, die tief ein- und dann übertrieben laut wieder ausatmen, um die große Kerze auf ihrer ersten Geburtstagstorte auszublasen. Sie ergreift mit beiden Händen ein großes Kuchenstück und stopft es genüsslich in ihren Mund. Mit Sahne im Haar und Krümeln im Gesicht entwindet sie sich den Armen ihrer Mutter und gleitet auf den Boden.

Deborah und Allen haben einige Mütter und Väter aus der Nachbarschaft mitsamt ihren Kleinkindern eingeladen und verbringen mit ihnen einen lebhaften Nachmittag. Die Babys krabbeln selbstständig auf dem Boden umher. Hin und wieder werfen sie einander einen Blick zu. Einige stehen für einen kurzen Moment, ohne sich festzuhalten. Obwohl die Kinder etwa das gleiche Alter haben, verfügen sie über höchst unterschiedliche Fähigkeiten und individuelle Persönlichkeiten.

Anna presst sich eng an ihre Mutter und schaut jedes neue Gesicht ängstlich an. Wenn Deborah sie anlächelt und mit ihr zu sprechen versucht, atmet Anna deutlich lauter, versteckt ihr Gesicht in der Bluse ihrer Mutter und weint.

Mark geht mit recht sicheren Schritten zu seiner Mutter, um ihr eine Puppe zu zeigen, die er unter dem Kaffeetisch gefunden hat. Seine Mutter muss natürlich erwähnen, dass Mark schon seit einem Monat läuft. Sonja versucht unablässig, das Portemonnaie ihrer Mutter in ihren Besitz zu bringen, um seinen Inhalt zu untersuchen. Steven sitzt unbeweglich in einer Ecke, nuckelt am Daumen und schlägt hin und wieder leicht gegen ein Glockenspiel. Der wilde Tommy krabbelt schnell von einem Spielzeug zum anderen, nur um jedes ohne Aufhebens auf die Seite zu werfen.

Einer der zahlreichen „Ausflüge" der Kinder lenkt unsere Aufmerksamkeit auf einige der bemerkenswerten Fähigkeiten, über die einjährige Kinder verfügen. Im kaleidoskopähnlichen Durcheinander von aktiven Kindern, buntem Spielzeug und in alle Richtungen verteilten Fetzen Geschenkpapier sieht Sophie ihren Lieblingsteddy, der auf dem Sofa in sich zusammengesackt ist. Sie schmiedet einen Plan, um ihren Bären zu bekommen.

Sie setzt sich in Bewegung. Ihre Hände und Knie wechseln einander rhythmisch ab, während ihr Blick starr auf ihren Freund gerichtet ist. Nichts lenkt sie ab. Leider hat sie die Höhe des Sofas unterschätzt. Und ihr Arm ist nicht lang genug, um die Pfote des Teddys zu erreichen. „Ma-ma", ruft sie. Aber ihre Mutter schenkt Annas Vater gerade Kaffee nach. Sophie gibt nicht auf. Sie ergreift den Zipfel des Sofakissens, zieht sich hoch, streckt die Hand aus und zieht den Bär zu sich. Sie schaut hinüber zu ihrer Mutter und strahlt sie an, als sie den Bär umarmt. Trotz aller Hindernisse hat sie ihr Ziel erreicht und ist mit sich zufrieden.

Es sind so viele Gäste da – spielende Kinder und miteinander redende Eltern –, dass Sophies Mutter keine ruhige Minute hat. Es bleibt natürlich auch keine Zeit, daran zu denken, wie sehr sich Sophie verändert hat, seit sie vor einem Jahr zum ersten Mal als knuddeliges kleines Bündel in ihr Zuhause kam. Um die faszinierenden Entwicklungen im ersten Lebensjahr des Kindes wertschätzen zu können, wollen wir mit der Übergangsphase in den ersten Monaten beginnen und anschließend betrachten, wie ein Baby beginnt, seine Welt zu erkunden.

Kapitel 3

Die ersten Wochen zu Hause

Als unser Sohn kurz nach Mitternacht zur Welt kam, rief ich voller Stolz meinen Schwiegervater an, um ihm die frohe Nachricht zu übermitteln. Seine erste Frage lautete: „Und, Norbert, was machst du jetzt?" Die Frage verwirrte mich ein wenig und ich murmelte etwas darüber, dass ich mich „mit ein paar Freunden treffen und ein bisschen feiern" wollte. In seiner ruhigen Art erwiderte er: „Nein, geh' lieber sofort nach Hause und koste die letzte Zeit aus, in der du durchschlafen kannst. Am Anfang wird das Baby dich wachhalten, dann wirst du dir Sorgen machen, wohin der Junge mit dem Auto gefahren ist, und im Alter wirst du Rheuma haben." Es wurde zwar nicht ganz so schlimm, aber es ist eine Tatsache, dass die ersten Wochen zu Hause eine starke Anpassung seitens des Babys und der Eltern erfordern.

Nehmen wir an, Sie haben gerade Ihr Baby gestillt und hoffen inbrünstig, etwas Schlaf nachholen zu können – da regt sich das Baby auf und schreit ohne erkennbaren Grund. Neugeborene ähneln Flugpassagieren, die nach einer langen Reise gerade an ihrem Zielort eingetroffen sind. Es war möglicherweise ein ermüdender Flug, ein Klimawechsel ist zu verkraften, man muss sich an eine exotische Welt voll neuer Eindrücke anpassen und der Biorhythmus ist ganz durcheinander. Und all das ist wenig im Vergleich zu dem, was ein Neugeborenes durchmachen muss. Daher verwundert es nicht, dass das Baby eine Zeit lang benötigt, um „anzukommen" und sich in der neuen Umgebung zu Hause zu fühlen.

Es kehrt Ruhe ein

Das Nervensystem des Babys muss sich innerhalb kurzer Zeit an die neue Umgebung und die neuen Reize von innen und außen anpassen. In den ersten drei Monaten handelt der Hirnstamm weitgehend autonom, ohne die Kontrolle der Hirnrinde. Verschiedenste Signale aus der Außenwelt oder von den inneren Organen gelangen an den Hirnstamm, der genau das tut, was er tun soll – er schickt sie automatisch weiter. Das Baby reagiert darauf reflexartig. Wenn es gereizt und unruhig wirkt, ist das also kein Protest. Es kann die Unruhe in seinem Inneren einfach nicht anders verarbeiten. Glücklicherweise ändert sich das in den folgenden Monaten.

Nach etwa drei Monaten werden Sie aufatmen. Etwa zu dieser Zeit wird sich das Baby deutlich weniger „reizbar" zeigen. Die durchschnittliche Schreidauer pro Tag reduziert sich von drei Stunden auf eine Stunde. Das ist ein Zeichen dafür, dass die Hirnrinde langsam mehr Kontrolle über die Nerven des Hirnstamms ausübt. Jetzt werden die Verbindungen zwischen dem Kortex und dem Hirnstamm effizienter. Damit kann der Kortex die Signale dämpfen.

Schlafe, mein Kindlein, schlaf' ein ...: das Wiegen

Babys werden gerne im Arm gehalten, besonders wenn sie dabei sanft hin und her gewiegt werden. Sie werden dann normalerweise ganz ruhig, ihre Augen öffnen und schließen sich langsam, und meistens schlafen sie nach wenigen Minuten ein. Wir wissen heute mehr darüber, warum die sanfte Bewegung Babys beruhigt. Im Verborgenen erfüllt ein System, das für das Gleichgewicht und die Körperhaltung zuständig ist, seine Aufgabe. Wenn die Entwicklung des Gehirns ein Spielfilm wäre, würde das Gleichgewichtssystem im Abspann an erster Stelle genannt.

Das *vestibuläre System* kommt uns leider vor allem dann zu Bewusstsein, wenn wir im Flugzeug Turbulenzen erleben oder uns auf dem Tanzparkett zu schnell gedreht haben. Es koordiniert die Bewegungen unseres Kopfes, unserer Augen, unseres Oberkörpers und unserer Extremitäten, so dass wir das Gleichgewicht halten können.

Das vestibuläre System ist bei der Geburt im Wesentlichen einsatzbereit. Ein Neugeborenes kann für kurze Augenblicke seinen Kopf aufrichten und zur Seite drehen, um gut Luft zu bekommen. Das Baby dreht Kopf und Körper, um sich einer Veränderung der Position anzupassen. Eine derartige Veränderung kann sich auf den allgemeinen Aufmerksamkeitszustand auswirken. Wenn man das Baby aufrecht hält, wird es im Allgemeinen wacher und aufmerksamer, während es sich entspannt und schläfrig wird, wenn man es waagerecht und eng am Körper hält. Wir können die Auswirkungen der Körperhaltung auf unsere Wachheit selbst nachvollziehen: Setzen wir uns aufrecht vor den Fernseher, konzentrieren wir uns auf das Geschehen am Bildschirm. Legen wir uns bequem hin, wird das Risiko groß, dass wir einschlafen.

Vermutlich erklärt die volle Funktionsfähigkeit des vestibulären Systems bei Neugeborenen, dass sanfte horizontale Bewegungen Babys so gut beruhigen können. Es gibt allerdings Babys, die schon von Anfang an lieber vertikal gehalten und leicht auf und ab geschaukelt werden.

Schlaf- und Wachrhythmen

Für übermüdete Eltern dürfte es kaum ein Trost sein zu hören, dass Neugeborene im Durchschnitt bis zu 16 Stunden täglich schlafen und nur etwa 8 Stunden wach sind. Unglücklicherweise sind die 16 Stunden in unterschiedlich lange Perioden über die 24 Stunden des Tages verteilt. Viele Eltern können sich daher glücklich schätzen, wenn es ihnen gelingt, drei bis vier Stunden am Stück zu schlafen. Manchmal scheint es, als habe das Baby Tag und Nacht verwechselt oder sei in der falschen Zeitzone zur Welt gekommen.

Nach etwa drei Monaten ändert sich das. Babys können nun acht Stunden am Stück schlafen. Das ermöglicht es den Eltern, ihren verdienten Schlaf zu bekommen. Im Alter von drei Monaten schlafen die meisten Babys nachts durch, im Alter von fünf Monaten sogar praktisch alle. Am Ende des ersten Lebensjahrs schläft ein Baby nachts durchschnittlich bis zu zwölf Stunden.

Die Schlafzeiten werden nicht nur länger, sondern auch regelmäßiger. Der geregelte Tag-Nacht-Rhythmus wird als *zirkadianer Rhythmus* bezeichnet, nach den lateinischen Wörtern *circa* („um", „etwa") und *dies* („Tag"). Das Phänomen ist eine wahre Erleichterung für die geplagten, schlaflosen Eltern. Der zirkadiane Rhythmus beginnt, wenn das Baby etwa einen Monat alt ist, macht sich aber erst in den folgenden zwei Monaten deutlich bemerkbar und ist zwischen drei und fünf Monaten etabliert. Hier spielt der Hypothalamus eine wichtige Rolle.

Der zirkadiane Rhythmus wird grundsätzlich durch den Wechsel von Licht und Dunkelheit reguliert. Wenn die Retina des Auges Dunkelheit registriert, wird diese Information an den Hypothalamus weitergeleitet und von dort zur Zirbeldrüse, die dann Melatonin freisetzt. Melatonin ist eine Substanz, die schläfrig macht. Bei Tageslicht nimmt die Freisetzung von Melatonin ab, und der Tagesrhythmus wird eingeleitet. Für das Funktionieren des zirkadianen Rhythmus ist von Bedeutung, dass Hypothalamus und Zirbeldrüse zwischen zwei und drei Monaten eine deutliche Entwicklung zeigen.

Mit der Stabilisierung des zirkadianen Rhythmus wird der Wechsel von Schlaf- und Wachzustand des Babys regelmäßiger. Der Nachtschlaf wird länger als die Schlafzeiten am Tage. Wie gut das Baby einschlafen kann und wieviel Schlaf es benötigt, hängt von seinem individuellen Nervensystem ab. Eine große Bandbreite ist möglich, wie bei Erwachsenen. Manche Babys sind richtige „Nachteulen", während andere mit Anbruch der Dunkelheit zufrieden einschlafen.

Die Körpertemperatur des Babys variiert mit dem zirkadianen Rhythmus. Im ersten Lebensmonat, bevor sich der zirkadiane Rhythmus etabliert hat, beträgt seine Körpertemperatur rund um die Uhr konstant etwa 36,7° C. Im Alter von drei Monaten steigt die Temperatur gegen vier Uhr nachmittags auf ein Maximum von rund 37,4° C an. Danach sinkt sie auf etwa 36,6°C um Mitternacht und steigt danach wieder langsam an. In den folgenden Monaten wird das nächtliche Minimum länger und dauert bis etwa fünf Uhr morgens. Erwachsene, deren Temperatur früh ansteigt, sind diejenigen, die frisch aufwachen und den Tag voller Energie begrüßen. Jene dagegen, deren Temperatur später steigt, kommen nur schwer aus den Federn und fragen sich, warum man überhaupt aufstehen sollte.

Während im Alter von drei bis vier Monaten der Tag-Nacht-Rhythmus regelmäßiger wird, verändern sich auch die Schlafzyklen. Es entwickelt sich ein regelmäßiger Wechsel von Tiefschlaf und oberflächlichem Schlaf, auch REM-Schlaf genannt. Es handelt sich um eine Phase „leichteren" Schlafs, die sich durch mehr Körperaktivität und rasche Augenbewegungen auszeichnet. Gelegentlich kann man die raschen Bewegungen des Augapfels durch die Lider sehen, wenn das Baby schläft. Erwachsene träumen in der REM-Phase, Babys wahrscheinlich auch. Im Schlaf dringen weniger Reize aus der Außenwelt in das Gehirn. Dafür kommen Stimulationen vermehrt vom Gehirn selbst. Wir können sie mit der inneren (endogenen) Stimulation vergleichen, die das visuelle System des Babys vor der Geburt erfährt, während die grundlegenden Nervenverknüpfungen hergestellt werden.

Da Aktivität allgemein das Wachstum und die Spezialisierung von Nervenzellen fördert, wird angenommen, dass die REM-Phase eine wichtige Bedeutung für die Entwicklung des Gehirns hat, vor allem in den ersten Lebensmonaten. Es ist wohl kein Zufall, dass beim Neugeborenen REM-Phasen die Hälfte der Schlafzeit einnehmen. Im Alter von drei Monaten macht der REM-Schlaf nur ein Drittel des gesamten Schlafes aus, mit sechs Monaten nur noch ein Fünftel.

In demselben Maße, in dem die REM-Phasen sich verkürzen, bleibt das Baby nun länger wach, wird aufmerksamer und kann die neuen Eindrücke der Umgebung besser aufnehmen und verarbeiten. Sein Gehirn erhält somit genügend Stimulation von der Außenwelt.

Der erste Arztbesuch

Etwa vier Wochen nach der Geburt besucht das Baby normalerweise zum ersten Mal den Arzt. Für frisch gebackene Eltern ist es sicher hilfreich zu wissen, was der Kinderarzt bzw. die Kinderärztin genau untersucht und wie er oder sie dabei vorgeht. Die ärztliche Untersuchung des Neugeborenen beginnt mit der Aufnahme von Einzelheiten über den Verlauf der Schwangerschaft und der Geburt, die allgemeinen Familienverhältnisse und den Gesundheitszustand des Babys. Der Arzt wiegt das Kind und prüft seine Sinne. Kann das Baby einem bewegten Gegenstand mit den Augen folgen? Wie reagiert es auf Geräusche? Dann untersucht er den Muskeltonus und die Reflexe. Der Arzt fragt die Mutter nach dem Verhalten ihres Babys. Wie lange schläft es? Wie oft hat es Hunger? Wie würde die Mutter die „Persönlichkeit" ihres Kindes beschreiben?

Der Arzt beobachtet den Umgang der Mutter mit ihrem Kind. Gelegentlich wird das Kind während der Untersuchung oder während des Gesprächs mit der Mutter unruhig und beginnt zu weinen. Dies ist eine Gelegenheit für die Mutter, sich mit dem Arzt über praktische Fragen zu unterhalten. Er wird ihr eventuell erklären, dass selbst Neugeborene schon Möglichkeiten haben, sich in derartigen Situationen zu beruhigen. Viele Babys lutschen zum Beispiel am Daumen. Das rhythmische Saugen dämmt ihre Erregung.

Wenn das Baby sich nicht von selbst beruhigt, kann die Mutter verschiedene „Strategien" ausprobieren. Sie kann leise in ein Ohr des Babys sprechen und seine Aufmerksamkeit gewinnen. Oder sie kann die Hände des Babys fassen und ruhig halten. Manchmal hilft das Einwickeln in eine leichte Decke, was die Bewegungen von Armen und Beinen vermindert. Als ich ein Baby war, riet der Kinderarzt meiner Mutter, sanft meine Arme zu streicheln, um mich zu beruhigen. Sie sagte mir später, diese Methode sei erfolgreich gewesen – und ich genieße es heute noch. Wir haben im Kapitel 2 gesehen, dass das Tastsystem des Kindes stark auf sanftes Streicheln anspricht.

Eine aktive Beteiligung bei der ärztlichen Untersuchung kann Müttern (oder Vätern) eine wichtige Erfahrung vermitteln. In einer Studie wurden drei Gruppen von Müttern miteinander verglichen. Die erste Gruppe erfuhr nur die Ergebnisse der ärztlichen Untersuchung, die zweite Gruppe sah bei der Untersuchung zu; und die dritte Gruppe führte selbst einige der Tests unter Anleitung des Arztes durch. Einen Monat später begaben sich die Wissenschaftler zu den Müttern nach Hause und beobachteten, wie sie mit ihren Kindern umgingen. Die Mütter, die bei der Untersuchung selbst Hand angelegt hatten, gingen mehr auf ihre Kinder ein als die Mütter der ersten beiden Gruppen.

Wie unterschiedlich Babys sein können!

Als ihr zweites Kind, Peter, geboren wurde, dachte Deborah oft an die ersten Monate mit Sophie zurück. Sie kamen ihr im Nachhinein wie ein wunderbarer Traum vor. Allen und Deborah waren von allen anderen jungen Eltern im Bekanntenkreis beneidet worden. Sophie mit ihren leuchtenden Augen war ein Energiebündel gewesen, das sich ohne die geringsten Probleme stillen ließ. Schon ein paar Wochen nachdem sie mit ihrer Mutter aus dem Krankenhaus nach Hause gekommen war, schlief sie nachts durch. Manchmal passte Deborahs Mutter auf sie auf. Sophie ließ anstandslos zu, dass sie mit ihr spielte und ihr die Windeln wechselte. Wenn Deborahs Mutter keine Zeit hatte, nahmen die jungen Eltern Sophie in ihrer Wippe einfach zur Einladung mit und präsentierten sie stolz. Sophie wurde auf den Boden gestellt und schaute entweder friedlich umher oder schlief bald ein. Das Klappern des Geschirrs oder Licht störten ihren Schlaf nicht. Sie hatte ein sonniges, unkompliziertes Gemüt und strahlte bei jeder Gelegenheit. Kurz gesagt, sie verkörperte die Vorstellung, die sich alle Eltern von einem perfekten Baby machen.

Als zwei Jahre nach Sophie ihr Sohn Peter zur Welt kam, waren Allen und Deborah völlig verblüfft. Peter stiftete Unruhe auf der Neugeborenenstation, schrie ohne Gnade und ruderte mit seinen Armen und Beinen in der Luft, als wolle er die ganze Welt auf Abstand halten. Sein Verhalten änderte sich auch nicht, als er nach Hause kam. Peter wurde beim Stillen schnell müde, so dass er nie genug trank und daher immer hungrig war. Allens und Deborahs Augenringe wurden immer größer und dunkler, während ihre Geduld im selben Maße abnahm. Peter regte sich auf, wenn seine wohlmeinende Mutter ihn auf den Arm nahm. Nun gab es keine romantischen Abende bei Kerzenlicht mehr. Peter wollte noch nicht einmal mit auf einen Spaziergang kommen! Er wachte auf, wenn er ein Geräusch hörte oder wenn in der Nähe ein Licht anging. Er litt an Koliken und hatte eine sehr empfindliche Haut. Den größten Teil der Zeit war er aufgeregt und fordernd. Sophie war „ein kleiner Engel" gewesen, ein Sonnenschein. Peter war eher ein schwieriger Hotelgast. Wie konnten zwei Kinder derselben Eltern so verschieden sein? Noch beunruhigender für die Eltern war die Frage, ob Peter immer so sein würde.

Kontaktfreudig und forsch oder ruhig und zurückhaltend? Frühe Anzeichen des Temperaments

Jedes Kind reagiert individuell auf seine Umwelt. Sophie ist unproblematisch, kommt gut mit Menschen und Veränderungen zurecht. Peter dagegen reagiert negativ auf alles, was seine Routine stört. Forscher – wie auch, natürlich, Eltern – haben solche Unterschiede schon lange fasziniert. Dabei benutzen sie das Wort *Temperament*, um individuelle Kombinationen von Reaktionsweisen zu beschreiben. Diese umfassen Unterschiede in Bezug auf Aufmerksamkeit und emotionale und motorische Reaktionen auf Stimulation. Einige Temperamentszüge, zum Beispiel Introversion oder Extraversion, bleiben mehr oder weniger das ganze Leben lang erhalten. Sie werden jedoch ständig durch erbliche Faktoren, das Alter und persönliche Erfahrungen beeinflusst.

In den späten 50er-Jahren begannen Stella Chess und Alexander Thomas, zwei amerikanische Kinderpsychologen, eine bahnbrechende Langzeitstudie zum Temperament. Auf der Basis von Elternfragebögen suchten sie neun charakteristische Reaktionsweisen von Säuglingen aus und gruppierten diese in drei grobe Kategorien:

- „einfach" (easy; das waren rund 40 Prozent der Kinder: gutes Anpassungsvermögen, regelmäßige körperliche Funktionen, im Allgemeinen positiver Stimmungsausdruck),
- „schwierig" (difficult; etwa 10 Prozent der Kinder: tun sich schwer mit neuen Situationen, weniger regelmäßig in ihren körperlichen Funktionen, häufigere und intensivere negative Reaktionen wie Schreien und Weinen),
- „langsam auftauend" (slow-to-warm-up; ebenfalls Mühe mit unvertrauten Situationen oder mit der Anpassung an Änderungen ihrer Routine; jedoch weniger intensive Reaktionen).

Ein großes Verdienst dieser Studien war die Erkenntnis, dass viele charakteristische Merkmale von Kindern eine biologische Ursache haben. Das Wissen um das Temperament eines Kindes kann Eltern helfen, optimal auf ihr Kind einzugehen. Im Verlauf der Zeit dienten die Studien von Chess und Thomas als Grundlage für weitere Untersuchungen. Viele Forscher haben einzelne Temperamentsmerkmale näher untersucht, nicht nur mit Hilfe von Fragebögen, sondern durch die direkte Beobachtung von Verhalten wie auch unter Anwendung neuer technischer Möglichkeiten.

An der Harvard University wird unter Leitung von Jerome Kagan eine Studie durchgeführt, die die direkte Verhaltensbeobachtung mit der Suche nach den biologischen Grundlagen von

Temperament kombiniert. Kagan wählte eine spezifische Eigenschaft des Temperaments aus: Wie reagiert ein Kind auf neuartige Situationen? Zur Beantwortung der Frage stützt sich sein Forscherteam auf ein standardisiertes Beobachtungsprotokoll. So können Veränderungen des Verhaltens mit zunehmendem Alter ermittelt werden. Die gleichen Kinder werden zwischen dem Alter von drei Monaten und sechzehn Jahren beobachtet, und zwar in Situationen, die ihrem Alter entsprechen. Vier Monate alte Kinder werden in ihnen unvertrauten Situationen beobachtet, die harmlos sind, aber ein so kleines Kind trotzdem beunruhigen können: Sie hören eine verfremdete Stimme, oder man lässt ein buntes Mobile vor ihrem Gesicht baumeln. Wenn die Kinder 14 bis 20 Monate alt sind, beobachten die Forscher ihre Reaktionen in einem fremden Zimmer; wenn sie drei Jahre alt sind, beobachten sie ihr Verhalten gegenüber einem unbekannten Kind in einem Spielzimmer, und mit sieben Jahren ihr Sozialverhalten auf einer Kinderparty.

Nehmen wir einmal an, Sophie und ihre Freundin Anna beteiligen sich an der Studie. Sophie ist vier Monate alt und man setzt sie in einen Kinderstuhl an einem Tisch, während ihre Mutter in einer Ecke des Zimmers bleibt. Dann spielen die Forscher die Aufnahme einer verzerrten Frauenstimme ab, die verkündet, das Kind sei „ein liebes Baby". Sophie bleibt ruhig sitzen, dreht lediglich ihren Kopf etwas zur Seite und schaut groß mit ihren leuchtenden Augen. Sophies Freundin Anna hingegen zeigt deutliche Anzeichen von Unruhe, als sie die unbekannte Stimme hört. Sie windet sich in ihrem Stuhl, krümmt ihren Rücken, vollführt steife Bewegungen mit Armen und Beinen, als wolle sie sich wegschieben, und macht ein trauriges Gesicht. Dann beginnt sie zu weinen.

Als Nächstes wird ein buntes Mobile unmittelbar vor ihrem Gesicht bewegt. Anna reagiert darauf genauso wie auf die unbekannte Stimme, während Sophie ruhig bleibt. In der Studie zeigte sich, dass 20 Prozent der Babys sich wie Anna verhielten und sehr beunruhigt waren, während 40 Prozent der Babys wie Sophie waren und ruhig blieben. Die „Annas" wurden als stark reagierend (leicht erregbar), die „Sophies" als schwach reagierend (ruhig) bezeichnet. Die Forscher ermittelten auch, dass die „Sophies" eher mit anderen Babys zurechtkamen und häufiger lächelten als die „Annas".

Die an der Harvard-Studie beteiligten Forscher konzentrierten sich auf die beiden Extreme, also auf die Kinder, die wie Anna als *besonders* stark reagierend eingestuft werden konnten, und auf die *besonders* schwach reagierenden, die „Sophies". In Kapitel 2 wurden bereits die unterschiedlichen Reaktionen der Neugeborenen auf den Fersenstich und auf die Impfung zwei Monate später beschrieben. Diese individuellen Unterschiede haben eine biologische Grundlage: Die Nervensysteme der Kinder sind nicht alle gleich sensibel eingestellt. Annas Nervensystem ist empfindlicher und reagiert stärker auf neuartige Situationen als Sophies.

Die *Amygdala*, ein kleines, mandelförmiges Organ im Gehirn, spielt bei der Reaktion auf neue Situationen eine große Rolle. Wenn Anna die fremde Stimme aus dem Lautsprecher hört, schickt ihre Amygdala sofort starke Signale an weitere Regionen in ihrem Gehirn. Ihr Hirnstamm fordert die Muskeln ihres Gesichts auf, sich zu einer Grimasse zu verziehen und ihre Hals- und Mundmuskulatur, sich auf Weinen oder Schreien einzustellen. Sie atmet hastig. Ihre Amygdala schickt gleichzeitig Signale an die Basalganglien, die automatische Bewegungen des Körpers, der Arme und Beine auslösen. Ihr Hypothalamus empfängt ebenfalls starke Signale und beginnt, Stressreaktionen einzuleiten. Sophies Amygdala reagiert weniger sensibel und sendet schwächere Signale an die anderen Hirnstrukturen.

Die „Einstellungen" des Nervensystems beruhen auf genetischen Faktoren und den Bedingungen im Mutterleib. Es ist möglich, dass anhaltender starker Stress der Mutter sie empfindlicher macht. Für Eltern ist es entlastend zu wissen, warum ein Kind sich mehr als andere aufregt oder bewegt oder warum es schwerer zu beruhigen ist als ein anderes. Das Wissen um die individuellen Einstellungen des Nervensystems hilft, geduldiger und weniger verunsichert zu sein.

Allerdings verändern sich die Eigenschaften des Temperaments im Laufe der Zeit. Wenn Anna in die Schule kommt, wird sie auf neue Situationen wahrscheinlich etwas gelassener reagieren. Ihr Nervensystem reift heran. Außerdem beeinflussen ihre Erfahrungen die Art und Weise, in der sie auf die Herausforderung des Ungewohnten reagiert.

Temperament und Erziehung

Wenn Eltern sich der Unterschiede im Temperament bewusst sind und lernen, mit Babys umzugehen, die reizbarer oder „schwieriger" als andere sind, verbessert sich auch ihre Interaktion mit dem Kind. Dymphna C. van den Boom von der holländischen Universität Leiden hat gezeigt, dass Mütter dazu tendieren, im Laufe der Zeit weniger auf ihre schwierigen Säuglinge zu achten und weniger mit ihnen zu spielen. Sie war der Meinung, dass Mütter neue Wege des Umgangs mit ihren Säuglingen lernen könnten. Dann würden sie aufmerksamer sein und die Babys weniger leicht reizbar. Das könnte die Mutter-Kind-Beziehung verbessern und für beide Seiten angenehmer gestalten.

Dymphna van den Boom führte daraufhin eine Untersuchung durch, in der einige Mütter zu Hause praktische Ratschläge zur Verbesserung des Umgangs mit ihren Säuglingen erhielten. Das Forschungsteam wählte Säuglinge aus, die auf einer standardisierten Verhaltensskala 10 bis 15 Tage nach der Geburt in die Kategorie starker Erregbarkeit fielen. Als die Babys sechs Monate alt waren, suchten die Forscher die Kinder zu Hause auf und beobachteten, wie die Mütter mit ihren Babys umgingen. Sie notierten beispielsweise, was die Mutter tat, wenn das Baby gurrte oder schrie.

In den folgenden drei Monaten zeigten die Forscher den Müttern in der Testgruppe, wie sie die Mimik und Gestik ihrer Kinder deuten und auf sie reagieren könnten. Sie ermutigten die Mütter, die Laute des Babys zu wiederholen und sich ruhig zu verhalten, wenn das Kind wegschaute. Sie informierten die Mütter auch über die besten Möglichkeiten, das Baby zu beruhigen. Zum Beispiel mögen manche Babys engen Körperkontakt, andere nicht.

Als die Babys neun Monate alt waren, verglichen die Forscher Mütter und Kinder der Testgruppe mit denen der Kontrollgruppe, die keine Beratung erhalten hatten. Sie fanden heraus, dass sich die Mütter in der Testgruppe aufmerksamer und positiver gegenüber ihren Kindern verhielten. Außerdem waren ihre Babys geselliger, konnten sich besser beruhigen und schrieen weniger. Darüber hinaus zeigten diese Babys mehr Interesse, ihre Umgebung zu erkunden.

Doreen Arcus von der erwähnten Harvard-Studie hat gezeigt, dass der frühe Erziehungsstil Auswirkungen auf die Ängstlichkeit eines Kindes haben kann. Die Säuglinge in ihrer Untersuchung wurden auf der Basis ihres Verhaltens in ungewohnten Situationen im Alter von vier Monaten entweder als besonders stark oder besonders schwach reagierend eingestuft. Die Forscher hatten bereits herausgefunden, dass die leicht erregbaren Säuglinge später, im Alter von 14 Monaten, dazu tendierten, mehr Angst vor unbekannten Personen, Gegenständen und Situationen zu haben als die ruhigen. In einem der Tests wurde ein Kreisel in unterschiedlichen Geschwindigkeiten und im Zusammenhang mit verschiedenen anderen Gegenständen gedreht, sodass

Geräusche entstanden. Oder ein Roboter aus Metall mit blinkenden Lichtern und einer männlichen Stimme tauchte auf und das Kind wurde aufgefordert, sich ihm zu nähern.

Das Team von Doreen Arcus beobachtete Kinder im Alter zwischen 4 und 14 Monaten zu Hause. Man notierte sowohl das Verhalten der Mutter wie auch das des Babys. Auf dieser Basis unterschied man zwei Hauptarten des mütterlichen Erziehungsstils: permissiv und autoritativ. Im Gegensatz zum Adjektiv „autoritär", mit dem Eltern bezeichnet werden, die absoluten Gehorsam fordern und zu diesem Zweck gegebenenfalls harte Strafen einsetzen, soll das Wort „autoritativ" Eltern bezeichnen, die Richtlinien aufstellen und durchsetzen, und zwar in einer dem Alter und Temperament des Kindes angemessenen Weise. Die permissiven Mütter tendierten dazu, sich dem Baby anzupassen. Sie wollten, dass es stets glücklich war. Die autoritativen Mütter gingen davon aus, das Baby nicht immer glücklich machen zu können. Sie wollten dem Baby dabei helfen, eigene Wege zu finden, mit unangenehmen Situationen zurechtzukommen.

Zu Beginn des ersten Lebensjahrs neigten permissive Mütter dazu, sofort zu reagieren, wenn das Baby schrie oder sich aufregte. Sie waren der Meinung, alle Bedürfnisse des Babys müssten sofort erfüllt werden. Die autoritativen Mütter dagegen warteten zunächst, um dem Baby die Möglichkeit zu geben, sich von selbst zu beruhigen. Einige Monate später führten die permissiven Mütter das Baby sanft von Gefahren weg, mischten sich aber sonst in die Erkundungen des Babys nicht ein, sondern versuchten nur, mögliche Enttäuschungen zu vermeiden. Die autoritativen Mütter dagegen waren strenger und zögerten nicht, Grenzen zu setzen, indem sie potenziell gefährliches oder sozial inakzeptables Verhalten mit einem klaren Nein untersagten.

Als die Kinder 14 Monate alt waren, beobachteten Psychologen ihre Reaktionen auf ungewohnte Situationen, beispielsweise den Auftritt eines Clowns. Um eine möglichst objektive Vorgehensweise zu gewährleisten, wussten die Psychologen nicht, wie die Kinder im Alter von 4 Monaten eingestuft worden waren und welchen Erziehungsstil die Mütter pflegten.

Die Resultate waren überraschend. Der Erziehungsstil der Mütter hatte wenig oder gar keine Auswirkungen auf die ruhigen Kinder. Doch waren die leicht erregbaren Kinder, die eine permissive Mutter hatten, im Alter von 14 Monaten noch ängstlicher, als man erwartet hatte; wenn sie autoritative Mütter hatten, waren sie hingegen weniger ängstlich. Eine Erklärung dafür könnte sein, dass die autoritativen Mütter ihren Kindern mehr Möglichkeiten verschafften, mit Frustrationen umzugehen. Außerdem könnte das ruhige, aber feste Grenzensetzen durch die Mutter dem Kind helfen, sich in ungewohnten Situationen sicherer zu fühlen. Diese Untersuchungen zeigen, wie hilfreich es für Eltern sein kann, um das Temperament ihres Kindes zu wissen, und dass Geschwister je nach ihrem Temperament differenziert, doch ohne Bevorzugung, zu erziehen sind.

Fragen und Antworten

Wie kümmert man sich „richtig" um ein Baby?

Es gibt nichts, was für alle Babys gleichermaßen richtig wäre. Vielmehr gibt es viele Arten, die körperlichen und emotionalen Bedürfnisse eines Babys zu befriedigen. Die Erziehung hängt zu einem Großteil von den Bedingungen und Erwartungen sowohl der Eltern als auch der Kultur ab, in die das Kind hineingeboren wird. In einigen Gesellschaften tragen die Frauen ihre Kinder mit sich, wenn sie auf den Feldern arbeiten. Wenn Sie ein großes Unternehmen führen, den Verkehr regeln oder in der Ambulanz eines Krankenhauses arbeiten, scheidet diese Möglichkeit für Sie wahrscheinlich aus. In vielen nicht-westlichen Kulturen tragen Mütter ihre Kinder zwar mit sich, küssen sie aber weniger, kuscheln und sprechen weniger mit ihnen als westliche Mütter.

Die Gepflogenheiten ändern sich auch mit der Zeit. Im 18. Jahrhundert ließen wohlhabende Mütter ihr Kind nicht selten von einer anderen Frau stillen. Und bevor es Wegwerfwindeln gab, war es von großem Vorteil, wenn die Kinder früh auf die Toilette gehen konnten.

Mütter und Väter sollten sich die Zeit nehmen, über den Umgang mit dem neuen Familienmitglied zu sprechen. Wenn Sie sich unsicher fühlen, sollten Sie mit Ihrem Arzt, mit der Hebamme oder der Säuglingsschwester Kontakt aufnehmen.

Brust oder Flasche?

Muttermilch ist eine Gabe der Natur und trägt zum Schutz des Neugeborenen vor Infektionskrankheiten bei. Das Stillen erfordert allerdings Geduld, weil Mutter und Kind wahrscheinlich zu Anfang ein bisschen üben müssen. In einer bekannten amerikanischen Zeitschrift für Eltern hieß es, „Stillen ist vielleicht natürlich, aber es ist nicht immer die zweite Natur". Meist dauert es etwa eine Woche, bis das Stillen zur Routine geworden ist.

Wenn das Kind nicht gestillt werden kann, sollte die Mutter keine Befürchtungen haben, dass – sorgfältig zubereitete – Flaschennahrung der Gehirnentwicklung des Babys schaden könnte. Ein Vorteil der Flaschennahrung besteht darin, dass auch Väter die Möglichkeit haben, das Kind zu füttern und ihm nahe zu sein. Wichtig ist es, dass das Kind gut gedeiht; die wöchentliche Gewichtszunahme und die Wachstumskurve sind dafür gute Indikatoren.

Was soll ich tun, wenn das Baby viel schreit?

Wenn Sie wissen, wie sich das Nervensystem des Babys entwickelt, können Sie diese oft schwierige Zeit besser durchstehen. Im Allgemeinen nimmt das Schreien zu, bis das Kind etwa sechs Wochen alt ist. In den folgenden zwei bis drei Monaten lässt es nach. Einige Babys schreien mehr als andere, ganz gleich, was ihre wohlmeinenden Eltern auch tun mögen.

Sobald das Nervensystem des Babys sich an die neue Umgebung angepasst hat, entwickelt das Kind einen eigenen Rhythmus von Schlaf- und Essenszeiten. Im Alter von fünf Monaten schlafen die meisten Babys nachts durch. Auch die Fütterungszeiten werden regelmäßiger. Wenn Eltern den biologischen Rhythmus ihres

Kindes kennen, können sie es füttern oder zum Schlafen hinlegen, bevor es sich sehr aufregt und schwer zu beruhigen ist. Falls der „Zeitplan" des Babys ganz willkürlich scheint und keinerlei erkennbares Muster aufweist, sollten Eltern sachte versuchen, regelmäßige Zeiten zum Essen, Schlafen und Wachen einzuführen.

Je besser Sie Ihr Baby kennen lernen, desto genauer können Sie sein Schreien als Ausdruck von Hunger, Müdigkeit, Schmerzen oder Unwohlsein wegen einer nassen Windel oder Blähungen deuten. Wenn Sie diese Ursachen ausgeschlossen haben und Aufnehmen gar keinen Einfluss auf das Schreien hat, sollten Sie ärztlichen Rat suchen.

Da das Gehirn des Babys voll damit beschäftigt ist, die Vielzahl neuer Eindrücke aus der Umgebung zu verarbeiten, wird es sich leichter beruhigen, wenn es weniger Reize gibt. Es ist besser, das Kind fest im Arm zu halten und sanft zu wiegen als laute Musik zu spielen oder ein Spielzeug vor seinem Gesicht zu schwenken.

Auch wenn Eltern die Schreianfälle ihres Babys nicht ganz verhindern können, lassen sie sich doch verkürzen. Man kann den Säugling am Tag in regelmäßigen Abständen umhertragen und im Alltag eine Routine einführen, indem zu bestimmten Zeiten gegessen, geschlafen, gespielt und spazieren gegangen wird.

Auf keinen Fall sollten Sie das Baby schütteln. Seine Nackenmuskulatur ist noch nicht kräftig genug, um den Kopf stabil zu halten und damit zu verhindern, dass das Gehirn gegen den harten Schädel stößt. Durch das Schütteln kann ein Trauma entstehen, das tödlich sein oder zu einer ernsten Gehirnverletzung führen kann. Wenn Sie den Eindruck haben, mit dem ständigen Schreien Ihres Babys nicht zurechtzukommen, sollten Sie frühzeitig Hilfe suchen.

Und was ist mit uns?

Das ist eine harte Zeit für Sie und Ihren Partner/Ihre Partnerin. Sie benötigen gemeinsame Zeit, um ihre Beziehung zu pflegen und sich auf die neuen Aufgaben vorzubereiten. Sie sollten hin und wieder etwas ohne Kind unternehmen. Wenn Sie Glück haben, können Ihre Eltern oder gute Freunde eine Zeit lang auf es aufpassen. Vielleicht können Sie sogar eine Woche zu zweit Urlaub machen. Mütter (oder Väter), die sich den ganzen Tag über um ein oder mehrere Kinder kümmern, sollten pro Woche mindestens einen freien Morgen oder Nachtmittag haben, um sich etwas zu erholen.

Wie kann ich dazu beitragen, dass mein leicht erregbarer Säugling als Kleinkind weniger ängstlich ist?

Doreen Arcus' Studie hat gezeigt, dass ein fürsorglicher, autoritativer Erziehungsstil für Kinder, die stark auf jede Störung oder Veränderung reagieren, besonders förderlich ist. In den ersten Monaten können Sie versuchen, im Alltag eine verlässliche Routine einzuführen. Wenn das Baby sich fortzubewegen beginnt, braucht es die Sicherheit fester Grenzen. Wenn es beispielsweise versucht, auf den Tisch zu klettern, sollten Sie ihm nicht einfach wortlos den Weg versperren, sondern es anschauen und deutlich Nein sagen. Wenn es weiterhin auf den Tisch klettern will, sagen Sie noch einmal nein und bewegen es zu einem sicheren Ort. Sollte es notwendig werden, das Kind abzulenken, geben Sie ihm etwas zum Spielen, zum Beispiel einen Holzlöffel und einen Topf.

Kapitel 4

Erkundungen

Die Sinne eines Babys sind seine Navigationsinstrumente, seine Antennen zur Aufnahme von unzähligen neuen Eindrücken, denen es einen Sinn zu geben versucht. Von Anfang an muss unser kleiner Kolumbus sein Schiff durch fremde Gewässer steuern, die noch nicht kartografiert sind; das Baby muss schnell seine eigene Landkarte anfertigen. Sein Gehirn wird durch die ständige Interaktion von biologischen Reifungsprozessen und seinen Erfahrungen mit seiner Umwelt geformt.

Im ersten Lebensjahr erweitert sich der Horizont des Kindes mit unglaublicher Geschwindigkeit. Wenn es drei oder vier Monate alt ist, hat sich seine gesamte Wachzeit von acht auf zehn bis zwölf Stunden pro Tag gesteigert. Nach und nach bleibt es länger am Stück wach. Weniger Schlaf bedeutet, dass es mehr Zeit hat, neue Eindrücke aufzunehmen und neue Situationen zu durchleben. Die Fähigkeit, einen Gegenstand zu ergreifen und umzudrehen, die Berührung der Hände seiner Mutter, die Bartstoppeln seines Vaters und das Fell seines Stoffhasens sind Empfindungen, die ausgekostet und in die Weltsicht des Babys integriert werden wollen. Wenn es zu sitzen, zu krabbeln, zu stehen und zu gehen lernt, eröffnen sich neue Perspektiven, die eine ganze Flut neuer Eindrücke mit sich bringen. In seiner Motorik spielen Reflexe allmählich eine geringere Rolle. Das Baby lernt, seine Muskeln mit größerer Präzision zu führen und Informationen zu verwerten, die es über seinen Gesichtssinn, sein Gehör und seinen Tastsinn aufnimmt.

Parallel zu seinen Fortschritten im Umgang mit diesen grundlegenden Werkzeugen zeigt das Baby immer mehr Eigeninitiative. Es sieht nicht nur. Es schaut hin. Es hört nicht nur. Es hört zu. Es kann seine Aufmerksamkeit auf ein interessantes Spielzeug richten und versuchen, es zu erreichen und anzufassen.

Eine Welt neuer Eindrücke

„Achtung, bitte", scheinen alle neuen Sinneseindrücke dem Baby zuzurufen. Die ersten Lebensmonate sind eine Zeit rascher Entwicklung der sensorischen Systeme. Dadurch kann das Baby mehr Einzelheiten wahrnehmen und zwischen verschiedenen Farben, Geräuschen und Texturen besser unterscheiden. Die Flut neuer Sinneseindrücke stimuliert einen besonderen Teil seines Hirnstamms, die *Retikulärformation*. Sie wird angeregt, mehr Neurotransmitter auszuschütten, Substanzen, die wachsamer machen und den Entdeckungsdrang anregen. Auf eine ähnliche Weise wird das Nervensystem bei der Geburt plötzlich aufgeweckt. Nun kann das Baby Gegenstände in seiner Umgebung besser entdecken, sich besser auf sie konzentrieren und die Vielfalt ablenkender und störender Eindrücke in der Umgebung ignorieren. Das Baby kann sich jetzt länger auf Dinge konzentrieren, die es sieht oder hört.

Erweiterung des Horizonts

Ihr zweimonatiges Baby liegt wahrscheinlich gerne in einer Wippe neben dem Tisch und schaut Ihnen beim Essen zu. In dieser Zeit sind Babys plötzlich äußerst fasziniert von allem, was um sie herum vorgeht. Sie können ihre Augen jetzt sehr viel besser benutzen. Das beruht auf Veränderungen im Gehirn, vor allem im visuellen System. In den ersten zwei Monaten nach der Geburt ist das visuelle Repertoire des Kindes begrenzt. Es kann nur Dinge sehen, die etwa 30 Zentimeter von seinem Gesicht entfernt sind. Seine Augen folgen reflexartig ausgeprägten Mustern. Die Fähigkeit dazu verleiht ihm eine im Hirnstamm liegende Region. Diese Region fügt visuelle Information zusammen und ermöglicht dem Baby, Gegenständen, die in seinem Gesichtsfeld bewegt werden, mit den Augen zu folgen. Am Anfang interessiert sich ein Baby mehr für Gegenstände in Bewegung als für ruhende Objekte, weil das System für die Wahrnehmung von Bewegung früher ausgebildet ist als die Systeme für die Erkennung von Formen und Farben.

Im Alter von zwei bis drei Monaten beginnt das Baby auch ruhenden Gegenständen mehr Aufmerksamkeit zu schenken. In diesem Alter übernimmt allmählich die Hirnrinde die Kontrolle über den Hirnstamm. Jetzt kann das Baby Gesichter besser erkennen, weil es nicht nur die Umrisse, sondern auch die Gesichtszüge sieht. Die Zäpfchen in der Netzhaut, die für Scharfsicht und Farben zuständig sind, werden zahlreicher und beginnen heranzureifen, so dass das Baby Gegenstände schärfer sehen kann. Doch beträgt die Sehschärfe mit zwei Monaten nur ein Zwanzigstel der Sehschärfe mit vier bis fünf Jahren. Die Sehschärfe wächst über die nächsten zwei Jahre sehr schnell und dann etwas langsamer bis zur Pubertät. Da das Baby jetzt Farben besser sehen kann, werden leuchtende Farben immer interessanter. Wenn es etwa drei Monate alt ist, wird es an dem bunten

Mobile Freude haben, das Sie von Ihren Freunden zur Geburt des Kindes geschenkt bekommen haben.

Um ein sich munter bewegendes Spielzeug zu sehen, das als Teil vom Mobile herunterhängt, muss das Kind seine Aufmerksamkeit darauf richten und es als getrennten Gegenstand erfassen. Das Teil muss sich also aus dem Hintergrund hervorheben. Die wichtige Fähigkeit, einzelne Objekte von ihrer Umgebung zu trennen, beginnt sich mit etwa vier Monaten zu entwickeln.

Entwicklung und Erfahrungen tragen beide zur Hirnentwicklung bei. In den ersten drei Monaten kann ein Kind schon einfache geometrische Formen unterscheiden, zum Beispiel ein Dreieck von einem Kreis. Durch seine Erfahrung mit solchen Formen im Alltag bildet sich im Gehirn ein „inneres Bild" von diesen Formen. Mit acht Monaten kann das Kind sogar das Bild vervollständigen.

Gergely Csibra und seine Kollegen zeigten Säuglingen ein so genanntes Kanizsa-Quadrat. Wenn man die Abbildung betrachtet, sieht man, dass das Quadrat eine Illusion ist. Das Gehirn setzt die Informationen so zusammen, dass man das Quadrat „sieht", obwohl in Wirklichkeit kein Quadrat vorhanden ist. Wenn Erwachsene derartige Bilder anschauen, tritt im EEG eine große Zahl von Hochfrequenzwellen (Gammawellen) in den höheren Sehzentren ihres Gehirns auf. Zeigt man ihnen ein Kontrollbild, das aus den gleichen Elementen besteht, aber in einer anderen Anordnung, sehen sie kein Quadrat, und es treten auch keine Gammawellen auf.

Die Forscher zeigten Babys Kanizsa-Quadrate und Abbildungen, in denen dieselben Elemente so angeordnet waren, dass sie keine Illusion eines Quadrats vermittelten. Im Alter von acht Monaten zeigten die Kinder die gleiche Gammaaktivität wie Erwachsene, wenn sie die virtuellen Quadrate anschauten, und keine solche Aktivität, wenn sie die Kontrollabbildungen sahen.

Sechsmonatige Kinder zeigten hingegen keine erhöhte Gammaaktivität beim Betrachten der Kanizsa-Quadrate. Diese Ergebnisse bezeugen einen wichtigen Entwicklungsschritt im Gehirn zwischen 6 und 8 Monaten, sichtbar durch das Auftreten von Gammawellen in der visuellen Hirnrinde. Für die Fähigkeit, das Bild eines illusorischen Quadrats zu vervollständigen, sind zwei Faktoren notwendig: biologische Reifungsprozesse und die tägliche Erfahrung mit Formen in der Umgebung – ein Prinzip, das allgemein gültig bleibt.

Kanizsa-Quadrat
(Testobjekt)

Beliebiges Muster
(Kontrollobjekt)

Der „Kanizsa-Quadrat"-Test: Der Blick auf das Bild, das die Illusion eines Quadrats vermittelt, führt zu anderen elektrischen Mustern im Gehirn als der Blick auf ein willkürlich zusammen gefügtes Bild.

Wenn ein Baby vier bis sieben Monate alt ist, beginnt es, dreidimensional zu sehen. Das ist das Werk der assoziativen Areale in der Sehrinde, die in diesem Alter eine intensive Entwicklung erfahren. Diese Bereiche setzen die leicht abweichenden Informationen beider Augen zusammen, wodurch ein dreidimensionales Sehen ermöglicht wird. Sie werden sich vielleicht an die kritische Phase vor der Geburt des Babys erinnern, in der die Verknüpfungen im visuellen System geschaffen wurden. In jener Phase kamen die dazu notwendigen Reize direkt aus dem Gehirn. Um die Verknüpfungen zwischen dem Thalamus und dem visuellen Kortex zu vollenden, braucht das Gehirn jetzt die Reize, die die Seheindrücke von der Außenwelt liefern.

Das plötzliche Hereinbrechen neuer visueller Eindrücke hat ungeheure Auswirkungen. In den ersten acht Monaten nach der Geburt wächst die Zahl der Synapsen in der visuellen Hirnrinde des Babys um das Zehnfache. Diese hohe Zahl wird im Leben nie wieder erreicht; Erwachsene verfügen nur über die Hälfte der Synapsen. Die Wachstumsphase wird in Analogie zum Aufbrechen von Blüten in einem Sommergarten als *Blühen* bezeichnet. Die große Bedeutung des Sehens im Säuglingsalter ersieht man aus der Tatsache, dass das Volumen der Sehrinde dem eines Erwachsenen entspricht, während das Gesamthirn nur 50 Prozent des erwachsenen Volumens entspricht.

Nach der Blüte kommt das *Stutzen*. Während der Phase des Blühens werden viel mehr Synapsen gebildet, als nachher gebraucht werden. Jetzt führen die visuellen Erfahrungen des Babys zu einer Verminderung der Synapsenzahl. Synapsen, die oft benutzt werden, werden stabilisiert, während wenig oder gar nicht benutzte Synapsen verkümmern. Ab dem Alter von etwa acht Monaten sinkt somit die Zahl der Synapsen im visuellen Kortex, bis sie ungefähr zum zehnten Geburtstag das Niveau eines Erwachsenen erreicht. In der gesamten Periode erfährt das Sehsystem eine Feineinstellung, um die visuellen Informationen detaillierter und präziser verarbeiten zu können. Der visuelle Kortex erlangt kurz vor der Pubertät seine Reife. Es ist ein wichtiges Prinzip der Hirnentwicklung, dass eine stürmische Phase des Blühens mit der Bildung von überschüssigen Synapsen von einer Periode des Stutzens gefolgt wird; das Stutzen resultiert aus Erfahrung und Lernen.

In den ersten Wochen nach der Geburt findet das visuelle System alles zu seiner Entwicklung Erforderliche in der Umgebung, und das Baby braucht kein spezielles visuelles Training.

Wenn die Augen des Babys allerdings nicht richtig funktionieren, entwickelt sich sein visuelles System auch nicht richtig. Daher ist es entscheidend, Sehfehler wie etwa eine Linsentrübung so früh wie möglich zu korrigieren. Während der ersten drei Monate sind die Bewegungen beider Augen häufiger nicht gut koordiniert, wobei ein wechselseitiges Schielen beobachtet werden kann. Mit sechs Monaten ist aber die Koordination gut entwickelt, und ein Schielen ab dieser Zeit muss ärztlich abgeklärt werden.

Vom Ton zur Melodie

Wahrscheinlich beginnen Sie von selbst, sanft zu singen oder zu summen, um Ihr Baby zu beruhigen, wenn es aufgeregt ist und nicht einschlafen kann. Musik hat eine starke Wirkung auf Babys – wie auf uns alle. Vom Schriftsteller Romain Rolland stammt die Äußerung, Musik sei der „Schlüssel zur Seele". In der ganzen Welt werden Babys durch Wiegenlieder beruhigt, die meist langsam gesungen werden, mit einem konstanten Rhythmus und einer einfachen Melodie.

Im Alter von zwei bis drei Monaten verstärkt sich das Interesse des Babys an Tönen. Es schaut empor oder dreht seinen Kopf, um seiner Spieluhr oder einer Melodie zuzuhören, die sein Vater pfeift. Bald entwickelt sich das Baby zu einem „kritischen Zuhörer". Eine interessante Studie von Marcel Zentner und Jerome Kagan konnte zeigen, dass Säuglinge bereits im Alter von vier Monaten auf Harmonien ansprechen. In der Untersuchung wurde den Kindern zuerst eine harmonische Version eines Kinderlieds vorgespielt. Sie schauten dabei ruhig im Zimmer umher, und die Melodie schien ihnen zu gefallen. Als ihnen dagegen eine disharmonische Version derselben Melodie vorgespielt wurde, reagierten sie mit dem Säuglingsäquivalent von Kritikerhäme. Sie legten ihr Gesicht in Falten und begannen zu weinen, als würde ihnen das Lied tatsächlich körperliches Unwohlsein bereiten. Untersuchungen an Erwachsenen haben gezeigt, dass Dissonanzen Bereiche des Gehirns aktivieren können, die an der Verarbeitung unangenehmer Empfindungen beteiligt sind.

Das Gehirn des Babys setzt die einzelnen Töne des Wiegenliedes so zusammen, dass sie als Melodie wahrgenommen werden. Bei der Geburt sind das Innenohr und der Hörnerv weitestgehend ausgereift. Sie können also die Schwingungen der Luft in elektrische Signale umwandeln und an den Hirnstamm senden. Ohne die Umwandlung der Druckwellen in Signale gäbe es keinen Ton. Das ist wie im Beispiel des umstürzenden Baumes in einem menschenleeren Wald: Es braucht das menschliche Ohr und Gehirn, damit aus einer physikalischen Wellenbewegung ein Geräusch wird.

Vom Hirnstamm gehen die Signale an den Thalamus und von dort in die Hörrinde. Wenn Sie ein paar Takte von „Schlaf' Kindchen, schlaf'" singen, werden die Schallwellen in getrennte Signale für Lautstärke, Tonhöhe und Herkunft übersetzt. Nur wenn die auditorisch-assoziative Hirnrinde die Signale zusammensetzt, werden sie zu den bekannten Klängen der Melodie.

Während des ersten Lebensjahres entwickelt sich das Hörsystem schnell. Im Alter von etwa drei Monaten hat das Baby in seinem auditorischen Kortex mehr Synapsen als zu jedem anderen Zeitpunkt seines Lebens. Wie in seinem visuellen Kortex vermindert sich die Zahl danach und die restlichen Verbindungen werden effizienter. Zwischen dem sechsten und dem zehnten Monat verstärkt sich die Verbindung zwischen dem Thalamus und der Hörrinde durch eine schnelle Myelinisierung der entsprechenden Nervenbahnen. Bis zum Alter von 10 Jahren, auch unter dem Einfluss von mannigfachen Hörerfahrungen, wie

Gesprächen, Musik und Umweltgeräuschen, entwickelt sich das Hörsystem weiter. Zu viele laute Hörreize, besonders über Kopfhörer, können das Hörsystem schädigen.

Babys brauchen keine zusätzliche Stimulation, um ihr Gehör auszubilden. Wie der Sehsinn wird das auditorische System durch die große Bandbreite von Lauten, die die Umgebung bietet, auf die normale Erfahrung eingestimmt. Daher ist es von größter Bedeutung, dass das Hörsystem nicht beeinträchtigt ist. Je früher ein Hördefizit erkannt und behandelt wird, desto besser sind die Chancen, dass es ausgeglichen werden kann. Daher sollte die Hörfähigkeit in den ersten Lebensmonaten sorgfältig beobachtet und überprüft werden. Wenn das Baby ein vermindertes Hörvermögen besitzt, hilft ein Hörgerät. Wenn es allerdings gar nicht hören kann, besteht die Möglichkeit, das Innenohr durch ein Cochlea-Implantat zu ersetzen. Mehr als 80 Prozent der Kinder, die ein derartiges Implantat erhalten, lernen zu sprechen und Sprache zu verstehen.

Ein gutes Gehör ist wichtig, nicht nur, weil Babys damit ihre Umgebung kennen lernen, sondern auch, weil sie es zur Interaktion und Kommunikation mit anderen Menschen benötigen. Es finden grundlegende Entwicklungen statt, auf die der spätere Spracherwerb und die Fähigkeit zum Dialog aufbauen werden. Wenn das Hörsystem nicht funktioniert, müssen andere Systeme seine Aufgaben übernehmen: Das Kind muss lernen, über den Tastsinn oder mittels Zeichensprache zu kommunizieren.

Die Sinne arbeiten zusammen

Die Möglichkeiten eines Säuglings, seine Umgebung zu erkunden und kennen zu lernen, werden dadurch vervielfältigt, dass die sensorischen Systeme nicht nur als getrennte Einheiten funktionieren, sondern ihre Informationen zusammenführen und integrieren. Wir haben gesehen, dass der Hirnstamm schon bei der Geburt gut mehrere Aktivitäten koordinieren kann. Jetzt aber kommt die Großhirnrinde hinzu. Im Kortex laufen die sensorischen Bahnen zusammen. Die verbesserten sensorischen Systeme werden nun effizienter miteinander verbunden und bilden Verknüpfungen zu limbischen Hirnregionen aus, womit Ereignisse mit hoher emotionalen Bedeutung besser im Gedächtnis gespeichert werden.

Babys können visuelle und auditorische Informationen miteinander verknüpfen – so, wie auch Erwachsene es tun, wenn sie einem anderen etwas von den Lippen ablesen. Patricia Kuhl und Andrew Meltzoff haben fünf Monate alten Babys Filmsequenzen vorgespielt, in denen ein Erwachsener die Vokale „i" wie in „hier" oder „o" wie in „dort" spricht. In einigen der Sequenzen wurde die Tonspur vertauscht. Zwei Drittel der Babys schauten länger auf das Gesicht, das zu dem Laut passte. Die Kombination hat ihre Aufmerksamkeit „angehalten", als ob die Kinder erkannt hätten, welche Lippenbewegung zum Laut gehörte.

In anderen Untersuchungen wurde gezeigt, dass Babys den Tastsinn mit dem Sehsinn verknüpfen. Da der Tastsinn des Mundes beim Säugling besonders gut ausgebildet ist, gaben die Forscher einmonatigen Babys Nuckel, an denen sie saugen sollten. Eine Gruppe erhielt einen glatten, runden Nuckel, während eine andere Gruppe einen Nuckel erhielt, dessen Oberfläche mit kleinen Knöpfchen versehen war. Die Babys nuckelten 90 Sekunden lang, bevor die Forscher den Nuckel aus ihrem Mund zogen. Dann wurde den Babys jeweils ein Modell der beiden Nuckel aus orangefarbenem Styropor gezeigt. Zum Erstaunen der Forscher schauten die Säuglinge länger auf das Modell des Nuckels, an dem sie gesaugt hatten. Die Babys mussten auf irgendeine Weise registriert haben, dass die Oberfläche glatt oder uneben gewesen war. Sie verglichen die Empfindung mit dem Bild vor ihnen und stellten eine vorübergehende Assoziation zwischen ihren taktilen und ihren visuellen Eindrücken her. Für ein einmonatiges Baby ist das eine beachtliche Leistung.

Die Sinnesinformationen des Babys werden weiter mit seinem motorischen System verknüpft. Das Gesehene, das Gehörte und das Gefühlte werden im Gehirn vereinigt und dienen dazu, die entsprechenden Muskelbewegungen zu steuern. Im Alter von fünf Monaten kann das Baby beim Geräusch einer Rassel die Hände ausstrecken und sie ergreifen.

„Achtung, jetzt komm' ich!"

Mark verblüffte seine Eltern, als er im Alter von zehn Monaten die ersten Schritte tat. Mutig nahm er die Hände vom Sessel seines Vaters und wackelte durch das Zimmer. Der freudige Ausruf seiner stolzen Eltern reichte, um ihn aus dem Gleichgewicht zu bringen. Er sackte auf den Boden zusammen und schaute verdutzt, als wolle er sagen: „Was war denn da los?" Es war klar, dass einige seiner Systeme noch besser miteinander koordiniert werden mussten.

Kurz nach der Geburt des Babys können wir bereits die ersten Anfänge willkürlicher Muskelbewegungen erkennen. Grundlegende Schaltkreise sind bereits funktionsfähig, so dass nicht nur Reflexe, sondern auch willkürliche Handlungen möglich sind. Es wird jedoch noch viel Zeit und Übung brauchen, bis die Muskeln optimal koordiniert werden können.

Die Fähigkeit des Babys, seinen Kopf zu heben und zu bewegen, mag zu bescheiden scheinen, um als Meilenstein bezeichnet zu werden. Aber sie bedeutet, dass es seine Muskeln benutzen kann, um seine Lage zu verändern und mehr von der Umgebung zu erfahren. Im Alter von rund zwei Monaten eröffnet die Kontrolle der Kopf- und Halsbewegungen dem Kind ein Gesichtsfeld von nur 90 Grad. Bis zum fünften Monat vergrößert es sich auf etwa 180 Grad. So kann das Baby sich umschauen und Bewegungen von Menschen im Zimmer verfolgen.

Die Muskeln des Babys werden stärker, während die Nerven, die seinen motorischen Kortex mit den Neuronen im Rückenmark verbinden, effizienter werden. Anfangs können die Verbindungen mit einem holprigen Feldweg verglichen werden, über den die Signale sich so langsam bewegen wie Postkutschen. Die Natur hat eine intelligente Möglichkeit gefunden, den Feldweg zur Autobahn auszubauen. Die Axone der Nervenzellen werden von mehreren Schichten Myelin umhüllt, die ein Axon vom anderen isolieren und den elektrischen Impuls um bis zu 20-mal schneller den Nerv entlang leiten. Um diese Geschwindigkeit ohne Myelin zu erreichen, müssten die Axone bedeutend dicker sein. Unser Rückenmark hätte dann einen Durchmesser von einem Meter.

Einen Hinweis darauf, dass die Verbindungen zwischen dem motorischen Kortex des Babys und dem Hirnstamm besser verknüpft werden, bietet das Verschwinden von einigen Reflexen, die nur in den ersten Monaten beobachtet werden. Als Mark geboren wurde, schloss sich seine Hand automatisch um den Finger seines Vaters. Dieser Reflex wird durch den Hirnstamm ausgelöst. Wenn das Baby drei bis fünf Monate alt ist, verschwindet der Greifreflex. Jetzt kann das Baby Gegenstände manipulieren und erkunden. Es ist schwer, sich ein aktives Leben vorzustellen, wenn dieser Reflex nicht verschwinden würde. Jeder Gegenstand würde automatisch ergriffen und nicht mehr losgelassen. Das Unterdrücken des Reflexes ist möglich, weil die motorische Hirnrinde die Signale des Hirnstamms unterdrücken kann.

Die motorische Hirnrinde sendet nicht nur Befehle zur Aktivierung von Muskeln aus, sondern hat auch die Aufgabe, ihre Tätigkeit zu blockieren oder zu hemmen. Ein Gleichgewicht zwischen Erregung und Hemmung ist sehr wichtig. Unkontrollierte Erregung hätte völlig richtungslose Bewegung zur Folge, während ein Übermaß an Hemmung die Aktivität stark einschränken würde.

Im Alter zwischen drei und fünf Monaten nimmt das Myelin um die Verbindungen zwischen dem Kortex und dem Hirnstamm stark zu. Wie wir im dritten Kapitel gesehen haben, ist dies auch ein Grund für die Abnahme der Zeiten, in denen das Kind ohne ersichtlichen Grund weint. Als Mark vier Monate alt war und seine Eltern eine leuchtend rote Rassel vor seinem Gesicht bewegten, versuchte er, sie zu ergreifen. Zuerst führte er ungerichtete Fuchtelbewegungen aus, lernte dann aber recht schnell, die Haltung seines Arms und seiner Hand zu kontrollieren und im richtigen Moment die Hand zu schließen. Mit fünf Monaten konnte er seine Finger schon vor dem Zugreifen in die richtige Position bringen, so dass er die Rassel noch besser fassen konnte.

Dieser scheinbar einfache Griff des Babys erfordert die Zusammenarbeit vieler verschiedener Hirnregionen, die sich in diesem Alter alle stark entwickeln. Mit Hilfe seines visuellen Kortex kann Mark die Rassel sehen. Seine motorische Hirnrinde sendet die entsprechenden Befehle über das Rückenmark an die Muskeln. Gleichzeitig fungiert das Kleinhirn, das auf der Hinterseite des Gehirns liegt, als Überwachungszentrum. Es erhält Informationen von den Muskeln, den Gelenken und dem vestibulären System, um die tatsächlichen mit den beabsichtigten Bewegungen zu vergleichen. Das Kleinhirn korrigiert die Befehle an die Muskeln, wenn die Bewegungen nicht richtig ausgeführt werden. Es spielt eine wichtige Rolle beim Erlernen, wie man die Muskeln gebraucht. Die Verbindungen zwischen dem Kleinhirn und dem motorischen Kortex entwickeln sich im Alter von etwa drei bis vier Monaten sehr rasch. Im gesamten ersten Lebensjahr durchläuft das Kleinhirn selbst eine Phase starken Wachstums.

Dem erfolgreichen Griff nach der Rassel folgt normalerweise die Bewegung der Hand zum Mund. Die Rezeptoren und Bahnen für Tasteindrücke aus dieser Gegend sind besonders gut entwickelt. Daher ist es für das Baby interessant, neue Gegenstände zu erkunden, indem es sie in den Mund steckt.

Von hier bis dort

Fünf bis sieben Monate nach der Geburt kann das Baby ohne Unterstützung sitzen. Damit werden beide Arme frei für Aktivitäten. Die Muskeln werden stärker. Das Kleinhirn und das vestibuläre System sorgen dafür, dass das Baby nicht umkippt, wenn es seinen Arm nach einem Spielzeug ausstreckt, um es zu ergreifen. Das Kind kann seine Aufmerksamkeit darauf konzentrieren, alle Dinge in seiner Umgebung abzutasten und in den Mund zu stecken. Nach kurzer Zeit reicht ihm auch das nicht mehr. Es macht sich selbständig auf Erkundungsreisen.

Die eigenständige Fortbewegung markiert den Beginn einer neuen Ära. Wie der Erwerb des Führerscheins in der Adoleszenz bedeutet sie zugleich das Ende einer friedlichen Zeit für die Eltern. Babys führen zwar schon im Alter von vier Wochen Bewegungen aus, die dem Krabbeln ähnlich sind, aber erst mit sieben bis zehn Monaten bewegen sie sich richtig fort. Das Krabbeln ist allerdings keine standardisierte Bewegung. Jedes Baby findet seinen eigenen Stil. Einige Kinder überspringen dieses Stadium.

Als Mark neun Monate alt war, entdeckte er, dass er sich zu einer stehenden Haltung hochziehen konnte. Es gelang ihm sogar, einige Sekunden frei zu stehen, ohne sich an etwas festzuhalten. Wenn er sich an Möbelstücken und Geländern festhielt und sich an ihnen vorwärts zog, kam er viel besser voran, als wenn er krabbelte. Wenig später tat er seinen ersten Schritt. Wie der Astronaut Neil Armstrong sagen würde, war es ein kleiner Schritt für die Menschheit, aber ein großer Schritt für Mark.

Als junger Arzt faszinierte es mich immer wieder, dass Kinder so schnell so viel lernen können. Seinerzeit empfahlen wir oft ein Buch von Arnold Gesell und Catherine Amatruda mit dem Titel „Diagnose von normaler und abnormaler Entwicklung im Kindesalter". Das Buch enthielt schöne Zeichnungen von Tätigkeiten, die ein Kind in einem bestimmten Alter ausführen können sollte. Als ich selbst Vater wurde, konnte ich es gar nicht erwarten, die Fortschritte meines Sohnes zu verfolgen. Begeistert holte ich mein schwarz gebundenes Exemplar von Gesells und Amatrudas Klassiker hervor und zeigte es Elinore. Als ich anzudeuten begann, dass unser Sohn in einigen Punkten seinem Alter etwas hinterher war, gab sie mir unmissverständlich zu verstehen, dass ich das Buch ins Regal zurückstellen sollte. Einige Monate später wollte ich etwas in dem Buch nachschauen, konnte es aber nicht finden. Insgeheim vermutete ich, dass Elinore etwas mit dem Verschwinden zu tun hatte. Ich schämte mich, als ich es 20 Jahre später in einer Schublade fand, während ich meinen Schreibtisch aufräumte.

Obwohl wir unsere Kinder nicht ständig mit anderen vergleichen sollten, können wir es nicht ganz lassen. Die folgende Geschichte von Steven und Mark ist in dieser Hinsicht typisch. Sie basiert auf den Erfahrungen einer Mutter, die zu uns in die Klinik kam.

Als Steven elf Monate alt war, lud seine Mutter eines Nachmittags eine neue Freundin und deren einjährigen Sohn Mark zu sich nach Hause ein. Steven spielte friedlich in seinem Laufstall, als Mark kam. Stevens Mutter verschlug es den Atem, als sie sah, wie Mark durch das Zimmer rannte, beide Hände auf das Geländer des Laufstalls legte, sich elegant über das Geländer schwang und bei Steven landete. Stevens Mutter erfuhr von ihrer Freundin, dass Mark ohne Hilfe sitzen konnte, seit er vier Monate alt war, und seit dem Alter von zehn Monaten selbstständig gehen konnte. Sie begann sich zu sorgen, dass Steven diesen Abstand nie aufholen würde. Ihre Sorgen wurden noch dadurch verschlimmert, dass Stevens Vater die Fortschritte seines Sohns mit den Zahlen verglich, die er in einem Buch über kindliche Entwicklung las. Stevens Mutter war völlig aufgelöst.

Ihre Tränen entpuppten sich später als völlig unnötig. Denn im Alter von etwa 13 Monaten begann auch Steven zu gehen und entwickelte sich weiter im Rahmen der Norm. Kinder unterscheiden sich hinsichtlich der Zeit, in der sie zu sitzen, zu krabbeln und zu laufen beginnen, sehr stark voneinander. Das überrascht kaum, wenn man bedenkt, wie viele Systeme dabei zusammenarbeiten. Alle Teile der Systeme und ihre Verbindungen entwickeln sich individuell.

Lernen und Gedächtnis

Wenn Ihr Baby ungefähr vier Monate alt ist, können Sie folgendes Spiel mit ihm spielen: Das Kind sollte ruhig und bequem in seiner Wippe sitzen. Dann zeigen Sie ihm ein interessantes Spielzeug, beispielsweise einen kleinen roten Ball. Wahrscheinlich fixiert das Kind den Ball intensiv. Zeigen Sie ihm denselben Ball noch einige Male. Allmählich wird das Baby ihn vermutlich nicht mehr anschauen. Der Ball ist nicht mehr neu. Das Kind hat „habituiert". Warten Sie etwa zehn Sekunden und zeigen Sie dem Baby wieder den Ball, diesmal aber zusammen mit einem blauen Ball. Wahrscheinlich schaut das Kind jetzt länger auf den blauen Ball. Es hat die beiden Bälle miteinander verglichen, den roten Ball wiedererkannt, den es schon gesehen hatte, und will nun den neuen anschauen.

Das ist ein Beispiel für das Wiedererkennens-Gedächtnis. Dieses Gedächtnis beruht auf der Aktivität des Hippocampus. Es ist wohl kein Zufall, dass der größte Entwicklungsschub des menschlichen Hippocampus zwischen dem zweiten und dem dritten Lebensmonat stattfindet.

Bekanntes und Unbekanntes unterscheiden

Die Fähigkeit, zwischen Bekanntem und Neuem zu unterscheiden, ist nicht auf visuelle Eindrücke beschränkt. Babys können auch lautliche, geschmackliche und Tasteindrücke unterscheiden. Das kann mittels EEG erfasst werden, das die elektrische Aktivität des Gehirns misst. Ghislaine Dehaene-Lambertz hat die ereignisbezogenen Potentiale (ERP) von Babys gemessen, die Sprachlaute hörten. Die zwei bis drei Monate alten Säuglinge hörten eine Wiederholung derselben Silbe: *ba-ba-ba-ba-ba*. Beim ersten *ba* verzeichnete das Gerät verstärkte Aktivität im Temporallappen, in dem Sprache verarbeitet wird. Nach dem dritten *ba* wurde die Intensität dieser „Erkennungswelle" schwächer und zeigte damit, dass die Aufmerksamkeit der Babys nachließ. Sie hatten sich daran gewöhnt, die Silbe *ba* zu hören.

Anschließend spielten die Forscher die Sequenz *ba-ba-ba-ba-ga* vor. Als die Babys die neue Silbe hörten, sprang die Erkennungswelle sogleich wieder auf die ursprüngliche Intensität. Die Babys konnten das *ba* deutlich vom neuen *ga* unterscheiden.

Den Wissenschaftlern gelang eine weitere Entdeckung. Weniger als eine Sekunde nachdem im EEG die Erkennungswelle im Temporallappen auftrat, erschien eine neue Welle elektrischer Aktivität, diesmal aber im Frontallappen. Ähnliche Beobachtungen von Reaktionen eines Babys auf neue sensorische Eindrücke zeigen ein vergleichbares Muster elektrischer Aktivität. Zuerst erscheint eine Erkennungswelle in der spezialisierten Region des primären Kortex. Ihr folgt eine „Neuheitswelle" im Frontallappen, die darauf hindeutet, dass dieser eine wichtige Rolle dabei spielt, etwas als neu zu erkennen.

Sie werden sich fragen, ob Neues immer das Wichtigste ist. Das muss nicht unbedingt sein. Im Beispiel vom viermonatigen Kind mit den zwei Bällen geht es darum, zwischen zwei relativ „neutralen" Gegenständen zu unterscheiden. Das Kind kann die

Erinnerung lange genug behalten, um zu erkennen, welches Spielzeug neu und damit interessant für eine Erkundung ist. Je mehr Erfahrungen das Kind nun mit Gegenständen macht, desto zahlreicher werden seine Entscheidungskriterien. Der emotionale Wert eines Gegenstands wird wichtiger. Daher wird das Baby vielleicht größere Freude am lieb gewonnenen abgewetzten Stoffhasen als an einem neuen Stofftier haben.

Kategorien bilden

Eine besonders bemerkenswerte Fähigkeit, die das Gehirn Ihres Babys mit auf die Welt bringt, besteht in der Verbindung von verschiedenen Informationen zu Päckchen oder „Kategorien". Auf diese Weise kann das Gehirn größere Einheiten von Informationen miteinander vergleichen. Diese Fähigkeit ist eine große Hilfe für das Lernen. Schon in den ersten Lebensmonaten lassen Säuglinge erkennen, dass sie damit beginnen, Kategorien zu bilden, die auf Ähnlichkeiten in der äußeren Erscheinung basieren.

Überraschende Resultate wurden von einer Forschergruppe berichtet, die Babys im Alter von drei bis vier Monaten wirklichkeitsgetreue Bilder von Katzen und Hunden zeigte. Zuerst zeigten die Forscher nacheinander sieben Bilder von Katzen. Die Katzen hatten verschiedene Farben und Körperhaltungen. Nachdem die Babys einige der Bilder gesehen hatten, verloren sie das Interesse und schauten nur kurz auf das neue Bild einer Katze. Als sie dann jedoch das Bild eines Hundes sahen, war ihr Interesse von neuem geweckt, und sie schauten länger auf den Hund. Dies lässt vermuten, dass sie den Hund als etwas Neues erkannten und ihn von der Kategorie der Katzen ausnahmen. Die Babys hätten nicht zwischen Katze und Hund unterscheiden können, wenn sie nicht die gemeinsamen Eigenschaften der abgebildeten Katzen – vermutlich die runden Köpfe – in einer Gruppe zusammengefasst und die Eigenschaften mit denen des Hundes – zum Beispiel dem länglichen Kopf – verglichen hätten. Die längliche Form passte nicht in die Kategorie „Katze".

Wenn siebenmonatige Kinder Bilder von Vögeln mit gespreizten Flügeln und Bilder von Flugzeugen sehen, ordnen sie sie in dieselbe Kategorie ein, weil die visuellen Ähnlichkeiten (die Flügel) so groß sind. Im Alter von neun bis elf Monaten hingegen bilden sie zwei verschiedene Kategorien. Sie haben Bilder von Flugzeugen gesehen und man hat sie ihnen am Himmel gezeigt. Sie haben Vögel singen hören und auf dem Boden Nahrung suchen sehen.

Diese Fähigkeit, präzisere Kategorien aufgrund von Erfahrungen zu bilden, hat Sabine Pauen in Heidelberg gezeigt. Mit elf Monaten bilden Kinder Kategorien für Tiere und Möbel. Dank ihrer Erfahrungen und des bereits gespeicherten Wissens über funktionelle und strukturelle Eigenschaften sind sie jetzt in der Lage, Kategorien nicht nur aufgrund der äußeren Erscheinung zu bilden, sondern aufgrund ihrer Funktionen. Der Vergleich verschiedener Kategorien nach Aussehen und Funktion ist der Beginn der Bildung von „Begriffen".

Aus den Augen, noch im Sinn?

Jean Piaget, der berühmte Schweizer Biologe und Pionier der Kinderpsychologie, lernte viel über die Entwicklung des Kindes, indem er mit seinen eigenen Kindern spielte. Einmal zeigte er seiner fünfmonatigen Tochter ein kleines Spielzeug und ließ sie einige Sekunden damit spielen. Dann nahm er ihr das Spielzeug vorsichtig weg und brachte es aus ihrem Gesichtsfeld. Sie suchte nicht danach. Für sie war es „weg". Er wiederholte das Experiment einige Monate später. Nun war die Tochter nicht mehr so leicht hinters Licht zu führen. Sie suchte das Spielzeug. Piaget schlussfolgerte, sie habe nun erkannt, dass Gegenstände noch existierten, auch wenn sie sie nicht mehr sah. Er bezeichnete diese Fähigkeit als „Objektpermanenz".

Piaget beobachtete auch als Erster, dass Kinder, die jünger als siebeneinhalb Monate sind, einen versteckten Gegenstand nach einer kurzen Zeit nicht mehr finden können, wenn er von einem Ort, an dem das Kind ihn bereits gesehen hat, an einen anderen Ort bewegt wird. Ein neunmonatiges Baby kann einen versteckten Gegenstand besser finden, unter anderem, weil es ein „magisches" Instrument entwickelt hat, das Arbeitsgedächtnis. Es ermöglicht ihm, ein Bild, eine „Repräsentation", des Ortes im Kopf zu behalten, während es den Gegenstand nicht sieht.

Heute sind die Psychologen der Meinung, dass Säuglinge schon im Alter von fünf Monaten einen Sinn für Objektpermanenz entwickelt haben und dass auch andere Gründe dafür verantwortlich sein könnten, dass sie Schwierigkeiten haben, außerhalb des Gesichtsfelds befindliche Gegenstände zu finden. Es ist beispielsweise möglich, dass sie ihre Arme nicht richtig benutzen können, dass es ihnen schwerfällt, einen Handlungsplan auszuführen und dass sie den Ort des Gegenstands schlechter im Gedächtnis behalten können als ältere Babys.

Um die Entwicklung des Arbeitsgedächtnisses beim Baby zu verfolgen, bedienen sich die Psychologen eines kleinen Spiels, das als „A-nicht-B-Aufgabe" bezeichnet wird und von Piaget erarbeitet wurde. Den Babys macht es Spaß. Sie können es selbst zu Hause spielen, um zu sehen, wie sich das Gedächtnis ihres Babys hinsichtlich versteckter Gegenstände verbessert. Im ersten Schritt der A-nicht-B-Aufgabe zeigt der Psychologe dem Baby zwei Tassen und legt ein interessantes Spielzeug in eine von ihnen (Ort A). Dann bedeckt er beide Tassen mit einem Tuch, so dass das Baby das Spielzeug nicht mehr sehen kann. Nach einer Sekunde oder etwas mehr lässt er das Baby nach einer der Tassen greifen, um das Spielzeug zu finden. Meist greift das Baby nach der Tasse, in die das Spielzeug gelegt wurde. Der Wissenschaftler wiederholt die Prozedur einige Male und legt das Spielzeug immer in dieselbe Tasse. Nach einigen Wiederholungen legt er es vor den Augen des Babys in die andere Tasse (Ort B) und bedeckt die Tassen mit den Tüchern. Wenn das Baby sofort zugreifen kann, wählt es die richtige Tasse.

Nun aber lässt der Wissenschaftler das Kind eine Zeit lang warten und lenkt es kurz von den Tassen ab, bevor es wieder nach dem Spielzeug greifen kann. Die meisten sechsmonatigen Kinder greifen dann nach der falschen Tasse, nämlich nach Ort A, wo das Spielzeug nicht ist. Das nennt man den „A-nicht-B-Irrtum".

Um das Spielzeug am richtigen Ort zu finden, muss das Baby den Ort auch während der Ablenkung im Gedächtnis behalten. Das ist schwieriger als in den Tests zur Wiedererkennung, in denen das Baby gleichzeitig zwei Gegenstände sieht und erkennen soll, welcher neu ist. In diesem Spiel gibt es keinen Hinweis. Also benötigt das Kind sein Arbeitsgedächtnis, um das Bild (die Repräsentation) des Spielzeugs und seinen Ort im Kopf zu behalten.

Je älter die Babys werden, desto länger können sie sich in der A-nicht-B-Aufgabe daran erinnern, wo das Spielzeug versteckt ist. Adele Diamond hat beobachtet, dass Babys im Alter von sieben Monaten zwei Sekunden und im Alter von einem Jahr zehn Sekunden warten können. Martha Ann Bell und Nathan Fox konnten ermitteln, dass sich die Verlängerung der Erinnerungszeit in Veränderungen der elektrischen Aktivität in den Frontallappen widerspiegelt. Das zeigt wiederum, dass die Frontallappen für das Arbeitsgedächtnis eine wichtige Rolle spielen.

Forschungsergebnisse über die Funktion des Gehirns und das Arbeitsgedächtnis, die an jungen Affen gewonnen wurden, bestätigen die Untersuchungen bei menschlichen Babys. Wenn Affenbabys ein Spiel spielen, das der A-nicht-B-Aufgabe ähnelt, so verlängert sich ihre Erinnerungsspanne ebenfalls mit zunehmendem Alter und wird von Veränderungen der Aktivität in den Frontallappen begleitet. Die Wissenschaftler haben herausgefunden, dass die Hauptaktivität im vorderen Teil des Gehirns direkt hinter der Stirn stattfindet, im präfrontalen Kortex. Eine spezielle Gruppe von Neuronen im präfrontalen Kortex wird sehr aktiv, während der Affe warten muss, bevor er nach seiner Belohnung greifen kann. Diese Aktivität der Neuronen könnte dafür verantwortlich sein, dass die Erinnerung während der Verzögerung erhalten bleibt.

Adele Diamond hat einen wichtigen zusätzlichen Aspekt der A-nicht-B-Aufgabe entdeckt. Sie hat beobachtet, dass viele der jüngeren Babys zuerst auf den richtigen Ort schauen, bevor sie nach dem falschen greifen. Sie scheinen ihrem Impuls nicht widerstehen zu können, nach dem Ort zu greifen, an dem sie das Spielzeug zuvor gefunden haben. Zwei Monate später aber können sie den automatischen Impuls unterdrücken. Das zeigt, dass sie fähig werden, ihr eigenes Verhalten zu kontrollieren und Impulse, wenn nötig, zu unterdrücken, um ein Ziel zu erreichen, in diesem Fall das Spielzeug. Diese Fähigkeit erfordert die Zusammenarbeit von präfrontalem Kortex, Hippocampus und motorischem Kortex. Das Baby muss in der Lage sein, Erinnerungen zu bilden, eine „Entscheidung" zu fällen und seinen Muskeln zu befehlen, was sie tun sollen.

In der zweiten Hälfte des ersten Lebensjahrs entwickelt sich der präfrontale Kortex besonders schnell. Wir können das unter anderem erkennen, indem wir messen, wieviel Energie er verbraucht. Neue Abbildungsmethoden machen sichtbar, wieviel Glukose – der Haupttreibstoff des Gehirns – von einer bestimmten Hirnregion verbraucht wird. In der zweiten Hälfte des ersten Lebensjahrs verbraucht der präfrontale Kortex immer mehr Glukose. Die Neuronen in dieser Region bilden zahlreiche neue Verknüpfungen aus und entwickeln mehr Rezeptoren für den Neurotransmitter Glutamat, einen für das Lernen erforderlichen Botenstoff. Außerdem wird die Übertragung elektrischer Signale effizienter.

Lernen durch Aktivität

Babys lernen unter anderem dadurch, dass sie eine Assoziation zwischen ihrem Handeln und der Konsequenz ihres Handelns herstellen. Wenn sie die Konsequenz angenehm finden, ist die Wahrscheinlichkeit groß, dass sie ihre Handlung wiederholen. Carolyn Rovee-Collier und ihre Kollegen haben die Entwicklung der Fähigkeit untersucht, Assoziationen herzustellen, Erinnerungen zu behalten und dementsprechend zu handeln.

Babys haben Freude daran, mit ihren Beinen in der Luft herumzurudern. Und sie lächeln fröhlich, wenn sie ein Mobile in Bewegung sehen. Daher hat Carolyn Rovee-Collier für ihre Untersuchung das eine Ende einer Schnur um den Fuß von Babys gebunden und das andere an einem Mobile befestigt, das über dem Bettchen der Babys hing. Wenn die Babys ihr Bein schnell bewegten, setzte sich das Mobile in Bewegung. Die Babys lernten rasch, eine Assoziation zwischen kräftigen Beinbewegungen und der Bewegung des Mobiles herzustellen. Sie wollten gar nicht aufhören zu strampeln.

Je älter die Babys waren, desto länger konnten sie sich an den Zusammenhang erinnern. Im Alter von zwei Monaten betrug die Erinnerungsspanne einen Tag. Mit drei Monaten konnten die Babys sich acht Tage lang daran erinnern, mit sechs Monaten schon 14 Tage. Was geschah im Gehirn der Babys, damit sie sich länger an die Assoziation erinnern konnten?

Eine mögliche Antwort wäre, dass die jüngeren Babys ohnehin nicht so gut Erinnerungen bilden konnten. Das war jedoch nicht der Fall, denn die Babys aller drei Altersgruppen in der Untersuchung lernten den Zusammenhang in derselben Zeit. Die jüngeren Babys konnten also die Verbindung zwischen der Bewegung ihres Beins und der des Mobiles ebenso gut herstellen wie die älteren.

Wurden die Erinnerungen der jüngeren Babys einfach gelöscht, wie Kreide von der Tafel gewischt wird? Ober konnten die Babys einfach nicht auf die Erinnerungen zugreifen? Um das herauszufinden, trainierten die Wissenschaftler eine neue Gruppe von dreimonatigen Babys in der Bewegung des Mobiles. Da sie bereits beobachtet hatten, dass Kinder in diesem Alter sich nach acht Tagen nicht mehr an den Zusammenhang erinnern können, haben sie die Babys einen Monat lang warten lassen. So hatten sie auf jeden Fall genügend Zeit, den Zusammenhang zu vergessen.

Am Tag vor dem Test wurde die Hälfte der Babys in das Bett mit dem Mobile gelegt und ein Wissenschaftler setzte das Mobile in Bewegung. Die Babys schauten dabei einfach zu. Am folgenden Tag wurden alle Babys in das Bett mit dem Mobile gelegt. Nur die Babys, die das Mobile am Tag zuvor in Bewegung gesehen hatten, begannen mit ihren Beinen zu strampeln, sobald sie in das Bett gelegt wurden. Die Erinnerung war also über den Monat hinweg erhalten geblieben. Die Babys brauchten nur einen Hinweis, um auf sie zurückgreifen zu können. Die Präsentation eines Hinweises wird mit dem englischen Wort *priming* bezeichnet. Priming aktiviert den Abruf einer Erinnerung und stellt die Assoziation zur gegenwärtigen Situation her. Wir alle kennen das Phänomen aus dem Alltag. Sie haben vielleicht den Geburtstag Ihrer Mutter vergessen, aber wenn Sie an einem Blumenladen vorbeikommen, fällt er Ihnen plötzlich wieder ein.

Lernen durch Beobachtung

Handlungen anderer Menschen üben auf Babys eine magische Anziehungskraft aus und regen sie zum Imitieren an. Einige Wissenschaftler haben vermutet, dass schon Neugeborene versuchen, die Mundbewegungen von Erwachsenen zu imitieren. Die Imitation anderer Menschen ist ein wirksames Mittel zum Erlernen neuer Verhaltensweisen und der Sprache. Im Alter von neun bis zwölf Monaten beginnen Babys, Handlungen zu imitieren, die sie im Alltag beobachten. Es macht ihnen Freude, eine Bürste zu nehmen und ihre Haare zu bürsten, einen Telefonhörer zu ergreifen und ein „Gespräch" zu führen oder einen Bleistift zu fassen und ihn über ein Stück Papier gleiten zu lassen.

Von der Mitte des ersten Lebensjahrs an imitieren Babys Handlungen nicht mehr nur unmittelbar, nachdem sie sie beobachten, sondern sie können sich sogar später an die gesehenen Handlungen erinnern und sie erst dann nachahmen. Rachel Collie und Harlene Hayne haben vor sechsmonatigen Säuglingen Spielzeuge aufgestellt, die gerade so weit entfernt waren, dass sie sie nicht berühren konnten. Dann nahmen die Forscherinnen eines der Spielzeuge und spielten auf eine bestimmte Weise damit. Beispielsweise zogen sie an einer Schnur, damit die Beine der Puppe nach oben schnellten. Dann nahmen sie andere Spielzeuge und spielten mit ihnen. Jede Handlung wurde sechs Mal wiederholt, so dass die Babys Zeit hatten, sich den Gegenstand und den Umgang damit einzuprägen.

24 Stunden später durften die Testgruppe und eine Kontrollgruppe von Babys, die die Spielzeuge vorher nicht gesehen hatten, mit den Gegenständen spielen. Die Babys der Testgruppe spielten deutlich mehr mit den Spielzeugen, mit denen die Wissenschaftlerinnen am vorangegangenen Tag vor ihren Augen gespielt hatten. Und sie imitierten korrekt die Handlungen, die sie

beobachtet hatten. Die Babys konnten also lernen und Erinnerungen bilden, ohne die Gegenstände selbst zu berühren oder die Handlungen selbst auszuführen.

Es ist nicht einmal erforderlich, eine anwesende Person zu beobachten. Andrew Meltzoff spielte neunmonatigen Babys eine Fernsehsequenz vor, in der eine Person mit zwei farbigen Holzwürfeln spielte. Nachdem die Kinder die Person beobachtet hatten, imitierten sie ihre Handlungen. Sie wiederholten sie sogar 24 Stunden später.

Spielend lernen

Für Babys ist die Erkundung der Welt ein Spiel; Spielen und Lernen sind eins. Mit der Zeit wird das Spiel immer komplexer. Anfangs sind Tastrezeptoren in der Mundgegend besonders wichtig. Der Säugling erkundet einen Großteil der Welt mit dem Mund. Später werden Hände und Augen wichtiger. Im Alter von etwa sechs Monaten spielen Babys nur mit einem Gegenstand auf einmal, drehen ihn herum, schauen ihn intensiv an und nehmen ihn meist in den Mund. Einige Monate später beginnen sie, zwei Gegenstände miteinander zu kombinieren. Zum Beispiel nehmen sie zwei Klötze und schlagen sie gegeneinander.

Babys wiederholen Handlungen, die sie durch Zufall entdecken, wenn sie angenehme Folgen haben – etwa wenn sie eine Rassel schütteln oder einen Schlüsselbund auf einen Steinfußboden fallen lassen. In dieser Phase werden Schlüssel auf den Boden geworfen und Spinatreste vom Löffel katapultiert. Die gestressten Eltern müssen sich immer wieder daran erinnern, dass Babys auf diese Weise wichtige Lektionen über Ursache und Wirkung lernen.

Ein interessantes Experiment hat gezeigt, dass Babys gegen Ende des ersten Lebensjahrs mehrere Handlungen zu einer Kette verknüpfen können, um ein Ziel zu erreichen. Die Babys sahen ein Spielzeug auf einem Tisch, das sie unmöglich erreichen konnten. In ihrer Reichweite befand sich jedoch ein Tuch, dessen entferntes Ende über eine Schnur mit dem Spielzeug verbunden war. Zwischen dem Baby und dem Ende des Tuchs, das dem Baby am nächsten war, befand sich ein Hindernis aus Schaumstoff. Im Alter von zwölf Monaten waren die Babys in der Lage, das Hindernis zu entfernen, am Tuch zu ziehen, um an die Schnur zu gelangen und das Spielzeug zu sich zu ziehen.

Etwa um diese Zeit zeigt das Baby die ersten Zeichen eines „Erfolgslächelns", das ein Ausdruck seiner Fähigkeit ist, ein Ziel zu erreichen. Sein Lächeln scheint zu sagen: „Ich hab's geschafft!" Es markiert einen weiteren Schritt auf dem Weg zum Selbstbewusstsein. Wenn eine Aufgabe sicher bewältigt werden kann und den Status einer Herausforderung verliert, verdient sie keine besondere Aufmerksamkeit mehr und das Baby lächelt nicht mehr nach ihrer Ausführung.

Die Entdeckungen Ihres Babys sind wirklich erstaunlich. Es hat gelernt, dass Objekte bestimmte physikalische Eigenschaften und eine eigene Position im Raum haben. Es hat erkannt, dass sein Handeln angenehme Folgen zeitigen kann. Sein Arbeitsgedächtnis hilft ihm, Eindrücke zu speichern und mit neuen Eindrücken zu vergleichen. Dank seines Arbeitsgedächtnisses kann das Kind weniger reflexbestimmt handeln und seine Handlungen besser steuern. Die Informationsmenge, die es behalten kann, wird immer größer. Es beginnt, einfache Pläne und Strategien zu verfolgen. Hinter jeder Ecke warten neue und faszinierende Gegenstände, die erkundet werden wollen. Das Baby lernt voller Freude die Welt kennen.

Ängste machen sich bemerkbar

Die unproblematische Sophie war mit fünf Monaten fröhlich und gesellig. Sie erfreute alle Menschen in ihrer Nähe mit ihren leuchtenden Augen und ihrem strahlenden Lächeln. Sogar Fremde konnten sie auf den Arm nehmen. Daher war Deborah schockiert, als sich Sophie im Alter von etwa sieben Monaten bei einem Besuch von Allens Mutter ganz anders anstellte. Die begeisterte Großmutter war gerade aus dem Winterurlaub zurückgekehrt und wollte nichts weiter, als ihre geliebte Sophie wieder in ihre Arme zu schließen. Als sie auf ihren kleinen Sonnenschein zuging, schaute Sophie sie skeptisch an und legte ihre Stirn in Runzeln. Dann atmete sie mehrmals schwer und brach schließlich in einen markerschütternden Schrei aus. Und Deborah musste zwei verstimmte Menschen gleichzeitig trösten!

Mit sieben bis zehn Monaten reagieren die meisten Babys plötzlich anders, oft sehr negativ, wenn Fremde auf sie zugehen oder wenn sie von den Menschen getrennt werden, die sich normalerweise um sie kümmern. Dieses Verhalten ist unabhängig von der kulturellen Umgebung, denn Säuglinge, die in Afrika aufwachsen, reagieren ähnlich wie die in Südamerika, Europa, in den USA oder im Nahen Osten. Es scheint keinen Unterschied zu machen, ob das Kind den ganzen Tag von seiner Mutter umhergetragen, von einem anderen Erwachsenen betreut oder den größten Teil des Tages in einer Krippe untergebracht wird. Je unbekannter der Fremde oder die Situation ist, desto eher zeigen die Säuglinge Zeichen von Angst.

Wenn sie drei oder vier Monate alt sind, können Babys gut zwischen bekannten und unbekannten Personen unterscheiden. Allerdings strahlen sie im Alter zwischen drei und sechs Monaten meist alle Menschen erfreut an. Warum findet es das Baby einige Monate später plötzlich so bedrohlich, wenn sich ihm ein Fremder nähert? Da diese Verhaltensweise universell ist, müssen wir annehmen, dass sie etwas mit Veränderungen im Gehirn zu tun hat. Eine Möglichkeit besteht darin, dass sie mit dem verbesserten Arbeitsgedächtnis verknüpft ist.

Wenn das Baby nun einen Fremden kommen sieht, kann es dessen Aussehen schneller mit den Erinnerungen an bekannte Personen vergleichen. Um das zu tun, muss es auf die Repräsentation – beispielsweise seiner Mutter – zugreifen, die in seinem Gedächtnis gespeichert ist, und sie mit dem Bild des Fremden vergleichen. Die beobachteten Unterschiede führen jetzt zur Verunsicherung. Das Baby hat Angst und fängt an zu schreien.

Die Unruhe, die das Baby befällt, wenn es von seiner Mutter getrennt wird, könnte in einem ähnlichen Prozess wurzeln. Wenn eine Mutter ihr Kind verlässt, vergleicht das Baby die bekannte Situation, in der seine Mutter anwesend ist, mit der unbekannten Situation, in der es plötzlich allein ist. Der Vergleich führt zu Unsicherheit und kann, wie die Anwesenheit eines Fremden, Angst auslösen.

Neben der Entwicklung des Arbeitsgedächtnisses vollzieht sich eine weitere wichtige Veränderung im Nervensystem des Babys. In der zweiten Hälfte des ersten Lebensjahrs verstärken sich die Verknüpfungen zwischen der Hirnrinde und der Amygdala – dem Teil des Gehirns, der bei emotionalen Ereignissen aktiv wird. Die verschiedenen Informationen (das Bild des Fremden, das Weggehen der Mutter) werden jetzt von der Hirnrinde und der Amygdala gleichzeitig verarbeitet. So vereinen sich der emotionale Inhalt und der kognitive Inhalt einer Situation. Jetzt lautet die Nachricht: „Vorsicht, diesen Menschen habe ich noch nie gesehen", oder: „Meine Mutter geht weg, und ich werde allein gelassen."

Die Beteiligung des Kortex wurde in mehreren interessanten Studien über individuelle Reaktionen von Kindern auf die Trennung von ihren primären Bezugspersonen erforscht. Wenn Mütter ihre zehnmonatigen Kinder in einem Zimmer allein lassen, fangen manche Babys beinahe sofort an zu schreien. Andere warten etwas, bevor sie ihre Unzufriedenheit bekunden. Die beiden Gruppen können mit den schwach und stark reagierenden Gruppen verglichen werden, in die vier Monate alte Babys bei der Harvard-Studie eingeteilt wurden. Es ist interessant, dass die beiden Gruppen Unterschiede in der elektrischen Aktivität des Gehirns zeigen, schon *bevor* die Bezugsperson das Zimmer verlässt. Richard J. Davidson, Nathan Fox, Martha A. Bell und Nancy Jones haben mit dem EEG gemessen, dass Babys, die im rechten Frontallappen eine stärkere Aktivität zeigten, dazu tendierten, sofort zu schreien, während die mit einer stärkeren Aktivität im linken Frontallappen meist länger warteten, bevor sie zu schreien begannen.

Die Forscher beobachteten mittels des EEG auch Unterschiede in den Reaktionen von zehnmonatigen Babys, je nachdem, ob sich ihnen eine fremde Person oder die Mutter näherte. Beim Erscheinen eines Fremden zeigten die Babys im rechten Frontallappen eine stärkere Aktivität. Beim Erscheinen der Mutter war dagegen die Aktivität im linken Frontallappen stärker.

Wie wir schon gesehen haben, scheinen die negativen Eindrücke eher in der rechten Hemisphäre verarbeitet zu werden, die positiven in der linken.

Ob ein Baby Angst zeigt, hängt nicht unbedingt vom Ereignis selbst ab, sondern davon, wie das Ereignis empfunden und erlebt wird. Oft beruht die Reaktion darauf, ob es Kontrolle über die Situation besitzt oder nicht. Wenn ein Fremder herbeieilt und das Baby ergreift, bevor es sich auf ihn einstellen kann, verwundert es nicht, wenn das Kind schreit. Babys haben weniger Angst vor einem unbekannten Zimmer oder vor Fremden, wenn sie selbst es sind, die sich dem Unbekannten nähern. Eine Studie hat ermittelt, dass ein Spielzeug, das Kinder im Alter von einem Jahr normalerweise ängstigte, in ein erfreuliches Spielzeug verwandelt werden konnte, wenn das Baby die Kontrolle über das Spielzeug erhielt. Die Hälfte der Gruppe von Kindern hatte die Möglichkeit, einen Becken schlagenden Spielzeugaffen in Bewegung zu setzen, indem sie auf den Tisch schlugen. Bei der anderen Hälfte der Kinder begann der Affe von selbst die Becken zu schlagen. Die Kinder, die den Affen kontrollieren konnten, zeigten weniger Angst und lachten sogar.

Schwierige Situationen

Von Anfang an ziehen in der spannenden neuen Welt des Babys gelegentlich dunkle Wolken auf. Die ersten Unannehmlichkeiten bereiten plötzlicher Hunger, eine Impfung oder eine nasse Windel. In dem Maße, wie das Baby wächst, wächst auch die Liste potenziell unangenehmer Ereignisse. Nicht nur unmittelbare physische Empfindungen gehören dazu, sondern es treten auch zunehmend Unsicherheiten auf, beispielsweise wenn die Mutter das Zimmer verlässt oder eine fremde Person erscheint.

Die Erfahrungen im neuen Leben des Babys bestehen zum Teil daraus, mit derartigen Problemen zurechtzukommen. Wir haben im dritten Kapitel gesehen, dass Babys ungewohnte Ereignisse individuell unterschiedlich empfinden. Ihre biologische und kognitive Entwicklung sowie die Art ihrer Erfahrungen im Alltag beeinflussen ihre Reaktion auf diese Ereignisse.

Megan Gunnar und ihre Kollegen bedienten sich medizinischer Routineuntersuchungen, um zu erforschen, wie sich die Reaktionen von Babys auf beunruhigende Ereignisse verändern – auf Ereignisse, die ein Baby unter schwachen Stress setzen. Als die Babys zu ihrer regelmäßigen ärztlichen Untersuchung kamen, wurden sie ausgezogen und auf die Waage gesetzt. Das ist zwar eine harmlose Prozedur, aber eine, die Babys im Allgemeinen nicht mögen. Die Wissenschaftler beobachteten ihr Verhalten und maßen den Kortisolgehalt in ihrem Speichel. Wenn ein Baby sich aufregt, sendet sein Hypothalamus an die Nebennierendrüsen den Befehl aus, die Ausschüttung des Hormons Kortisol zu erhöhen. Daher kann die Kortisolkonzentration im Speichel einen Hinweis darauf geben, wie sehr ein Ereignis eine Stressreaktion auslöst.

Bei Babys im Alter bis zu drei Monaten stieg der Kortisolgehalt im Speichel während der Untersuchung für kurze Zeit auf ein hohes Niveau. Etwa im Alter von drei Monaten begann der Körper weniger heftig zu reagieren und die Kortisolausschüttungen gingen zurück. Das könnte – ebenso wie das Nachlassen des Schreiens um diese Zeit herum – darauf beruhen, dass der Kortex die Kontrolle über die subkortikalen Bereiche zu übernehmen beginnt. Die Kortisolausschüttung nahm zwischen drei und 15 Monaten kontinuierlich ab.

Als die Babys sechs Monate alt waren, machten die Wissenschaftler eine interessante Entdeckung. Da die Kortisolausschüttung der Babys bei der Untersuchung deutlich geringer war als mit drei Monaten, nahmen die Wissenschaftler an, dass die Babys die Untersuchung jetzt weniger stark als Stress empfanden als zuvor. Die Babys protestierten jedoch heftiger und lautstärker als vorher. Was könnte der Grund dafür sein? Es könnte daran liegen, dass sie über neue kognitive Fähigkeiten verfügen. Ein Baby kann nun eine Art *déjà vu* erfahren. Es verbindet das Untersuchungszimmer mit einer Reihe unangenehmer Ereignisse: ausziehen, wiegen, impfen und die Annäherung eines Fremden. Außerdem beginnt es zu lernen, dass seine Reaktionen andere Menschen beeinflussen können. Seine heftige und laute Abwehrreaktion muss also nicht unbedingt der Ausdruck einer starken biologischen Stress-Reaktion sein, sondern könnte auf psychologische Faktoren zurückgeführt werden.

Fragen und Antworten

Warum ist die kinderärztliche Untersuchung wichtig?

Weil in diesem Alter so vieles abläuft, sollten Babys regelmäßig untersucht werden. Eine umfassende Untersuchung prüft die allgemeine Gesundheit, das körperliche Wachstum, die sensorische und motorische Entwicklung, die Lautbildung, die Schlaf- und Essgewohnheiten, das Spiel- und das Sozialverhalten. Außerdem können Sie bei dieser Gelegenheit den Arzt oder die Ärztin all das fragen, was Sie interessiert oder eventuell belastet.

Was kann ich lernen, während ich mit meinem Baby spiele?

Das gemeinsame Spiel bietet eine gute Gelegenheit, Ihr Kind näher kennen zu lernen und zu beobachten, was es alles kann. Sie werden natürlich Ihr Kind mit anderen Kindern in Ihrer Umgebung vergleichen oder aus Zeitschriften und Büchern und von Ihrer Mutter hören, was Babys in einem bestimmten Alter können sollten. In unserer hektischen Welt mit ihren Anforderungen, immer noch besser, schneller und effizienter zu sein, ist es äußerst wichtig, sich klar zu machen, dass ein Kind für seine Entwicklung genügend Zeit braucht, die individuell sehr verschieden lang sein kann. Achten Sie darauf, was Ihr Kind spontan macht und was es von Ihren Anregungen übernimmt. Drängen Sie es nicht. Wenn Sie sich allerdings Sorgen machen, sollten Sie nicht zögern, mit Ihrem Kinderarzt oder Ihrer Kinderärztin zu sprechen.

Schauen Sie, wie das Baby seinen eigenen Körper entdeckt und seine Muskeln und Sinne zu koordinieren lernt. Einfache Bewegungen verraten Ihnen, dass Ihr Kind wichtige Funktionen beherrscht. Eine Hand mit der anderen zu berühren ist der Anfang des Lernprozesses, beide Hände gleichzeitig gebrauchen zu können. Wenn das Kind seine Hände anschaut, übt es die Koordination von Auge und Hand.

Beobachten Sie, welche Art von Spielzeug Ihr Baby am liebsten mag und am längsten damit spielt. Das sind nicht unbedingt die angepriesenen „pädagogisch wertvollen" Spielzeuge. Auch die lautesten und buntesten multifunktionellen Spielzeuge werden oft nach kurzer Zeit verschmäht. Einige Babys mögen weiche Stofftiere, während andere sich mehr für Ihren Schlüssel oder Haushaltsgegenstände interessieren. Babys lernen, Informationen all ihrer Sinne zusammenzufügen. Sie hören gerne neue Laute, betasten Oberflächen und Formen und schauen leuchtende Farben an. Babys zeigen verstärktes Interesse an Dingen, die neu sind. Daher sollte man sie lieber wenige Spielzeuge gleichzeitig erkunden lassen, als sie ständig mit allen vorhandenen Spielsachen zu umgeben.

Da Kinder mit einem Jahr ein beträchtliches Geschick entwickeln, an Dinge zu kommen, die sie interessieren, können Sie kleine „Spiele" konstruieren, damit Ihr Kind Strategien entwickeln muss, um sein Ziel zu erreichen. Sie können vor dem Spielzeug ein Hindernis platzieren, das vom Kind beseitigt werden muss, oder das Spielzeug in eine Schachtel legen. Indem Sie Aufgaben stellen, die eine immer größere Herausforderung sind, können Sie die Konzentration und Ausdauer Ihres Babys fördern. Verlieren Sie dabei aber nicht Ihren Sinn für Humor. Ihr Baby wird eigene Gedanken in das Spiel einbringen, beispielsweise wenn es an der Tischdecke zieht, um an ein Glas Milch zu kommen, oder Ihr Portemonnaie ausleert, um das Klingen der Münzen zu hören, wenn sie auf den Steinboden prallen.

Wirkt sich Musik positiv auf die Entwicklung des Gehirns aus?

Was sollen wir davon halten, dass es immer mehr CD's mit klassischer Musik gibt, die behaupten, die Gehirnentwicklung Ihres Babys zu fördern? Niemand würde bestreiten, dass sanfte Töne Kinder und Erwachsene gleichermaßen erfreuen und entspannen. Manche Erwachsene sind in einem Zustand entspannter Aufmerksamkeit, wenn sie Musik hören; sie fühlen sich dann produktiver und kreativer. Es gibt jedoch keine wissenschaftlichen Beweise dafür, dass nur Musik hören – und nicht, zum Beispiel, Reden und Zusammenspielen – das Wachstum des Gehirns fördert.

Wenn Sie früher von einer Karriere als Sänger oder Sängerin geträumt haben, so ist jetzt Ihre Stunde gekommen. Für Ihr Kind sind Sie immer die Nummer Eins in der Hitparade. Es spielt keine Rolle, ob Sie sich an den Text erinnern, Sie können ihn sogar beim Singen erfinden. Singen ist eine Art Kommunikation. Es entspannt. Und es gefällt Ihrem Baby.

Wie kann ich die Umgebung meines Kindes sicherer gestalten?

Ein Baby braucht einen sicheren Raum, in dem es krabbeln kann. Es sollte keine Treppen geben, keine kleinen Gegenstände in der Nähe sein, die es verschlucken könnte, und Steckdosen sowie Elektrogeräte müssen unzugänglich sein. Wenn das Kind ein Zimmer erkunden kann, lernt es Räumlichkeit kennen und trainiert seine Muskeln. Es muss aber nicht immer ungehemmt die Gegend erforschen. Eine gewisse Zeit im Laufstall – eine „Insel der Ruhe" –, von dem aus es sehen kann, was die Leute in seiner Umgebung tun, ist eine Gelegenheit, sich mit weniger

Ablenkung auf einige interessante Spielzeuge zu konzentrieren, während Sie sich der Beantwortung der Post oder der Zubereitung des Essens widmen können.

Am Ende ihres ersten Lebensjahres können Babys gut mit beiden Händen spielen. Sie üben, kleine Gegenstände mit Daumen und Zeigefinger zu ergreifen. Da viele Dinge mit dem Mund erforscht werden, sollten sich gefährliche Gegenstände außerhalb der Reichweite des Kindes befinden. Dazu gehören zerbrechliche Objekte, Dinge, die als ganze in den Mund des Babys passen, die scharfe Kanten haben oder mit einer giftigen Substanz bemalt sind. Achten Sie auf Nadeln, Heftklammern, Büroklammern – und Erdnüsse.

Sollte ich meinem Baby das Lesen beibringen?

Vor einiger Zeit wurde auf dem Erziehungssender der BBC eine Sendung über eine Mutter ausgestrahlt, die ihrer sechsmonatigen Tochter große weiße Tafeln zeigte, auf denen in großen Buchstaben einfache Wörter wie „Hund" oder „Haus" geschrieben waren. Gleichzeitig sprach sie die Wörter dem Kind langsam und klar vor. Wenig später stieß ich auf ein Buch mit dem Titel „Wie Sie Ihr Baby lesen lehren". Die Autoren rieten den Eltern, ihren Babys das Lesen beizubringen, sobald ihre Augen die großen Buchstaben fixieren können. Sie behaupteten sogar, diese Übung würde den Sehsinn der Babys fördern. Während ein Baby sich vielleicht über die Aufmerksamkeit der Mutter freut, deutet nichts darauf hin, dass Babys visuelles Training benötigen oder dass ein solcher Leseunterricht später zu besseren Lesefähigkeiten führt. Das Gehirn hat noch nicht den Entwicklungsstand erreicht, um von dieser zusätzlichen Stimulation zu profitieren.

Kapitel 5

Geborgenheit und Zusammensein

Babys werden in eine Welt voller anderer Menschen hineingeboren. Sie sind bereit, soziale Beziehungen einzugehen, erst mit den Bezugspersonen, die sich um sie kümmern, später mit anderen Menschen in ihrer Umgebung. Enge, liebevolle Beziehungen vermitteln ihnen die Sicherheit, die sie benötigen, um sich in der Welt zurechtzufinden. Es ist sinnvoll, die Beziehungen, die ein Säugling zu seinen Bezugspersonen eingeht, unter dem Begriff der „Bindung" zusammenzufassen. Wenn wir dieses Phänomen jedoch genau bestimmen wollen, erweist es sich als schwer fassbar. Wir haben einfach keine Mittel, um es zu messen.

Primaten, zu denen Menschen auch gehören, ernähren ihre Säuglinge in engem Körperkontakt. Mütter säugen ihre Kinder an der Brust und liebkosen sie dabei. Das Halten und Berühren des Babys schmiedet starke emotionale Bindungen. Das bedeutet, dass Babys, die sich unsicher fühlen oder Angst haben, Zuflucht bei den Menschen suchen, die für sie sorgen. Diese Bezugspersonen können ihre Ängste am besten besänftigen. Menschenbabys können auch zu ihren Vätern eine Bindung eingehen, wenn diese sich ihnen liebevoll zuwenden, sie im Arm halten und liebkosen.

Kinder brauchen eine Umgebung, die sich durch Wärme und Beständigkeit auszeichnet, um Beziehungen mit den sie umgebenden Menschen einzugehen. Diese Beziehungen werden nicht in ein paar Wochen geschmiedet, sondern im Verlauf von Jahren. Ebenso enge Beziehungen bilden sich auch zwischen Eltern und Adoptivkindern.

Wenn die Menschen, die sich um die Kinder kümmern, diese missachten oder nicht hinreichend auf ihre Bedürfnisse eingehen, können die Kinder später Lernschwierigkeiten oder zwischenmenschliche Probleme entwickeln. Untersuchungen haben gezeigt, dass die Interaktion eines Babys mit denjenigen, die für es sorgen, sich auf sein Stressniveau auswirkt. In einem Test wurden neun Monate alte Kinder für 30 Minuten von ihren Müttern getrennt und unter die Aufsicht eines ihnen unbekannten Babysitters gestellt. Wenn der Babysitter freundlich und einfühlsam war und mit den Kindern spielte, zeigten sie kein erhöhtes Kortisol im Speichel. Wenn sich der Babysitter dagegen kalt und distanziert zeigte, wurde ein erhöhter Kortisolspiegel gemessen, insbesondere bei den Kindern, die als häufig verstimmt oder leicht erregbar geschildert worden waren. Diese Kinder schienen am meisten von freundlichen und einfühlsamen Babysittern zu profitieren.

Wie ein Kind auf ein bestimmtes Stresserlebnis reagiert, hängt von vielen Faktoren ab. Ein Grund dafür, dass manche Kinder stärker reagieren als andere, sind Unterschiede im Temperament. Während das Kind jedoch heranwächst, kommt seinen früheren Erfahrungen eine immer größere Bedeutung zu. Eine gesunde Beziehung zwischen dem Kind und den Bezugspersonen, die sich um es kümmern, liefert eine solide Grundlage, auf der es lernen kann, mit unerfreulichen Ereignissen zurechtzukommen und sein inneres Gleichgewicht immer wieder zu finden.

Dialog ohne Worte

Babys können mehr als einfach schreien. Sie werden mit einer Vielzahl von „Sprachen" geboren, die es ihnen ermöglichen, Beziehungen einzugehen, bevor sie die ersten richtigen Wörter gelernt haben. Die ersten Interaktionen mit der Umgebung sind emotionaler Natur. Säuglinge reagieren auf Berührung, beispielsweise auf eine liebevolle Umarmung. Weiche Stimmen und ein freundlicher Singsang beruhigen sie. Ihr Unwohlsein drücken sie dadurch aus, dass sie mit Armen und Beinen zappeln. Je mehr ihr Nervensystem in der Lage ist, visuelle Information aufzunehmen und zu verarbeiten, desto mehr können sie emotionale Signale auf anderen Gesichtern lesen. Am Ende des ersten Lebensjahrs, wenn sie gerade eigenständig zu gehen beginnen, fangen sie an, auch die Welt der Sprache zu erobern.

Wenn Sie beobachten, wie eine Mutter mit ihrem zweimonatigen Baby spricht, wird es Sie nicht überraschen, dass Psychologen einen Ausdruck aus der Musik gewählt haben, um die Interaktion zwischen Mutter und Kind zu beschreiben: Sie sprechen von einem „Duett". Die Mutter spricht mit weicher Stimme, und das Baby schaut sie mit größter Aufmerksamkeit an, als hörte es genau zu. Wenn die Mutter eine Pause macht und auf ein erwiderndes Lächeln wartet, macht das Kind ein gurrendes Geräusch. Der Psychologe Daniel Stern nennt das – wiederum in der Sprache der Musik – *Attunement*, also „Einstimmung". Es handelt sich um einen Dialog ohne Worte.

Auch ohne Worte beginnen Babys zu kommunizieren, indem sie einen Gesichtsausdruck beobachten und erwidern. Edward Tronick und Jeffrey Cohn haben beobachtet, wie oft Mütter und ihre Babys den gleichen Gesichtsausdruck gleichzeitig gemacht haben und wie oft sie ihr Verhalten dem des anderen entsprechend angepasst haben (*Matching*). Die jüngsten Babys waren drei Monate alt, die ältesten neun Monate. Jede Mutter saß ihrem Kind gegenüber und machte entweder ein glückliches oder ein trauriges Gesicht. Wenn die Mutter lächelte, zeigte das Baby mehr Interesse und ebenfalls einen glücklichen Gesichtsausdruck. Wenn die Mutter die Stirn runzelte, war auch auf dem Gesicht des Kindes ein ernster Ausdruck zu sehen. Dieses „Matching" war eine Art Dialog.

Überraschenderweise fanden die Autoren der Untersuchung heraus, dass in drei Vierteln der Fälle der Gesichtsausdruck der Babys am Anfang nicht zu dem ihrer Mutter passte. Innerhalb weniger Minuten koordinierten Mutter und Baby ihren Ausdruck. Dabei machten sowohl Kinder wie Mütter den Anfang. Die Fähigkeit, den Ausdruck von Emotionen zu koordinieren, stieg mit dem Alter des Babys. Den Ausdruck von Emotionen bei einer anderen Person erkennen und darauf reagieren zu können, ist ein wichtiger früher Schritt beim Erlernen der Kommunikation mit anderen Menschen. Babys lernen etwas über andere und ihre Art, Emotionen auszudrücken, wenn sie die Gelegenheit haben, bei sozialer Interaktion zuzuschauen, zuzuhören und teilzuhaben.

Das erste Lächeln

Wenn man bedenkt, welch große Bedeutung das Lächeln im menschlichen Leben hat, ist es erstaunlich, dass man ihm keine größere Aufmerksamkeit widmet. Kummer und Angst sind weit häufiger Gegenstände der Forschung als Lächeln und Lachen. Wenn wir das soziale Lächeln eines Babys als eine Art Bitte um Zuwendung betrachten, warum existiert es dann noch nicht bei der Geburt? Die Abwesenheit mag etwas mit der interessanten Vermutung zu tun haben, dass Menschen aus der Perspektive der Evolution ein paar Monate zu früh geboren werden.

Bei der Geburt sind die Gesichtsmuskeln des Babys bereits in der Lage, ein Lächeln hervorzubringen. Das wissen wir, weil hin und wieder ein Baby die Lippen so streckt, als grinse es. Das ist allerdings ein Reflex, kein Ausdruck des Vergnügtseins.

Wenn Ihr Baby etwa drei Wochen alt ist, können sie den ersten Ansatz eines Lächelns aus ihm herauskitzeln, indem sie ihm mit dem Finger über die Backe streichen. Anfangs bewegen sich nur die Mundwinkel kaum merklich nach oben. Eine Woche später ist vielleicht schon ein verzagtes Lächeln zu sehen, wenn Sie vor dem Kind mit dem Kopf nicken.

Nun kann es jede Minute geschehen – dieses erste eindeutige Lächeln. Ihr Baby wird zu Ihnen aufsehen, und diesmal sind nicht nur die Lippen, sondern auch die Augen beteiligt. Jetzt fährt es sozusagen die ganze Palette auf. Sein Gesichts- und Hörsinn sind geschärft, und es kann aktiv am „Dialog" teilnehmen. Sein ganzes Gesicht drückt Freude aus.

Versteckspiel

Das einfache Versteckspiel macht Kindern und Eltern gleichermaßen Freude. Normalerweise funktioniert es so: Wenn Ihr Baby etwa sechs Monate alt ist und zufrieden in seiner Wippe sitzt, heben Sie langsam Ihre Hände, um mit ihnen Ihr Gesicht zu bedecken. Sogleich verzieht sich das Gesicht des Babys – das kurzzeitig von Unsicherheit erfasst wird –, dann grinst es über beide Ohren, wenn Sie Ihre Hände vom Gesicht nehmen und ein breites Lächeln zeigen. Es dauert nicht lange, bis das Baby das Spiel nachzuahmen sucht und die Hände zum Gesicht führt, um Sie zum Mitmachen aufzufordern.

In einer Untersuchung des Lächelns in der frühen Kindheit haben L. Alan Sroufe und Everett Waters von der University of Minnesota geschrieben, dass Lächeln mehr ausdrücke als gesellschaftliches Vergnügen – als sei das nicht schon genug. Lächeln sei auch mit der Fähigkeit des Säuglings verknüpft, auf neue

Situationen zu reagieren. Ein Baby sei in der Lage zu erkennen, dass eine Situation neu ist. Es empfinde zunächst eine Unsicherheit, bis die Spannung sich löst, wenn es erkennt, dass es die neue Situation in sein sich stetig erweiterndes „Weltbild" einordnen kann. Ein ähnlicher Mechanismus könnte dem „Erfolgslächeln" zugrunde liegen, wenn das Baby erkennt, dass es etwas eigenständig bewerkstelligen kann, beispielsweise alleine stehen oder ein Lieblingsspielzeug erreichen.

Babys lächeln nicht nur. Sie lachen auch. Die sicherste Methode, ein etwa vier Monate altes Kind zum Lachen zu bringen, besteht darin, lustige „brrr"-Geräusche zu machen. Man kann auch den Bauch des Babys kitzeln oder küssen. Ungefähr zwei Monate später lacht das Baby schon bevor Sie seinen Bauch kitzeln. Es genießt die Vorfreude.

Am Ende des ersten Lebensjahrs beginnen Babys über lustige Situationen zu lachen, beispielsweise wenn die Mutter durch den Raum watschelt und vorgibt, ein Pinguin zu sein. Eine lustige Situation zu erkennen, ist eine große Leistung des Gehirns. Das Baby erfasst nicht nur, dass die Situation neu ist, sondern auch, dass es sich um eine eigenartige Situation handelt. Es ist anfangs verwirrt, weil die Situation nicht seinen Erwartungen entspricht. Bald aber erkennt es, dass der vermeintliche Pinguin wirklich seine Mutter ist und lacht über den Jux. Es ist wie beim Versteckspiel, als das Gesicht der Mutter kurz verschwunden war und dann auf wundersame Weise wieder auftauchte. Die momentane Unsicherheit ist aufgehoben und weicht der Bestätigung.

Signale empfangen

Manchmal werden Sie sich fragen, warum Ihr Baby sich immer den unpassendsten Moment für seine Kapriolen aussucht. Es scheint, als hätte es einen siebenten Sinn für Spannungen. Und das ist richtig. Babys erkennen, wenn sich Ihre Stimme hebt, wenn Ihre Schritte schneller werden, wenn Ihre Berührung unsanfter ist. Die Tatsache, dass Babys einen Sinn für das Verhalten der Erwachsenen in ihrer Umgebung haben, hat auch positive Aspekte. Zum Beispiel können sie aufgrund dessen besser mit neuen Situationen umgehen. Untersuchungen haben gezeigt, dass die Art, wie Eltern auf Fremde zugehen, sich auf das Ausmaß des Fremdelns ihrer Kinder auswirkt, das normalerweise im Alter zwischen sieben und zehn Monaten auftritt. Babys haben eine Bereitschaft zum Nachahmen und reagieren weniger negativ oder sogar positiv auf Fremde, wenn ihre Eltern positiv reagieren. Daher sollten Sie Ihren neuen Babysitter mit einem freundlichen Lächeln und einer entspannten Stimme begrüßen, ohne Ihrem Baby einen allzu frühen Kontakt mit ihm aufzuzwingen.

Gegen Ende des ersten Lebensjahres „spüren" Babys nicht nur die Reaktionen ihrer Eltern, sie beziehen sich sogar aktiv auf sie, indem sie sie als Richtlinie für ihr eigenes Verhalten benutzen. Wenn Ihr Kind einen Fotoapparat auf dem Couchtisch erblickt und Sie ihm verbieten, ihn anzufassen, wird es kurz innehalten und dann die Hand danach ausstrecken. Dabei schaut es Sie an, als wolle es fragen: „Ich bin mir nicht ganz sicher, was meinst du?"

Wie oft Babys in Momenten der Unsicherheit ihre Eltern anschauen und wie sie auf „Hinweise" reagieren, ist individuell sehr unterschiedlich und hängt vom Temperament, Alter, Geschlecht, von der momentanen Aufmerksamkeit und von vergangenen Erfahrungen in ähnlichen Situationen ab. In Untersuchungen hat sich herausgestellt, dass Babys sich dabei sowohl an ihre Mütter wie an ihre Väter wenden können. „Soziale Bezugnahme" ist ein wichtiger Bestandteil der vielen hundert Interaktionen, die täglich zwischen Eltern und Kind stattfinden. In ihnen lernen Kinder durch Erfahrung, zwischen Handlungen zu unterscheiden, die positive Reaktionen hervorrufen und solchen, die abgelehnt werden. „Soziale Bezugnahme" ist die Grundlage für die Bildung von Verhaltensmaßstäben.

Von Lauten zu Worten

Wenn wir mit Babys sprechen, tun wir so, als könnten sie jedes Wort verstehen. Wir wiederholen wichtige Wörter oder betonen sie und begleiten einige Wendungen mit einem breiten Lächeln, das Freude oder Ermunterung ausdrückt: „Du bist so ein liebes Baby!" Natürlich weiß das Baby nicht, was die einzelnen Wörter bedeuten. Aber während es heranwächst, erfasst es zunehmend die mit den Wendungen verknüpften Emotionen, so wie wir die Emotionen in einer Opernarie erkennen, auch wenn wir die Sprache nicht verstehen, in der sie gesungen wird. Die Sprachmelodie vermittelt eine emotionale Nachricht. Eine steigende Intonation weckt verstärkte Aufmerksamkeit, beispielsweise wenn wir sagen: „Wach' auf, es ist Zeit aufzustehen!" Ein weicher Singsang in höherer Tonlage mit langsam steigender Lautstärke wirkt ermunternd: „So bist du aber ein tolles Baby!" Eine zarte, fallende Melodie ist beruhigend: „Jetzt ist es Zeit, schlafen zu gehen." Und eine Sequenz kurzer, scharfer Wörter drückt Missbilligung aus: „Nein! Lass' das!"

Babys erfassen aber noch mehr als die Emotionen hinter den Worten. Sie erwerben auch grundlegende Fähigkeiten, die das Verständnis und den Gebrauch der Bausteine der Sprache vorbereiten. Die spezielle Sprache, die Eltern an ihre Babys richten („Elternsprache"), kann dazu beitragen, dass Babys lernen, wie man die Bausteine ihrer Muttersprache zusammensetzt. Die Elternsprache betont wichtige Anlaute, hat eine klare Intonation und macht am Ende von Sätzen längere Pausen. Damit liefert sie dem Baby deutlichere Hinweise als die Sprache, die Erwachsene untereinander verwenden.

Bei der Geburt registriert das Gehirn des Babys bereits einige Unterschiede zwischen sprachlichen Lauten. Diese Fähigkeit ist später für das Verstehen gesprochener Sprache wichtig. Das Baby muss dann die Laute erkennen, die für die Bedeutung eines Wortes entscheidend sind. Die kleinsten Einheiten einer Sprache, die die Bedeutung eines Wortes verändern können, bezeichnet man als *Phoneme*. Beispiele sind das „H" in „Haus" und das „M" in „Maus".

Im Alter von rund sechs Monaten können Babys Unterschiede von Lauten erfassen, die in Fremdsprachen vorkommen. Die Erfahrung bildet dann die Bandbreite von Lauten heraus, die sie unterscheiden können, bis sie im Alter von zwölf Monaten empfänglicher für die Laute ihrer Muttersprache sind als für die von Fremdsprachen. Viermonatige japanische Babys können beispielsweise den Unterschied zwischen „l" und „r" erkennen, verlieren diese Fähigkeit aber nach und nach, weil das „r" in ihrer Umgebung nicht gesprochen wird. Das bedeutet aber nicht, dass sie die Laute später mit hinreichender Übung nie unterscheiden können.

Gurren und lallen

Vom Augenblick seiner Geburt an gibt uns ein Baby unmissverständlich zu verstehen, dass es dazu in der Lage ist, Laute hervorzubringen. Es braucht allerdings Zeit, die Möglichkeiten dieses machtvollen Instrumentariums auszuloten. Anfangs können Eltern vielleicht zwischen dem abrupt hervorbrechenden Schrei unterscheiden, der Schmerz ausdrückt, und den langgezogenen Rufen, die Hunger signalisieren. Mit der Zeit entwickelt das Baby wahrscheinlich ein besonderes Schreien, das persönliche

Aufmerksamkeit fordert. Es fühlt sich allein, langweilt sich oder möchte ein Spielzeug haben. Es wäre jedoch unfair zu behaupten, dass Babys nur schreien können. Selbst Neugeborene geben weniger laute Geräusche von sich, um geringfügige Störungen zu signalisieren, oder seufzen oder murmeln, wenn sie zufrieden sind.

Mit drei bis vier Monaten beginnt das Baby, zarte gurrende Laute von sich zu geben, die wie „aah" oder „ooh" klingen, oft mit einem vorangestellten Konsonanten. In dieser Zeit ist der Kehlkopf an seinen Bestimmungsort gewandert, eine Voraussetzung zum Sprechen. Das Baby kann seine Atmung sowie die Muskulatur von Zunge und Mund nun auch besser kontrollieren. Babys gurren oft, wenn niemand in der Nähe ist. Das ist ihre Art, mit Lauten zu spielen oder sich selbst Gesellschaft zu leisten, denn sie scheinen Freude daran zu haben, ihre eigene Stimme zu hören.

Mit dem Gurren erwirbt das Baby ein neues Verständigungsmittel. Wenn Sie vor dem Gesicht des Babys gurrende Laute machen, spitzt oder dehnt es die Lippen, um den Laut zu imitieren. Später beginnt es das „Gespräch", indem es selbst zuerst zu Ihnen säuselt. Bald hören Sie einander abwechselnd zu.

Gurren ist eine Art musikalische Sprache. Etwa zu der Zeit, in der das Baby zu gurren beginnt, finden bedeutende Entwicklungen im Bereich der rechten Gehirnhälfte statt, der dem Sprachzentrum in der linken Hemisphäre entspricht. Die Neuronen entwickeln zahlreiche Dendriten, die wachsen und Kontakt mit anderen Neuronen herstellen. Man weiß, dass die rechte Hemisphäre eher für die Verarbeitung musikalischer und emotionaler Eigenschaften von Sprache zuständig ist, während die linke die lexikalischen Eigenschaften (das Vokabular) verarbeitet und die Artikulation steuert. Bei den meisten Menschen sind die Sprachfunktionen größtenteils in der linken Gehirnhälfte angesiedelt. Das ist mit der Tatsache verknüpft, dass die meisten

Menschen Rechtshänder sind. Bei 96 Prozent der Rechtshänder sind die Sprachfunktionen in der linken Hemisphäre konzentriert. Während das auch bei 70 Prozent der Linkshänder der Fall ist, verfügen die restlichen 30 Prozent über ein Sprachzentrum, das entweder in der linken Gehirnhälfte angesiedelt ist oder sich auf beide Hälften verteilt.

Richard J. Davidson und Kenneth Hugdahl haben die Ansicht vertreten, dass mentale Funktionen, die auf bestimmte Punkte im Raum gerichtet sind – also vor allem Hören und Sehen – in beiden Gehirnhälften symmetrisch repräsentiert sind. Operationen dagegen, die sich nicht auf einen bestimmten Ort richten – wie Sprache, Emotionen, Problemlösung – seien nicht symmetrisch dargestellt, sondern seien in hochspezialisierten Gehirnteilen auf der einen oder anderen Seite verankert. Indem das Gehirn auf diese spezialisierten Einheiten zurückgreifen kann, ist es vielleicht besser in der Lage, Information auf mehreren Wegen zu verarbeiten.

Die ersten sprachlichen Bemühungen des Babys sind überall ähnlich, ob es nun in Deutschland, Brasilien, Indonesien oder den Vereinigten Staaten zur Welt kommt. Daher spekulieren einige Wissenschaftler, dass die ersten Laute eines Babys diejenigen sind, die unsere Urahnen vorbrachten, als sie entdeckten, dass sie mit Lauten aus ihrem Mund kommunizieren konnten. Babys produzieren ihre ersten Laute durch einfache Kieferbewegungen, indem sie ihren Mund öffnen und schließen und dabei ihre Zunge bewegen. Einfache Laute wie „Ma-ma" oder „Ba-ba" kommen als erste. Dann folgen Laute, die eine Kontrolle der Zunge erfordern, wie „Da-da". Noch später bringt das Baby Laute wie „Go-go" und „Ko-ko" hervor, für deren Erzeugung Muskeln im hinteren Bereich des Mundes erforderlich sind.

Eltern in Europa und den USA sprechen mit ihren Babys, sobald sie auf der Welt sind – wenn nicht schon vorher –, als könnten sie jedes Wort verstehen. Das können Babys natürlich nicht. Aber sie erfassen in erstaunlich kurzer Zeit einzelne Wörter. Eine Untersuchung an der Johns Hopkins University hat unlängst Ergebnisse geliefert, die jedes Elternherz erfreuen müssen. Die ersten Wörter, die ein Baby als bestimmten Personen und Gegenständen zugehörig erkennt, sind „Mama" und „Papa". Im Experiment saßen sechsmonatige Kinder auf dem Schoß eines Elternteils vor zwei Fernsehbildschirmen. Auf einem Bildschirm war ein Video der Mutter, auf der anderen ein Video des Vaters zu sehen. Wenn eine geschlechtsneutrale Computerstimme „Mama" oder „Papa" sagte, schaute der Säugling länger auf den Elternteil, der genannt worden war. Erst zwei Monate später kann das Baby Wörter mit Gegenständen in Verbindung bringen. Nach zwei weiteren Monaten kann es selbst die Wörter „Mama" und „Pa-pa" aussprechen und sie auf die richtige Person beziehen.

Vom Lallen zu den ersten Wörtern

Warum versteht das Baby Wörter, bevor es sie sagen kann? Das liegt daran, dass die Hervorbringung von Lauten, selbst als Nachahmung, eine höchst komplexe Angelegenheit ist. Babys müssen nicht nur die Bestandteile eines Wortes erkennen, sondern sie müssen sie auch zusammensetzen. Wenn Säuglinge ein Wort wiederholt hören, gruppieren sie die einzelnen Laute zusammen. Das entspricht möglicherweise einer Verbindung von Neuronen, die eine Art „Netz" oder „Karte" im Gehirn bildet. Durch Training werden die Karten korrigiert und verstärkt, so dass das Baby Laute immer besser nachahmen kann.

Wenn das Kind vier bis sieben Monate alt ist, finden im Gehirn Veränderungen statt, die entscheidend für seine Sprachfähigkeit sind. Die Verbindungen zwischen dem auditorischen Kortex – dem Gehirnbereich, in dem verarbeitet wird, was das

Baby hört – und dem Bereich im motorischen Kortex, der den Mund kontrolliert, werden leistungsfähiger. Die neuen Verbindungen versetzen das Baby in die Lage, das Gehörte besser zu verarbeiten und seine eigenen Laute nach dem Gehörten zu modellieren.

Im Alter zwischen sechs und zehn Monaten fügen Babys auf der ganzen Welt ihrem Repertoire an Säuselgeräuschen deutliche Silben hinzu und bringen sie in melodischen Sequenzen hervor, die an Sprache erinnern. Das nennt man Lallen. Der Beginn des Lallens scheint nicht unmittelbar mit dem zusammenzuhängen, was ein Baby hört, weil taube Kinder ebenfalls im Alter von etwa sechs Monaten zu lallen anfangen. Allerdings hören sie damit auf, wenn sie rund neun Monate alt sind. Das deutet darauf hin, dass das Gehör für die Weiterentwicklung des Lallens zu echter Sprache notwendig ist. Die Brabbelgeräusche sind den Lauten, die Erwachsene in der Alltagssprache verwenden, ähnlich genug, um es so erscheinen zu lassen, als betreibe der Säugling Konversation. Das Lallen beginnt zwar auf der ganzen Welt mit Lauten wie „Ma-ma" und „Ba-ba", aber das Baby passt es bald den Geräuschen und der Melodie seiner Muttersprache an.

Die Hervorbringung der Laute einer Muttersprache erfordert, dass das Baby eine gute Kontrolle über die Muskeln des Mundes und des Rachens erwirbt. Die Muskeln und ihre Kontrollzentren im Gehirn brauchen dafür Zeit. Die koordinierten Bewegungen, die für die Spracherzeugung notwendig sind, müssen im Voraus programmiert werden. Das ist die Aufgabe einer speziellen Gehirnregion in der linken Hemisphäre namens Broca-Zentrum. Der Name leitet sich vom Anthropologen und Chirurgen Pierre Paul Broca (1824–1880) her, der den Zusammenhang zwischen Sprachdefiziten und Abnormalitäten in diesem Kortex-Bereich entdeckte. Als „Chef" der Sprachabteilung sagt das Broca-Zentrum dem motorischen Kortex, welche Muskeln er zu aktivieren hat, um die erwünschten Laute zu erzeugen, zum Beispiel „Ba-ba-gi-go". Wenn das Baby zu lallen beginnt, entwickeln sich die Neuronen im Broca-Zentrum sehr schnell. Nun wachsen die Dendriten in diesem Bereich, verästeln sich und bilden neue Verbindungen.

Gegen Ende ihres ersten Lebensjahrs machen die Kinder von ihren neuen kommunikativen Fertigkeiten aktiven Gebrauch. Sie schauen beim Lallen in eine bestimmte Richtung, und wenn man genau zuhört, taucht plötzlich das erste Wort auf. Einige Babys bringen die magischen Wörter „Mama" und „Papa" hervor, bevor sie ein Jahr alt sind. Andere lassen ihre Eltern länger darauf warten.

Babys lernen ohne besondere Stimulation sprechen, wenn sie in ihrer Umgebung Menschen sprechen hören können. Ihr soziales Umfeld scheint jedoch nicht ohne Bedeutung zu sein, auch wenn wir über den Kommentar einer Erzieherin schmunzeln müssen, die 1831 feststellte: „Die Schwerfälligkeit der Holländer und die Lebendigkeit der Franzosen beruhen auf der unterschiedlichen Art, in der Säuglinge in diesen beiden Ländern behandelt werden. Die Holländer halten ihre Kinder in einem Zustand der Ruhe ...; die Franzosen werfen sie ständig hoch und bringen ihnen lebhafte Scherze bei."

Eine neuere Untersuchung von Barry S. Hewlett und Michael E. Lamb beschäftigt sich mit den Auswirkungen unterschiedlicher Erziehungsstile von zwei benachbarten Stämmen in Zentralafrika. Die Forscher fanden heraus, dass Aka-Mütter ihre Babys öfter als die Ngandu-Mütter im Arm halten, während die Ngandu-Mütter ihre Kinder für längere Zeitabschnitte allein lassen. Die Aka-Babys weinen und jammern im Allgemeinen weniger. Aber die Ngandu-Mütter stimulieren ihre Kinder meist mehr, indem sie mit ihnen sprechen, sodass ihre Babys mehr lächeln und Laute von sich geben als die Aka-Kinder.

In der kurzen Zeit von einem Jahr machen Babys ungeheure Fortschritte sowohl auf ihrem Weg zu mehr Eigenständigkeit wie auch bei der Eingliederung in die Welt anderer Menschen. Ohne es zu wissen, lernen sie, wie sie das Verhalten anderer beeinflussen können. Bekommt man durch ein freundliches Lächeln oder lautes Schreien mehr Aufmerksamkeit? Babys lernen, die emotionalen Signale anderer Menschen zu deuten und ihr Verhalten danach zu richten. Ein düsterer Ausdruck auf dem Gesicht der Mutter bedeutet „nein", während ihr Lächeln „los!" heißt. In dieser Zeit haben die Säuglinge ihre erste Bekanntschaft mit den grundlegenden Werkzeugen der Kommunikation gemacht: Geste, Gesichtsausdruck und sprachliche Laute.

Fragen und Antworten

Sollte ich meinem Baby Zeichensprache beibringen?

In jüngster Zeit war in verschiedenen Zeitschriften zu lesen, dass es die kommunikativen Fähigkeiten von Babys verbessern würde, wenn man ihnen eine Zeichensprache beibringt, bevor sie sprechen können. Das baue ihre Frustrationen ab und mache sie weniger leicht reizbar. Für diese Vermutung gibt es jedoch keine Beweise. Es dürfte besser sein, wenn Erwachsene ihre Aufmerksamkeit auf die große Zahl von Fähigkeiten richten, über die Babys bereits verfügen. Sie lernen, den Gesichtsausdruck einzusetzen, indem sie Erwachsene beobachten. Sie modulieren den Ton ihrer Stimme und benutzen Gesten wie das Wegdrehen des Kopfes, das Abwinken eines unerwünschten Gegenstands und das Hindeuten auf ein interessantes Spielzeug. Da Babys durch Nachahmung lernen, sollten Erwachsene klare Signale aussenden, die ein Kind zu deuten vermag. Man sollte „ja" und „nein" immer konsequent und mit dem entsprechenden Gesichtsausdruck einsetzen.

Was kann ich tun, um die Ängste meines Babys zu lindern?

Man muss nicht immer „ein fröhliches Liedchen pfeifen", sondern kann auch in Situationen, in denen das Kind Angst bekommen könnte, versuchen, eine ruhige, positive Atmosphäre zu schaffen. Sprechen Sie leise und konfrontieren Sie Ihr Kind nicht zu abrupt mit unbekannten Menschen oder Gegenständen. Wenn das Kind sich vor einem Spielzeugclown fürchtet, können Sie ihn an einen Ort stellen, an dem das Baby sich ihm selbst nähern kann. Achten Sie auf das Temperament des Kindes. Manche Kinder reagieren heftiger und brauchen mehr Zeit, um sich an eine neue Situation zu gewöhnen. Die Aufregung, die ein Baby bei Routineuntersuchungen erfährt, braucht Ihnen keine Sorgen zu bereiten. Ein solcher „Alltags-Stress" hat keine negativen Auswirkungen auf die Gesundheit eines Kindes. Hier sind beruhigende Worte und eine Umarmung die beste „Medizin".

Sollte ich nachts das Licht anlassen?

Sie haben vielleicht von Kindern gehört, die zu weinen beginnen, wenn ihre Eltern gute Nacht sagen, das Licht ausschalten und das Zimmer verlassen. Das sollte Sie nicht überraschen. Das Baby ist in der Lage zu lernen, dass es allein gelassen wird, wenn das Licht ausgeht, und ist darüber verständlicherweise nicht erfreut. Bevor dieses Muster sich festgesetzt hat, können Sie versuchen, das abendliche Ritual zu ändern. Sie schalten zuerst das Licht aus, dann singen Sie im Dunkeln ein Lied oder spielen ein bisschen mit dem Kind, bevor Sie ruhig das Zimmer verlassen. Dann wird das Erlöschen des Lichts nicht unbedingt mit Alleinsein verbunden und als etwas Negatives angesehen.

Welche Wirkung hat die Kinderbetreuung auf die Entwicklung des Kindes und auf die Beziehung zur Familie?

Wegen der steigenden Zahl von Müttern, die mindestens halbtags außer Haus arbeiten und deswegen ihre unter sechsjährigen

Kinder in die Obhut von Betreuungseinrichtungen geben, führt derzeit das amerikanische National Institute of Child Health and Human Development eine umfassende Langzeitstudie über die Auswirkungen der Erziehung in Betreuungseinrichtungen auf das Kind durch. Zu Anfang wurden 1 300 Kinder ausgewählt, die repräsentativ für die amerikanische Bevölkerung sind. Die meisten dieser Kinder wurden während ihrer ersten sieben Lebensjahre begleitet. Inzwischen wurden die ersten vorläufigen Ergebnisse veröffentlicht.

Es verwundert kaum, dass aus Betreuungseinrichtungen höherer Qualität seltener über Verhaltensprobleme berichtet wurde, dass die kognitiven und sprachlichen Fähigkeiten der Kinder dort besser entwickelt waren und sie eher für die Schule bereit waren. In schlechteren Institutionen hatten die Kinder mehr Verhaltensauffälligkeiten, geringere kognitive und sprachliche Fähigkeiten und schlechtere Ergebnisse bei Schuleignungstests. Die Bindung der Kinder an ihre Eltern entwickelte sich unabhängig davon, ob sie den Tag zu Hause oder mehrere Stunden täglich in einer Einrichtung verbrachten.

Ein Ergebnis war besonders aufschlussreich. Die Wissenschaftler fanden heraus, dass im Allgemeinen „Eigenschaften der Familie und die Qualität der Beziehung der Mutter zum Kind" sich stärker auf die Entwicklung des Kindes auswirkten als Faktoren der institutionellen Fürsorge. Das galt sowohl für Kinder, die einen Großteil der Zeit in Institutionen außerhalb des Hauses verbrachten, als auch für Kinder, die hauptsächlich unter der Obhut ihrer Mutter standen. Daraus kann man schließen, dass das Familienleben ein wichtiger Faktor bei der Entwicklung des Kindes ist.

Teil III

Das zweite Lebensjahr

Der zweite Geburtstag

Wie anders die Geburtstagsparty aussieht als vor einem Jahr! Aus den krabbelnden Babys sind laufende Kleinkinder geworden, die mit raschen, kurzen Schritten jede Ecke untersuchen, die sie erreichen können. Obwohl sie zumeist eher neben- als miteinander spielen, beginnen sie, sich selbst und die anderen als Personen wahrzunehmen und den Gebrauch der Sprache zu entdecken.

Sobald die Türklingel läutet, rennt Sophie ungeduldig zur Tür, um Sonja und ihre Mutter zu begrüßen. Ihre Augen leuchten schlagartig auf, als Sonja ihr eine bunte Schachtel mit einer riesigen Schleife überreicht. Mark und Steven kommen unmittelbar nach Sonja an. Innerhalb weniger Minuten erfüllen die Stimmen und Schritte der Kinder den Raum.

Anna versteckt sich im Schoß ihrer Mutter, während ihre Augen ängstlich das Zimmer durchstreifen. Dann zieht sie den Daumen aus ihrem Mund und beginnt zu schreien. „Ist es in Ordnung, wenn ich noch hierbleibe?", fragt ihre Mutter. Deborah antwortet, das sei kein Problem: Auch einige der anderen Mütter hätten vor, noch dazubleiben.

Eine Zeit lang spielen die Kinder zufrieden auf dem Boden. Mark schiebt einen großen Klotz als Auto umher, während sein Mund das Motorengeräusch nachahmt. Sonja bläst in eine Pfeife und Steven schaut fasziniert auf die bunten Luftballons, die von der Decke hängen. Als Anna den in der Ecke sitzenden Teddybär auf den Arm nehmen will, kommt Tommy hinzu und schiebt sie zur Seite. Sie fällt auf den Boden und beginnt zu schreien. Sophie eilt herbei, um ihre Freundin zu trösten. Steven murmelt: „Tommy ... böse." Als Tommys Mutter mit ihrem Sohn schimpft, schreit er und rudert wild mit Armen und Beinen. Deborah wünscht insgeheim, seine Mutter würde ihn mit nach Hause nehmen.

Endlich ist es Zeit für Kuchen und Eis. Sophie bläst ihre beiden Kerzen aus und hilft ihrer Mutter dann dabei, den Kuchen zu verteilen. Die Kinder konzentrieren ihre ganze Aufmerksamkeit darauf, das Eis zu löffeln und Saft aus Plastikbechern zu trinken. Es dauert nicht lange, bis die ersten Kinder sich aus ihren Sitzen winden und wieder zu den Spielsachen im anderen Zimmer zurückkehren.

Deborah hört kaum die Klingel, als die erste Mutter kommt, um ihr Kind abzuholen. Tommy und seine Mutter hatten schon vorher einen hastigen Rückzug angetreten. Deborah wischt die klebrige Sahne von Sophies Gesicht und beginnt, den Tisch abzuräumen. Die anderen Mütter helfen ihr, das Zimmer aufzuräumen und das Geschirr in die Küche zu bringen. Während sie das tun, wollen wir die großen Fortschritte verfolgen, die die Kinder zwischen ihrem ersten und zweiten Geburtstag gemacht haben.

Kapitel 6

Entdeckungen

Die Welt Ihres Kleinkindes vergrößert sich rasch, sowohl innen wie außen. Seine äußeren Entdeckungsmöglichkeiten werden durch seine Fähigkeit gesteigert, sich fortzubewegen und Gegenstände mit den Händen zu bearbeiten. Die Weiterentwicklung sprachlicher Fähigkeiten verbessert seine Fähigkeit, mit anderen zu kommunizieren. Es erwirbt ein Bewusstsein seiner selbst, ein besseres Gedächtnis und neue Denkarten, beispielsweise die Fähigkeit zur Schlussfolgerung. Gleichzeitig kann es die Gefühle und Absichten anderer Menschen deutlicher wahrnehmen. Der kleine Forscher, den wir zu Beginn des ersten Lebensjahrs kennen gelernt haben, wagt sich weiter ins Unbekannte vor. Alles verfolgen zu wollen, was dabei im Gehirn des Kindes stattfindet, käme dem Versuch gleich, alles im Auge zu behalten, was in einem Zimmer voller Zweijähriger geschieht.

Auf zwei Füßen unterwegs

Bei Sophies erstem Geburtstagsfest krochen die meisten Gäste auf dem Boden umher. Nur ein paar Kinder standen aufrecht oder wagten ein, zwei zögerliche Schritte. Nun können alle laufen. Der zweijährige Mark öffnet ohne Hilfe die Tür und geht die Treppe hoch und wieder hinunter, indem er erst einen, dann den zweiten Fuß auf eine Stufe setzt, während er sich mit dem Arm an der Wand abstützt. Steven kann schon hochspringen, um nach der Schnur zu fassen, die an einem Luftballon befestigt ist.

Die Kinder kommen nicht nur deshalb so gut alleine vom Fleck, weil ihre Muskeln gewachsen sind. Auch der Teil des Gehirns, der den Muskeln sagt, was sie zu tun haben, kann seine Aufgabe nun besser erfüllen. Selbst bei einem Kleinkind ist es ein weiter Weg vom Gehirn zu den Zehenspitzen. Die Signale müssen die langen Axone der motorischen Nerven im Rückenmark entlangreisen. Mittlerweile sind diese Axone von einer isolierenden Myelinschicht umhüllt. Myelin beseitigt die Störungen benachbarter Axone und verhindert „Kurzschlüsse". Daher können die Signale vom motorischen Kortex schneller und effizienter zu den Muskeln in den Beinen und Füßen gelangen. Die größere Effizienz der Neuronen im Rückenmark ermöglicht auch die bewusste Kontrolle über den Schließmuskel und die Blase, so dass die Kinder lernen können, auf die Toilette zu gehen. Die Myelinisierung vollzieht sich bei Mädchen früher als bei Jungen. Vielleicht ist das – neben sozialen Faktoren – der Grund dafür, dass Mädchen meist früher als Jungen lernen, nicht mehr in die Hose zu machen.

Auch das Kleinhirn ist an Laufbewegungen beteiligt. Es erhält seine Informationen vom motorischen Kortex und vom Rückenmark. Es prüft, ob Absicht und Ergebnis übereinstimmen. Wenn es Abweichungen vom ursprünglichen Vorhaben erkennt, sendet es Signale an den motorischen Kortex, entsprechende Veränderungen vorzunehmen. Im Alter zwischen einem und zwei Jahren nimmt die Myelinisierung der Nervenfasern zwischen Kleinhirn und motorischem Kortex sprunghaft zu, was die Zusammenarbeit dieser beiden Teile des Gehirns sehr verbessert.

Mit einem Löffel umgehen

Noch vor einem Jahr hat Sophie mit den Händen nach ihrem Kuchen und dem Eis gegriffen. Nicht alles davon landete in ihrem Mund. Nun benutzt sie einen Löffel, um Kuchen und Eis an ihr Ziel zu befördern. Mit einem Löffel essen zu können, ist ein großer Schritt auf dem Weg des Kindes, die Techniken seiner Kultur beherrschen zu lernen.

Michael E. McCarty und seine Kollegen an der University of Massachusetts haben die Fortschritte von Kindern bei der Handhabung dieses praktischen Werkzeugs untersucht. Die Forscher legten einen Löffel auf ein Brett unmittelbar vor dem Kind. Selbst einige neun Monate alte Babys konnten das richtige Ende des Löffels ergreifen und die Höhlung in ihren Mund stecken, wenn der Löffel so lag, dass sie das richtige Ende mit ihrer jeweils bevorzugten Hand fassen konnten. Wenn der Löffel jedoch umgekehrt lag, ergriffen sie meist die Höhlung und führten den Griff in ihren Mund. Die Kinder im Alter von 14 Monaten taten das nie. Allerdings nahmen sie den Löffel zunächst oft falsch in die Hand. Sie veränderten dann entweder die Handhaltung oder wechselten die Hand, so dass die Höhlung in den Mund kam. Mit 19 Monaten konnten die Kinder dem Impuls widerstehen, ihre bevorzugte Hand nach dem Löffel auszustrecken. Stattdessen benutzten sie die Hand, die auf der Seite des Löffelgriffs war, um ihn korrekt zu ergreifen.

Einen Löffel in der richtigen Lage zu fassen, ist eine beträchtliche Leistung. Wenn ein Kind einen Löffel sieht, muss es sich nicht nur entscheiden, welche Hand es benutzen sollte, sondern es muss auch die Haltung der Hand verändern, um den Löffel zu nehmen und ihn so zum Mund zu führen, dass der Inhalt auf dem Weg nicht verschüttet wird. Die beeindruckende Koordination von Augen und Händen findet statt, ohne dass die Kinder darüber „nachdenken" müssen.

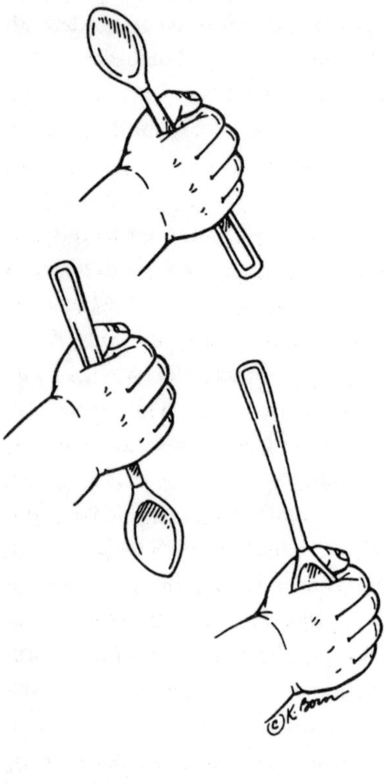

Einen Löffel ergreifen: Es braucht Zeit und Erfahrung, um einen Löffel richtig greifen zu lernen. (Nach M. E. McCarty et al.: „Problem Solving in Infancy: The Emergence of an Action Plan", Developmental Psychology, Nr. 35 [4], 1999, S. 1091–1101.)

Die Explosion des Wortschatzes

Im Alter von einem Jahr konnte Sophie etwa 50 Wörter wie *Mama*, *Papa*, *Keks* und *Trinken* verstehen, aber nur 10 bis 12 Wörter selbst sprechen. Sie und ihre Freunde lallten vor sich hin. Einige winkten zum Abschied, als sie das Geburtstagsfest verließen, aber kein Kind kombinierte mehrere Wörter oder bildete gar einen Satz.

Auf Sophies zweitem Geburtstagsfest beherrschen die meisten Kinder einzelne Wörter für Gegenstände wie „Tasse", „Spielzeug" und „Ball". Ihre Äußerungen zeigen, dass sie auch schnell Begriffe wie „mehr" oder „weg" lernen. Einige Kinder verknüpfen bereits mehrere Vokabeln zu einfachen Sätzen, auch wenn viele von ihnen nur für Familienmitglieder verständlich sind. Die Sprache hilft den Zweijährigen, soziale Kontakte zu knüpfen und viel über die Welt zu lernen. Sie genießen auch das „Gefühl" der Sprache, indem sie Reime anhören und mit dem Klang von Worten spielen. Mit größtem Vergnügen bringen sie ein Tier mit dem Laut in Zusammenhang, den es macht. Eine Zeit lang nennen sie einen Hund „Wau-wau" oder einen Vogel „Piep-piep".

Wenn Sie in ein Land reisen, dessen Sprache Sie nicht beherrschen, können Sie sich die Schwierigkeiten vorstellen, denen ein Baby gegenübersteht. Liegt ein Keks auf dem Tisch, so kann das Baby darauf zeigen und damit seinen Wunsch ausdrücken, ihn zu bekommen. Befindet sich der Keks jedoch in einem Schrank, wird es ihn sicher eher bekommen, wenn es danach fragen kann. Wenn sich das Kind unwohl fühlt, kann es das zum Ausdruck bringen, indem es das Gesicht verzieht oder schreit. Wenn es jedoch „Bauchschmerzen" oder „Kopf gestoßen" sagen kann, werden Sie eher die richtigen Maßnahmen ergreifen können, um die Ursache seines Unwohlseins zu beseitigen.

Die Sprache hat für uns Menschen eine so große Bedeutung, dass man das Baby auf Lateinisch (aber auch auf Englisch oder

Französisch) als „Nicht-Sprecher" (*infans*) bezeichnet. Das Erlernen der Sprache ebnet den Weg zum Zusammenleben mit anderen Menschen. Daher ist es kein Wunder, dass wir es gar nicht erwarten können, bis unser Kind endlich zu sprechen beginnt.

Eines Tages kam eine höchst besorgte Mutter zu mir, um über ihren 17 Monate alten Sohn Sammy zu sprechen. Der Junge hatte ein sonniges Gemüt, lächelte viel und schaute aufmerksam hin, wenn sie zu ihm sprach – aber er hatte noch kein Wort gesagt. Seine Mutter war Sprachlehrerin und hatte selbst sehr früh sprechen gelernt. Daher machte sie sich Sorgen um ihren Sohn. Ich studierte die schon vorhandenen Arztberichte und führte eine umfassende Untersuchung einschließlich eines Hörtests durch. Ich fragte die Mutter nach den Meilensteinen der Entwicklung des Jungen, beispielsweise nach Gurren, Lallen und Zeigen. Alles schien in Ordnung zu sein. Als ich sie fragte, ob er einfache Befehle verstehen konnte, war sie sich nicht sicher. Also bat ich sie, nach Hause zu gehen und Folgendes auszuprobieren: Sie sollte die Aufmerksamkeit ihres Sohnes erregen und langsam – ohne Gesten oder besondere Betonung – sagen: „Sammy, geh' in dein Zimmer und bring' mir deinen Teddybären." Das war sein Lieblingsspielzeug. Seine Mutter wusste, dass der Bär in Sammys Zimmer auf dem Boden lag. Als die Mutter die Worte gesprochen hatte, ging der Junge ohne zu zögern los, um seinen Teddybären zu holen. Er hatte den Satz verstanden. Seine Mutter war begeistert.

Auch wenn die Mutter voller Ungeduld darauf wartete, dass Sammy endlich das erste Wort sagte, war er ganz und gar nicht ungewöhnlich. Der Zeitpunkt, zu dem Kinder zu sprechen beginnen, variiert stark. Es war wichtig herauszufinden, ob Sammy hören und verstehen konnte, was seine Mutter sagte, denn das zählt zu den Voraussetzungen des Sprechens. Zur großen Erleichterung seiner Mutter zeigte Sammy einige Wochen später auf seine Spielzeugente und sagte: „Ente". Von da an vergrößerte sich sein Wortschatz sehr schnell.

Kleine Kinder verstehen Vokabeln, bevor sie sie selbst hervorbringen. Sie verstehen stets viel mehr Wörter, als sie tatsächlich benutzen können. Selbst als Erwachsene benutzen wir im Alltag nicht alle Vokabeln, die wir verstehen, wenn wir einen Text lesen, einen Vortrag hören oder einen Film anschauen.

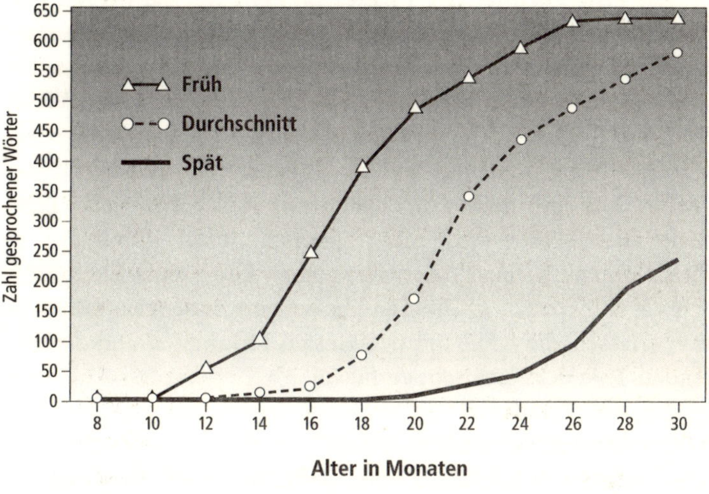

Die Explosion des Sprachvermögens: Die Kurven zeigen den Anstieg der Zahl gesprochener Wörter bei früh, durchschnittlich und spät sprechenden Kindern. Nach D. J. Thal et al. 1996.

Wie Adam im Garten Eden begann, allen Tieren um sich herum Namen zu geben, so haben Babys die natürliche Tendenz, alle Dinge zu benennen, die sie sehen. Es beginnt das Spiel der Namensgebung, das in einigen Kulturen mehr gefördert wird als in anderen. Neue Wörter zu erlernen und zu benutzen ist ein

Prozess, der meist gegen Ende des ersten Lebensjahrs sehr langsam beginnt und sich um die Mitte des zweiten Lebensjahrs herum beschleunigt. Mit etwa einem Jahr haben Babys einen aktiven Wortschatz von durchschnittlich 10 bis 15 Wörtern. Im Alter von 15 Monaten hat sich diese Zahl mehr als verdoppelt. Am Ende des zweiten Lebensjahrs sprechen einige Babys bereits 400 Wörter. Und sie verstehen fünf Mal mehr Wörter, als sie sprechen können.

Die ersten Wörter eines Babys sind eng mit dem verknüpft, was in seiner Umgebung geschieht. Indem es ein Wort mit einer Geste oder einem Gesichtsausdruck verknüpft, kann es seine Bedeutung zu einer Aussage oder einer Forderung erweitern. Wenn das Wort „Mama" zum Beispiel mit ausgestreckten Armen gesprochen wird, kann das heißen: „Bitte heb' mich hoch." Oder „Baba" (Flasche) heißt: „Ich will mein Fläschchen." Das Baby kann auch Wörter wie „mehr", „fertig", „hoch", „hinunter" in dieser ökonomischen Weise verwenden. Eltern entwickeln sich schnell zu Experten in Simultanübersetzung, indem sie die Situation erfassen, die Laute mit den Gesten verknüpfen und die fehlenden Teile der Nachricht einfügen.

Im Alter von etwa 20 Monaten begann Sammy plötzlich, Wörter zusammenzusetzen. Diese Leistung hängt interessanterweise mehr von der Größe des Wortschatzes ab, über den ein Baby verfügt, als von seinem Alter. Das Kind muss gewissermaßen ein „Lager" mit 50 bis 100 Vokabeln anlegen, bevor es sie verbinden kann. Sammy begann mit Telegramm-Nachrichten wie „Papa ... tschüss", „Mama ... komm" und „Milch ... weg". Sein Wortschatz umfasste einige Verben sowie eine spärliche Anzahl Adjektive und Adverbien, beispielsweise „lecker", „hoch", „runter". Etwa zu dieser Zeit begann Sammy auch, von sich selbst zu sprechen, indem er seinen Namen benutzte.

Durch den Gebrauch von Zwei-Wort-Äußerungen zeigte Sammy bereits, dass er verstanden hatte, wie Wörter in seiner Muttersprache zusammengefügt werden, da er Substantive und Verben in der richtigen Reihenfolge anordnete. Zum Beispiel sagte er „Junge ... essen", nicht „essen ... Junge".

Um seinen zweiten Geburtstag herum gelang es Sammy besser, die Laute zu erzeugen, aus denen Vokabeln bestehen. Zuerst konnte er Vokale und „einfache" Konsonanten wie „b", „g" und „m" richtig aussprechen. Jetzt erweiterte sich sein Repertoire. Damit konnte er beispielsweise klarer zwischen „Spiel" und „viel" unterscheiden oder einen Plural bilden. Allerdings konnten die meisten Leute außerhalb des unmittelbaren Familienkreises erst richtig verstehen, was er sagte, als er ungefähr drei Jahre alt war.

Die zeitliche Abfolge von Lallen, einzelnen Wörtern, Wortverbindungen und komplexen Satzstrukturen ist bei Kindern auf der ganzen Welt gleich, möglicherweise mit einigen Ausnahmen, in denen Kinder die Ein-Wort-Phase auslassen. Das deutet darauf hin, dass die Entwicklung des Gehirns grundlegend am Spracherwerb beteiligt ist.

Spezialisierte Sprachareale im Gehirn

Die für die Sprache zuständigen Areale im Gehirn Ihres Babys sind äußerst aktiv. In den ersten drei bis fünf Monaten gurren Babys und erzeugen mit Lippen und Zunge einfache melodische Laute. Während dieser Periode entwickelt sich der primäre motorische Kortex in der rechten Hemisphäre, der die Muskeln des Mundes und des Gesichts kontrolliert, sehr schnell. Wenn das Baby 12 bis 18 Monate alt ist, werden seine Laute deutlicher und verwandeln sich vom Lallen zu richtigen Worten. Dann verlagert sich der Schwerpunkt der Gehirnentwicklung in die linke Gehirnhälfte. Das neue Zentrum der Aktivität liegt in der Nähe des Broca-Areals, das sich ebenfalls schnell entwickelt. Das Broca-

Areal ist am Verständnis sprachlicher Laute und an der Artikulation von Sprache beteiligt.

Das Broca-Areal entwirft das Programm für die Lauterzeugung und schickt es an die Neuronen im primären motorischen Kortex, die die Bewegungen des Mundes kontrollieren. Zwischen dem 24. und dem 36. Monat kommt es zu einem intensiven Wachstum von Dendriten im linken und im rechten Broca-Areal. Mit etwa vier Jahren haben die Nervenzellen ihren endgültigen Platz im Broca-Areal eingenommen. Um diese Zeit kann das Kind Worte so deutlich aussprechen, dass auch Fremde verstehen können, was es sagt.

Wenn die Kinder beginnen, Worte zusammenzusetzen, rückt ein anderes sprachliches Areal des Kortex in den Vordergrund. Das nach dem deutschen Psychiater und Neurologen Carl Wernicke (1848–1905) benannte Wernicke-Areal empfängt Informationen von den Augen, den Ohren und dem Tastsinn. Daher ist es wichtig für das Verständnis aller Arten von Sprache, sei es gesprochene Sprache, Zeichensprache oder Blindenschrift. Das Wernicke-Areal ist direkt mit dem Broca-Areal verknüpft, das wiederum mit den motorischen Zentren verbunden ist, die die an der Spracherzeugung beteiligten Muskeln steuern. Das sprachliche Netzwerk ermöglicht es dem Kind, Sprache zu verstehen, eine Antwort zu bilden und dann die entsprechenden Worte auszusprechen.

Bei den meisten Menschen sind die sprachlichen Gehirnfunktionen größtenteils in der linken Gehirnhälfte angesiedelt. In den ersten Jahren der Kindheit, in denen die wichtigsten Zentren noch nicht fertig ausgebildet sind, führen Schäden in der linken Hemisphäre dazu, dass die Sprachzentren in der rechten Gehirnhälfte angesiedelt werden. Dieser Wechsel illustriert die Plastizität des Gehirns, seine erstaunliche Fähigkeit, den Verlust von Funktionen zu kompensieren, indem diese in anderen Regionen ausgebildet werden. Wenn die linke Hemisphäre nach der Pubertät geschädigt wird, können einige Funktionen immer noch von der rechten Hemisphäre übernommen werden, aber die Phase der größten Flexibilität ist schon vorüber.

Die zunehmende Spezialisierung der linken Gehirnhälfte auf die Verarbeitung von Sprache zeigt sich in der elektrischen Aktivität des Gehirns. Dennis Molfese von der Southern Illinois University gab Eltern von Kindern im Alter von 16 Monaten eine Liste häufiger Wörter – beispielweise „Flasche", „Keks", „Schlüssel" und „Ball" – und bat die Eltern, die Wörter anzukreuzen, die ihre Kinder kannten. Dann brachten die Eltern ihre Babys ins Labor. Die Forscher brachten am Kopf jedes Babys Elektroden an und setzen sie bequem auf den Schoß ihres Vaters oder ihrer Mutter. Danach hörten sie über einen Lautsprecher eine Reihe „bekannter" und „unbekannter" Vokabeln, während das EEG die elektrische Aktivität in ihrem Gehirn aufzeichnete.

Die Muster elektrischer Aktivität unterschieden sich stark voneinander, je nachdem, ob die Babys das jeweilige Wort kannten oder nicht. Die Wissenschaftler stellten auch geschlechtsspezifische Unterschiede im Ort der Aktivität fest. Wenn Jungen ein Wort erkannten, zeigte sich das spezifische Muster der Aktivität sowohl in der linken wie in der rechten Hemisphäre. Mädchen zeigten die Aktivität eher in der linken Hemisphäre. Da die linke Hemisphäre normalerweise der spätere Sitz der Sprachfunktionen ist, könnte das Ergebnis darauf hinweisen, dass Mädchen in der Entwicklung der Sprachzentren den Jungen voraus sind.

Die Sprachentwicklung erhält einen großen Aufschwung durch die zahlreichen Verbindungen, die innerhalb des ganzen Gehirns verstärkt werden. Im zweiten Lebensjahr bilden die Neuronen des Kortex ihre Verknüpfungen zum Balken aus, der die beiden Gehirnhälften miteinander verbindet. Nun können die Signale hin und her reisen, so dass die beiden Hemisphären gegenseitig auf ihre Informationen zugreifen können. Die rechte Hemisphäre verarbeitet die Wahrnehmung von Gegenständen und

Handlungen, die linke Hemisphäre die entsprechenden sprachlichen Bezeichnungen. Dank der verbesserten Verbindung zwischen beiden Gehirnhälften wird die Information aus beiden Quellen jetzt schneller und effizienter zusammengeführt. Wenn ein Kind einen Gegenstand sieht, kann es rasch das passende Wort finden und aussprechen. Das zeigt, dass die Zusammenarbeit beider Hemisphären trotz ihrer Spezialisierung äußerst wichtig ist.

Auch wenn sich in den sprachlichen Arealen des Kortex eine intensive Entwicklung vollzieht, sollten wir die Arbeit, die „weiter unten" geleistet wird, nicht übersehen. Die Verbindungen zwischen dem Kortex und den subkortikalen Strukturen des Gehirns werden ebenfalls stärker. Vor allem die Verknüpfungen mit den Basalganglien und dem Kleinhirn werden ausgebildet und machen diese damit zu vollwertigen Mitgliedern des sprachlichen Netzwerks.

Das kindliche Gehirn ist so programmiert, dass es die Signale aus der Umgebung verarbeiten kann, die zur Ausbildung der grundlegenden Sprachzentren erforderlich sind. Wenn ein Kind mit einem intakten Nervensystem in einer Umgebung aufwächst, in der Worte gesprochen werden, wird es die Sprache automatisch erwerben, sobald die entsprechenden Systeme dafür bereit sind. Der Zeitpunkt des Auftretens und das Ausmaß des Spracherwerbs sind durch die Interaktionen von Genetik und Umgebung beeinflusst.

Worte hören und gebrauchen

Da der Zeitpunkt, zu dem Kinder ihr erstes Wort sagen, so stark variiert, kann man unmöglich feststellen, ob systematisches Training dazu beträgt, dass ein Kind früher zu sprechen beginnt. Wenn man jedoch viel mit einem Kind spricht, das schon sprechen kann, wird es gesprächiger. In Kapitel 5 haben wir über den Vergleich von Kindern aus zwei benachbarten afrikanischen Stämmen berichtet. In dem einen Stamm sprechen die Mütter sehr viel mit ihren Kindern, im anderen sehr wenig. Es überrascht kaum, dass die Kinder des ersten Stamms mehr sprechen. Janellen Huttenlocher von der Universität Chicago hat die sprachlichen Gewohnheiten von Müttern und ihren Kindern im Alter von 16 bis 20 Monaten untersucht. Als die Wissenschaftler die Gesamtzahl von Wörtern zählten, die innerhalb eines Zeitraums von drei Stunden gesprochen wurden, waren sie über die großen Unterschiede erstaunt. Die gesprächigsten Mütter gebrauchten fast 7000 Wörter, während die am wenigsten gesprächigen nur 700 benutzten. Und die gesprächigsten Mütter hatten auch die gesprächigsten Kinder im Alter von 26 Monaten! Doch das soll nicht heißen, dass Sie Ihr Kind mit einem konstanten Redeschwall überfluten müssen. Andere Faktoren sind wichtiger als die bloße Zahl von Wörtern, die ein Baby hört.

Lois Bloom und ihr Team vom Pädagogischen Institut der Columbia University haben die Sprachentwicklung einer Gruppe Kinder im Alter von neun Monaten bis zwei Jahren verfolgt. Sie haben beobachtet, dass zwei Drittel der Dialoge zwischen Kind und Mutter vom Kind eröffnet wurden. Die Mütter sagten meist etwas, unmittelbar *nachdem* das Kind gesprochen hatte. Entweder wiederholten oder bestätigten sie das Gesagte oder versuchten, es zu verdeutlichen. Lois Bloom vermutet, dass Kleinkinder aktiv an der Auswahl von notwendigen Vokabeln aus ihrer Umgebung beteiligt sind und dass sie diese benutzen, um das mitzuteilen, was ihnen zum entsprechenden Zeitpunkt wichtig ist.

Marc Bornstein und seine Kollegen vom amerikanischen National Institute of Child Health and Human Development haben herausgefunden, dass die Art, in der die Mütter im Gespräch auf ihre Kinder eingehen, einen größeren Einfluss auf den späteren Wortschatz eines Kindes hat als die Anzahl von Wörtern, die sie gegenüber ihren Kindern verwenden. Die Wissenschaftler haben die Babys im Alter von 13 Monaten und dann noch einmal mit 20 Monaten beim Spielen und beim Essen beobachtet. Gleichzeitig haben sie darauf geachtet, wie die Mütter auf das reagierten, was ihre Kinder sagten. Als sie den Wortschatz der Babys im Alter von 20 Monaten ermittelten, entdeckten sie eine Beziehung zwischen der Reaktion der Mutter und dem Wortschatz des Kindes. Die Kinder, deren Wortschatz sich am meisten vergrößert hatte, waren diejenigen, deren Mütter in einen Dialog mit dem Kind eingetreten waren und manchmal dessen Worte wiederholt hatten, beispielsweise: „Der rote Ball. Willst du, dass ich den roten Ball fange? Wirf mir den Ball zu." Diese Mütter passten ihre Sprache den jeweiligen sprachlichen Fähigkeiten ihrer Kinder an und benutzten nach und nach immer mehr verschiedene Wörter.

Die unmittelbare Interaktion im Gespräch ist sehr wichtig für den Spracherwerb eines Kindes. Radio und Fernsehen haben keine wesentliche Auswirkung auf den Wortschatz sehr kleiner Kinder. Wenn allerdings Eltern, Geschwister oder andere Kinder einzelne Wörter oder Sätze wiederholen, kann das als Aufforderung zur Imitation wirken.

Im Spiel die Welt erleben

Beim Spielen sammelt das Kind Erfahrungen mit Objekten in seiner Umwelt, und seine Art zu spielen wird immer vielfältiger und komplexer. Während die Einjährigen ihr Spielzeug mit Händen und Mund erforschen, benutzen die Zweijährigen in erster Linie ihre Hände, und zwar geschickter als die jüngeren Kinder. Sie können zwei Würfel aufeinander stellen, um einen „Turm" zu bauen, und einen Löffel benutzen. Zweijährige Kinder wissen, dass bestimmte Gegenstände zu einem bestimmten Zweck benutzt werden. Sophie putzt sich gerne die Zähne mit einer Zahnbürste, bevor sie zu Bett geht. Sie weiß, dass die Schere dazu dient, Papier zu schneiden und dass man mit dem Besen den Boden fegt. Ihrem Teddybär reicht sie die Tasse, damit er einen imaginären Schluck Milch trinkt.

Als Steven zehn Monate alt war, schlug er zwei Klötze gegeneinander oder steckte sie in den Mund. Er lauschte dem Geräusch und ließ seine Zunge ihre Form ertasten. Vier Monate später begann er, Gegenstände auf eine ganz andere Weise zu benutzen. Er nahm einen rechteckigen Holzklotz, schob ihn über den Boden und machte dazu das Geräusch „brrrrum ... brrrrum". Er hat für sich den Schluss gezogen, dass der Klotz jetzt ein Auto ist. Ein Holzklötzchen als Stellvertreter für ein Autos zu verwenden, ist ein Beispiel für *Inferenz*, die Fähigkeit, geistig von einem Gegenstand oder Ereignis zu einem anderen zu springen. Stevens Gehirn bildet eine kurzzeitige Assoziation zwischen dem Klotz und dem Bild eines Autos, das in seinem Gedächtnis gespeichert ist. Die Fähigkeit, mentale Bilder auf diese Weise zu verwenden, ist der Beginn kreativer Tätigkeit. Die Fähigkeit zur Inferenz wächst nun stark an, weil Kinder die charakteristischen Eigenschaften eines Gegenstands besser bemerken und Erinnerungen länger behalten können. Ihr Gehirn ist in der Lage, Informationen stärker zu verknüpfen und schnellere Assoziationen zu bilden.

Gegenstände gruppieren

Um die Mitte des zweiten Lebensjahrs fasziniert es Kinder, Gegenstände zu gruppieren, die ähnlich aussehen. Ihr Kleinkind möchte beispielsweise alle Tassen in eine Reihe und alle Gläser in eine andere stellen. Die Einordnung von Gegenständen in Kategorien ist eine praktische Methode, Dinge so zu lagern, dass man sie wiederfinden kann. Das Gehirn geht ebenfalls in dieser Weise vor. Die Aufteilung von Informationen in Kategorien unterstützt die Kinder beim Lernen.

Im zweiten Lebensjahr wird die Kategorienbildung komplexer und effizienter. Eine Forschergruppe in England hat Säuglingen zwei Bilder gezeigt – beispielsweise ein Bild eines typischen Vogels wie eines Rotkehlchens oder eines Spatzen und ein Bild eines ungewöhnlichen Vogels wie eines Straußen. Die 12-monatigen Kinder schauten länger auf den typischen Vogel, während die 18-monatigen gleich lange auf beide Beispiele schauten. Sie hatten ihre Kategorie „Vogel" um Exemplare mit ungewöhnlichen Eigenschaften erweitert.

Je besser die Kinder Ähnlichkeiten und Unterschiede zwischen Gegenständen wahrnehmen und die relevanten Eigenschaften für die Bildung von Kategorien erfassen können, desto besser können sie ihre Informationen in neuen Situationen zum Einsatz bringen. Steven interessiert sich sehr für die Holzflöte von Sophies Vater, die neben dem Klavier an der Wand hängt. Er schiebt den Klavierstuhl an die Wand, klettert auf den Stuhl, ergreift das Instrument und zieht es herunter. Er hat eine Flöte dieser Art noch nie gesehen, aber ihre Form erinnert ihn an die Instrumente, die er auf einem Festumzug gesehen hat. Daher schließt er, dass diese Flöte auf die gleiche Weise gespielt werden kann wie die Instrumente, die er schon gesehen hat. Er führt das Mundstück an die Lippen und bläst.

Wie Kinder Bälle und Klötzchen sortieren oder Klötze durch die passenden Öffnungen eines Steckspiels schieben, so sortieren sie andere Menschen in Kategorien ein. Sie lernen, dass es Mitglieder der Familie oder des Freundeskreises oder „Mädchen" und „Jungen" gibt. Sie unterscheiden auch zwischen „Erwachsenen" und „Kindern" oder sogar zwischen „Kindern" und „Babys". Und sie haben Vorstellungen von Verhaltensweisen, die innerhalb der jeweiligen Kategorie angemessen sind. Ihr zweijähriges Kind wird wahrscheinlich lachen, wenn Sie aus einem Babyfläschchen trinken.

Ein einfaches Experiment zeigt, dass Kinder Kategorien von Menschen auf unbelebte Objekte übertragen können. Legen Sie eine Hand voll kleiner Steinchen verschiedener Größe vor Ihrem zweijährigen Kind auf den Tisch. Fragen Sie es, welcher der „Papa-Stein", welcher der „Mama-Stein" und welcher der „Baby-Stein" ist. Vermutlich wird das Kind die Steine nach der Größe sortieren und den größten zum „Papa" erklären, den kleinsten zum „Baby".

Die im Gehirn eingebauten Systeme zur Einordnung von Informationen in Kategorien sind eine große Hilfe für den Spracherwerb. Kinder erfassen intuitiv, dass einige Wörter „Namen" sind, während andere „Handlungen", „Positionen" oder deskriptive Eigenschaften bezeichnen. Dadurch können sie der Situation entsprechend neue Wortkombinationen bilden. Ein Kleinkind kann sagen, „Ich sehe Kuchen auf Teller", „Ich will Kuchen" oder „Mami macht großen Kuchen".

Ursache und Wirkung

Gegen Ende des ersten Lebensjahrs machen Babys die interessante Entdeckung, dass ihre Handlungen eine Wirkung haben. Wenn sie den Schlüsselbund auf den Boden fallen lassen, hören sie ein faszinierendes Geräusch. Und meist erscheint sogleich ein hilfsbereiter Erwachsener, um den Schlüsselbund aufzuheben. Beide Resultate sind eine Zeit lang äußerst interessant und die Handlung wird vermutlich wiederholt, bis sie dem Baby langweilig wird.

Im Verlauf des zweiten Lebensjahrs beobachten die Kinder etwas genauer, was geschieht. Sie haben gelernt, dass ein Schalter Licht entfacht, dass das Drehen am Radioknopf Laute nach sich zieht, dass das Bewegen des Wasserhahns Wasser in das Waschbecken fließen lässt. Sie wollen ihr Wissen bei jeder Gelegenheit bestätigen. Es ist aufregend, den Stöpsel in der Badewanne zu ziehen oder einen Keks in die Toilettenschüssel zu werfen und dann zu spülen. Solche kleinen „Experimente" sind besonders verlockend, wenn ein Elternteil „nein" gesagt hat.

Eine Episode mit unserem damals fünfjährigen Sohn und unserer knapp dreijährigen Tochter werde ich nie vergessen. Wir wollten in den Bergen wandern. Bevor wir aufbrachen, schärften wir den Kindern ein, keinesfalls die Elektrozäune um die Kuhweiden zu berühren. Plötzlich – wir gingen gerade vor unseren Kindern her – hörten wir einen lauten Schrei, gefolgt von der Erklärung unseres Sohns: „Jessica hat die Elektrizität entdeckt!" Sie hatte der Versuchung nicht widerstehen können, selbst herauszufinden, was passiert, wenn man den Draht berührt.

Der Trieb eines Zweijährigen, mit seiner Umgebung zu experimentieren, beschränkt sich nicht nur darauf, Hebel umzulegen und Knöpfe zu drücken. Das Kind will auch herausfinden, wie andere Menschen reagieren. Es wird „nein" zu jedem Kleidungsstück sagen, das Sie ihm präsentieren, oder mit „nein" antworten, wenn Sie es bitten, seine Spielsachen aufzuheben. Das Nein ist nicht unbedingt ein Zeichen von Ablehnung, Weigerung oder einer negativen Einstellung. Manchmal will das Kind nur prüfen, was passiert, wenn es das Wort ausspricht.

Sich auf eine Aufgabe konzentrieren

Sonja ist so absorbiert davon, die Holzklötze durch die Öffnungen des Steckspiels zu schieben, dass sie noch nicht einmal hört, wie ihre Mutter sie zum Essen ruft. Sie will die Aufgabe beenden. Sonjas „innerer Manager", der im vorderen Teil des Gehirns sitzt, unterstützt sie dabei, die selbstgestellte Aufgabe erfolgreich abzuschließen. Die Kommandozentrale erfüllt zahlreiche wertvolle Funktionen. Sie hilft Sonja dabei, Ablenkungen zu ignorieren und ihre Aufmerksamkeit auf die gegenwärtige Aufgabe zu konzentrieren. Im richtigen Augenblick sagt sie: „Einen Moment. Versuchen wir etwas anderes." Wenn es ihr gelingt, alle Klötzchen durch die passenden Öffnungen zu stecken, registrieren die Belohnungszentren im Gehirn die positive Erfahrung und machen es wahrscheinlich, dass Sonja Tätigkeiten wie diese in Zukunft gerne ausführen wird. Das ist der Bonus, den Sonja bekommt, wenn ihr „Manager" zufrieden ist.

Sonjas Kommandozentrale gehört zu einem Team, von dem wir nur wenige der vielen Mitglieder vorstellen können. Der präfrontale Kortex hilft ihr dabei, die relevanten Einzelheiten auszuwählen und im Kopf zu behalten. Der frontale Kortex, der weiter hinten in der Nähe der motorischen Zentren liegt, unterstützt sie bei der Planung von Handlungen. Die Nachrichten über Erfolge werden rasch zwischen den kognitiven Zentren und dem limbischen – das heißt emotionalen – System ausgetauscht. Je mehr ihre Fähigkeit wächst, Sprache zu verstehen und zu gebrauchen, desto mehr wird ihre Handlungsfähigkeit unterstützt und bereichert. Sie kann Worte benutzen, um sich selbst zu sagen, was als Nächstes zu tun ist. Das Kleinkindalter ist eine Zeit intensiver Entwicklung aller Netzwerke, die an diesen Prozessen beteiligt sind.

Die wachsende Komplexität der Netzwerke liefert dem Kleinkind die Grundlage für neue Handlungen, und die Stimulation, die durch die neuen Handlungen geliefert wird, fördert das Nervenwachstum. Durch Erfahrung lernt Sonja, ihre neuen Fähigkeiten zu gebrauchen. Diese Erfahrung kann von den Erwachsenen in ihrer Umgebung angeleitet und gefördert werden.

Wie sehr man einem Kind bei seiner Aufgabe helfen sollte, hängt zum Teil von seinem Alter ab. Susan H. Landry und ihre Kollegen haben Mütter und ihre Kinder beim gemeinsamen Spiel beobachtet. Dabei untersuchten sie vor allem, wie das Kind auf die Vorschläge seiner Mutter reagierte und wie oft es um Hilfe bat. Dann prüften sie, wie die Kinder im Alter von viereinhalb Jahren Probleme lösten. Wie gut konnten die Kinder eigenständig Problemlösungsstrategien entwickeln und sich bei der Durchführung eines Plans flexibel zeigen? Die Wissenschaftler entdeckten, dass es einen positiven Effekt hatte, wenn Mütter ihre zweijährigen Kinder auf mögliche Strategien hinwiesen. So konnten die Kinder im Alter von viereinhalb Jahren Probleme besser lösen. Wenn die Mütter jedoch ihren dreieinhalbjährigen Kindern ständig Anweisungen gaben, waren diese später weniger in der Lage, eigenständig Probleme zu lösen. Die Forscher schlossen, dass Eltern umso weniger Hinweise geben sollten, je mehr das Kind fähig wird, eigene Strategien zu entwickeln.

Fragen und Antworten

Lässt sich das Erreichen von motorischen Meilensteinen der Entwicklung beschleunigen?

Eltern, die ungeduldig darauf warten, dass ihr Kind zu gehen beginnt, werden sich wahrscheinlich fragen, ob Training positive Auswirkungen hat. Interessante Beobachtungen beim Stamm der !Kung San in Afrika können uns helfen, diese Frage zu beantworten. Da die Jagd für den Stamm sehr wichtig ist, unternahmen die Erwachsenen etliche Anstrengungen, um ihren Kindern schnell das Laufen beizubringen. Sie begannen, bevor die Kinder stehen konnten, indem sie sie hielten und dabei unterstützten, Schritte zu machen. Das Training blieb jedoch wirkungslos. Die Kinder begannen im Alter zwischen 11 und 14 Monaten zu laufen. (In anderen Kulturen wiederum verzögert es das Laufenlernen nicht, wenn die Kinder eng gewickelt oder lange umhergetragen werden.)

Wann fängt mein Kind endlich an zu sprechen?

Haben Sie Geduld. Wie oft haben Sie diesen Rat schon gehört! Es ist nicht so einfach, geduldig zu warten, wenn das Nachbarskind ganze Sätze spricht, während Ihr Kind noch nichts hervorgebracht hat, was man mit viel gutem Willen als Wort bezeichnen könnte. Im Allgemeinen werden die ersten Worte zwischen 12 und 18 Monaten gesprochen. Doch ist die normale Sprachentwicklung individuell. Wichtig ist, dass Sie darauf achten, ob Ihr Kind auf Ihre Worte so reagiert, als verstünde es sie. Hat Ihr zweijähriges Kind Freude an Nachahmungsspielen? Befolgt es einfache Bitten und gebraucht es Gesten, um seine Wünsche auszudrücken? Benutzt es ständig dieselbe Kombination von Lauten für einen bestimmten Gegenstand, auch wenn sie nicht klingt wie ein richtiges Wort? Wenn das Kind nichts von alledem tut, braucht es möglicherweise einfach mehr Zeit; Sie sollten allerdings zur Sicherheit den Kinderarzt aufsuchen.

Wenn Ihr Kind gezeigt hat, dass es ein Wort gebrauchen *kann*, um etwas zu verlangen, sollten Sie ihm die Möglichkeit geben, das Wort zu benutzen. Warten Sie einen Moment, bevor Sie ihm einen Keks geben, wenn es nur darauf zeigt und „mmm ... mmmm" macht. Wenn es ein Wort undeutlich ausspricht, sollten Sie es nicht korrigieren, sondern das Wort in Ihrem nächsten Satz richtig aussprechen.

Sobald Ihr Baby einmal herausgefunden hat, wieviel Spaß der Gebrauch von Wörtern macht, können Sie ihm dabei helfen, noch mehr zu lernen. Es wird Wörter eher behalten, wenn sie sich auf Handlungen beziehen, die es gerade ausführt oder auf Gegenstände, mit denen es gerade spielt. Meist genießen es Babys, wenn Sie auf etwas zeigen, was sie kennen und benennen können. Sie können darauf aufbauen, indem Sie sagen: „Was für ein Geräusch macht ein Flugzeug?" oder: „Mach' ein glückliches Gesicht." Wenn Sie positiv auf Ihr Kind reagieren, wird es dazu ermuntert, sich länger mit einem Gegenstand zu beschäftigen und damit ein neues Wort wiederholt mit ihm zu assoziieren. Zweijährige schauen gerne mit Ihnen zusammen ein Buch an. Dabei können sie auf einen Gegenstand zeigen und Sie nach seinem Namen fragen. Bücher oder Fotos zusammen anschauen ist eine äußerst wertvolle Gelegenheit, über gemeinsame Erlebnisse zu sprechen.

Eine Sprache oder zwei?

Vielleicht leben Sie in einer zweisprachigen Umgebung oder haben eine Partnerin, einen Partner oder Verwandte, die eine andere Sprache sprechen. Das ist eine gute Gelegenheit für Ihr Kind, mit mehr als einer Sprache aufzuwachsen und eine Fremdsprache so natürlich zu erwerben wie die Muttersprache. Die Leichtigkeit, mit der kleine Kinder zwei Sprachen gleichzeitig lernen, könnte darin begründet sein, dass sie beide Sprachen mit denselben Systemen im Gehirn erwerben, die für die „erste" Sprache zuständig sind.

Kleine Kinder absorbieren automatisch die Sprache, die sie in ihrer Umgebung hören. Obwohl wir in einer Umgebung wohnen, in der die Menschen Schweizerdeutsch sprechen, haben wir uns entschlossen, innerhalb der Familie Englisch zu sprechen, weil das die Sprache der Mutter der Kinder war. Nachdem wir mehrere Tage bei Freunden gewesen waren, zeigte unser zweijähriger Sohn stolz sein Unterhemd und sagte: „He [unser Freund] say *Hemdli*." Ohne von uns darauf hingewiesen worden zu sein, unterschied das Kind zwischen Menschen, die Deutsch, und Menschen, die Englisch sprachen. Und er wollte mit beiden jeweils die richtige Sprache sprechen. Wenn ein Kind gleichzeitig mehr als eine Sprache erwirbt, ist der Prozess leichter, wenn jede Person in seinem Umfeld nur jeweils eine Sprache benutzt.

Braucht das Kind viele Spielsachen?

Nein. So wie Ihr Kleinkind Platz braucht, um seine wachsenden Muskeln zu dehnen, so braucht es Platz, um seine Einbildungskraft zu erweitern. Das kann es am besten mit einfachen Gegenständen, die es in seiner Umgebung findet. Einmal beobachtete ich in Basel, wie eine geplagte junge Mutter ihr zweijähriges

Kind in einem Park den Weg entlangzerrte. Ihre linke Seite wurde von einer riesigen Plastiktüte nach unten gezogen, aus der mehrere bunte Spielsachen ragten. Ihr Sohn zog ein leichtes Plastikauto hinter sich her. Hatte die Mutter Angst, ihr Kind könne sich langweilen? Es hatte den ganzen Park vor sich. Eichhörnchen huschten durchs Gehölz. Vögel zwitscherten in den Bäumen. Ein Bächlein lud zum Spielen ein. Das Kind konnte seine Finger ins kalte Wasser tauchen, aus Stöckchen und Steinen kleine Dämme und Brücken bauen oder Blätterschiffchen den Bach hinabsegeln lassen. Wenn der Junge dazu angespornt werden musste, so hätte die Mutter beginnen können, selbst eine Brücke aus Steinchen zu bauen. Kleinkinder bleiben nicht lange passive Zuschauer.

Wann sollte ich meinem Kind beibringen, auf die Toilette zu gehen?

In den Vorschlägen zur Gesundheitsvorsorge der American Academy of Pediatrics heißt es, gegen Ende des dritten Lebensjahrs sollte „ein gewisser Fortschritt beim Besuch der Toilette" zu verzeichnen sein. Genauer gesagt: In diesem Alter gehen 90 Prozent der Kinder auf die Toilette. 85 Prozent bleiben tagsüber trocken und 60 bis 70 Prozent auch nachts. Mädchen sind den Jungen dabei meist etwas voraus.

Damit Ihr Kind auf die Toilette gehen kann, muss das Nervensystem so weit entwickelt sein, dass das Kind den Schließmuskel und die Blasenmuskeln bewusst kontrollieren kann. Das bedeutet, dass die langen Verbindungen vom motorischen Kortex zum Rückenmark myelinisiert sein müssen. Das Kind muss außerdem eine Assoziation zwischen einem Gefühl in seinem Körper und der bevorstehenden Entleerung herstellen. Sein Gehirn muss in der Lage sein, die entsprechende Nachricht an den Schließmuskel oder die Blasenmuskeln zu schicken. Wenn Ihr Kind gerne eigenständig handelt und Sie imitiert, verschafft ihm die Benutzung der Toilette das Gefühl, zu den „Großen" zu gehören. Es hilft auch, wenn das Kind Körperteile benennen kann und in der Lage ist, problemlos zu gehen, seine Kleider auszuziehen und eigenständig auf den Topf und wieder herunter zu klettern. Eltern, die den Lernprozess fördern wollen, können beobachten, zu welchen Zeiten das Kind Stuhlgang hat oder urinieren muss und das Kind dann im richtigen Moment auf die Toilette setzen.

Wie sollte ich mit Protesten meines Kindes gegen Abweichungen von der Routine umgehen?

Dr. Maria Montessori erzählte die Geschichte von einem zweijährigen Kind, dessen Kindermädchen es immer in derselben Wanne auf die gleiche Weise gewaschen hat. Wenn sie keine Zeit hatte, wurde das Kind von einer Aushilfskraft gewaschen. Der Junge schrie dann jedes Mal, so dass die arme Frau sich zu fragen begann, was sie falsch machte. Als das Kindermädchen zurückkehrte, fragte sie das Kind: „Warum schreist du immer?" Der Junge antwortete: „Sie hat mich falsch herum gebadet." Während ein Kindermädchen mit dem Kopf begann, fing das andere mit den Füßen an. Diese Änderung in seiner Routine wollte der Kleine nicht akzeptieren.

Kleinkinder beginnen zu erkennen, dass Ereignisse in einer bestimmten Reihenfolge ablaufen. Daher verteidigen sie, oft vehement, ihre gewohnte Ordnung der Dinge. In alltäglichen Situationen wie in der oben beschriebenen kann das Kind seine Entscheidungsfreiheit ruhig ausüben. Kinder müssen jedoch auch lernen, Rücksicht auf andere zu nehmen und flexibel zu sein, wenn die Situation es verlangt. Wenn beispielsweise das neue Baby Hunger hat, muss das ältere Kind warten, bis die Mutter oder der Vater ihm seine Gute-Nacht-Geschichte vorlesen kann.

Kapitel 7

Du und Ich

Die etwa einjährigen Kinder auf Sophies erstem Geburtstagsfest schenkten beim Krabbeln im Zimmer ihren Altersgenossen so wenig Aufmerksamkeit, als handelte es sich um bunte Kissen, die ihren Weg versperren. Zweijährige Kinder hingegen haben eine andere Art, mit Menschen – Kindern wie Erwachsenen – umzugehen. Sie können zwischen „Ich" und „Du" unterscheiden und beginnen zu empfinden, dass andere Menschen Wünsche und Absichten haben wie sie selbst. Menschen können traurig, glücklich, ärgerlich, enttäuscht und überrascht sein – allesamt Gefühle, die ein Kind auch bei sich selbst zu entdecken beginnt. Das eigene Selbst kennen zu lernen und ein aktives Mitglied der Gemeinschaft zu werden, sind wichtige Errungenschaften der frühen Kindheit.

Das bin ich!

„Selber machen!" Sonja protestiert lautstark, als ihre Mutter versucht, ihr beim Anziehen des Regenmantels zu helfen. Der selbstsichere Ausruf zeigt, dass sich ein wahrhaft epochaler

Schritt in ihrer Entwicklung vollzogen hat: Sie ist sich ihrer selbst als Person bewusst geworden. Ohne dieses Bewusstsein könnte sie sich nicht an ihren Leistungen freuen und auch keine Verantwortung für ihre Handlungen empfinden. Sie könnte die Gefühle anderer nicht teilen und keine bleibenden Erinnerungen an ihre Erlebnisse bilden. Allerdings kann die Entdeckung des Selbst durch das Kleinkind die Geduld der tolerantesten Eltern auf eine harte Probe stellen, vor allem, wenn das Kind darauf besteht, sich die Socken allein anzuziehen, oder wenn es die Wirksamkeit des Wörtchens „Nein" prüft.

Selbst-Bewusstsein taucht im Laufe des zweiten Lebensjahrs auf. In einer klassischen Versuchsreihe erlaubte man Kindern zuerst, sich selbst im Spiegel zu betrachten. Dann wurden sie von ihrer Mutter gerufen, die ihnen unauffällig etwas Rouge auf die Nase malte, bevor sie sich erneut im Spiegel anschauen durften. Kein Kind, das jünger als ein Jahr war, zeigte eine besondere Reaktion oder berührte seine Nase, obwohl das Rouge deutlich im Spiegel zu sehen war. Im Alter zwischen 15 und 24 Monaten gab es einen deutlichen Anstieg bei der Zahl von Kindern, die ihre Nase anfassten. Diese Tatsache deutet darauf hin, dass Kinder in diesem Alter beginnen, das Spiegelbild mit der geröteten Nase mit sich selbst in Verbindung zu bringen. Diese Beobachtungen ließen Psychologen vermuten, dass das Kind im zweiten Lebensjahr eine innere Repräsentation seines Aussehens entwickelt und diese Repräsentation mit dem äußeren Spiegelbild vergleicht. An diesem Prozess ist das Arbeitsgedächtnis beteiligt. Kurz nach der Entstehung dieser Fähigkeit beginnen Kinder, Personalpronomina oder ihren eigenen Namen zu gebrauchen, um über sich selbst zu sprechen. Andere Anzeichen eines wachsenden Bewusstseins ihrer selbst sind ein schüchternes Lächeln und ein abgewendeter Blick.

Das Auftreten des Selbst-Bewusstseins hängt nicht nur von mentalen Bildern des Selbst ab, sondern auch von körperlichen

Empfindungen. Im dritten Kapitel war die Rede davon, dass manche Kinder im Alter von 14 Monaten stärker als andere auf ihre Impfung reagieren. Michael Lewis, der dieses Phänomen untersucht hat, konnte beobachten, dass Kinder, die stärker auf die Impfung reagierten, früher Anzeichen eines Selbst-Bewusstseins zeigten als die schwach reagierenden. Als sie älter wurden, tendierten sie dazu, häufiger verlegen zu reagieren. Das Untersuchungsergebnis deutet darauf hin, dass die Sensibilität gegenüber körperlichen Empfindungen eine Komponente des Selbst-Bewusstseins ist.

Im sechsten Kapitel haben wir gesehen, dass Kinder in der Mitte des zweiten Lebensjahres ein großes Interesse daran entwickeln, Gegenstände in Kategorien zu sortieren. Zur selben Zeit beginnen sie, Menschen in Kategorien einzuordnen, beispielsweise als Erwachsene und Kinder, männlich und weiblich, Familie und Nicht-Familie. Sie ordnen sich auch selbst einem oder mehreren dieser Kategorienpaare zu. Im Alter von zwei bis drei Jahren wird Kindern bewusst, dass einige Gegenstände und Aufgaben Erwachsenen vorbehalten sind. Sie beginnen damit, geschlechtsbezogene Klischees auszubilden: Jungen sind stärker, Väter reparieren Spielsachen, Mütter zeigen mehr Mitgefühl, wenn man sich den Zeh stößt.

Das Selbst-Bewusstsein öffnet eine neue Dimension für soziale und emotionale Erfahrungen, sowohl der negativen wie auch der positiven. Wenn man erkennt, dass man ein Spielzeug nicht hat, das ein anderes Kind besitzt, kann das die Grundlage für Neid und Eifersucht bilden, aber auch für Großzügigkeit. Zu wissen, dass man selbst es war, der die Milch ausgeschüttet oder die Vase zerbrochen hat, kann zu Schuldgefühlen führen, aber zu wissen, dass man selbst den Tisch gedeckt hat, kann Stolz und ein wachsendes Bewusstsein von Kompetenz und Verantwortung nach sich ziehen.

Zum Selbst-Bewusstsein gehört die Einschätzung, wessen das Selbst fähig ist. Studien haben gezeigt, dass Kinder dies um die Mitte des ersten Lebensjahres zu erfassen beginnen. Babys im Alter von 18 Monaten wurden gebeten, die Handlungen zu imitieren, die ein Wissenschaftler ausführte. Zunächst setzte er Würfel aufeinander oder stellte eine Szene nach, indem er Klötzchen anstelle von Tieren verwendete. Als die Handlungen komplexer wurden, zeigten sich viele der Kinder verängstigt und flüchteten zu ihren Müttern. Sie erkannten, dass die Aufgabe für sie zu schwierig war.

Das Selbst-Bewusstsein der Kleinkinder ist noch weit von dem bewussten Selbstbild entfernt, das sie als Erwachsene haben werden. Es ist jedoch die Basis für die Ausbildung eines Sinnes für die eigene Kompetenz. Der Glaube eines Kindes an die eigene Leistungsfähigkeit ist ein starker Anreiz zu lernen. Ein Kind, dessen Erfahrung es gelehrt hat, an den eigenen Fähigkeiten zu zweifeln, reagiert schnell entmutigt oder gelangweilt.

Wie andere denken und fühlen

Das Selbst-Bewusstsein ist so eng mit dem Bewusstsein davon verknüpft, wie andere Menschen denken und fühlen, dass es schwer ist, beide Phänomene getrennt voneinander zu erörtern. Ihre eigenen Gefühle zu kennen und die anderer nachzuvollziehen, ermöglicht es Kleinkindern, einen Familienwitz zu verstehen, ihre Meinung in einem Gespräch mitzuteilen und die kleine Schwester zu trösten, wenn sie aufs Knie gefallen ist.

Was tut oder sagt Ihr Kind, wenn Sie sich den Kopf aus Versehen an einem Schrank stoßen? Wenn es mit einem traurigen oder besorgten Gesichtsausdruck auf Sie zukommt und fragt, ob Sie sich wehgetan haben, würden Sie sagen, dass es Mitgefühl zeigt. Psychologen benutzen dafür oft den etwas umfassenderen

Terminus *Empathie*, der auf die Fähigkeit verweist, an den Gefühlen einer anderen Person teilzuhaben. Von der Mitte des zweiten Lebensjahres an zeigen Kinder langsam ein echtes Interesse an anderen Menschen. Sie „echoen" die Sorgen einer anderen Person nicht mehr einfach nur „nach", sondern zeigen, dass sie nun erkennen können, was ihr geschehen ist und wie sie das empfindet.

Empathie führt oft zu einem Wunsch zu helfen. Am Ende des zweiten Lebensjahres haben die meisten Kinder große Freude daran, die täglichen Aufgaben der Erwachsenen zu imitieren. Das machen sie so eigenständig und hingebungsvoll, dass ihre Bemühungen oft über bloße Nachahmung hinausgehen und von dem Wunsch zeugen, am Umsetzen der Pläne der Erwachsenen aktiv mitzuwirken.

Je nach Temperament unterscheiden sich Kinder stark in ihrem Ausdruck von Empathie. Mädchen zeigen meist mehr Empathie als Jungen. Der Ausdruck von Empathie kann gefördert werden, indem man selbst in seinem Verhalten anderen Menschen gegenüber mit gutem Beispiel vorangeht und dem Kind ins Gedächtnis ruft, wie es selbst unter ähnlichen Umständen reagieren würde.

Es ist zwar wichtig zu erkennen, dass andere so fühlen können wie wir, aber es ist ebenso wichtig zu verstehen, dass andere Menschen oft Gefühle haben, die sich von unseren eigenen unterscheiden. Im Verlauf des zweiten Lebensjahrs erwerben Kinder allmählich einen Sinn für die Wünsche von anderen Menschen.

Betty M. Repacholi und Alison Gopnik von der University of California in Berkeley haben die Fähigkeit von Kindern im Alter von 14 und 18 Monaten getestet, die Vorliebe einer Wissenschaftlerin für eine bestimmte Speise gegenüber einer anderen zu erkennen. Erst haben sie herausgefunden, dass die Kinder

Salzgebäck wählten, wenn sie die Wahl zwischen diesem und Brokkoli hatten. Das wird Sie nicht überraschen, aber die Wissenschafterinnen mussten auf Nummer sicher gehen. Danach probierte eine Forscherin vor den Augen der Kinder von beiden Lebensmitteln und zeigte deutlich Widerwillen gegenüber dem Gebäck und Genuss am Brokkoli. Als die Wissenschaftlerinnen die Kinder fragten, welche der beiden Speisen die Vorkosterin nächstes Mal essen möge, wählten die meisten 14 Monate alten Kinder diejenige, die sie selbst lieber mochten, nämlich das Gebäck. Dagegen konnten 87 Prozent der 18-monatigen Kinder die Vorliebe der Forscherin korrekt benennen.

Etwa zur selben Zeit, in der die Kinder ein Bewusstsein von den Wünschen anderer Menschen entwickeln, beginnen sie eine Vorstellung von den Plänen oder Vorhaben einer anderen Person zu bilden. Andrew Meltzoff hat gezeigt, dass Kinder schon bevor sie sprechen können zu erkennen vermögen, was ein Erwachsener mit einem Gegenstand tun will, ganz gleich, ob er dabei Erfolg hat oder nicht. Beispielsweise konnten Kinder einen Erwachsenen beobachten, wie er eine Miniaturhantel, die aus einem hölzernen Stab und zwei hölzernen Würfeln bestand, auseinander nehmen wollte. Er zog an beiden Enden, aber seine Hand rutschte aus und er gab auf. Als man den Kindern die Hantel gab, zogen sie sie erfolgreich auseinander. Damit zeigten sie, dass sie eine Vorstellung von der Handlung gebildet hatten, die der Erwachsene hatte ausführen wollen.

Einige Untersuchungen haben gezeigt, dass Kinder schnell einen Sinn dafür entwickeln, die Absichten anderer Menschen zu erkennen. Kinder sind schon im Alter von zweieinhalb Jahren in der Lage, andere Personen daran zu hindern, ihr Ziel zu erreichen. Michael Chandler und seine Kollegen von der University of British Columbia spielten ein Versteckspiel auf einem Spielbrett, bei dem Kinder einen „Schatz" in einem von mehreren verschiedenfarbigen Plastikbehältern verstecken sollten. Die Forscher gaben den Kindern eine Puppe namens Tony und zeigten ihnen, dass Tonys Füße deutliche Tintenspuren auf der weißen abwaschbaren Oberfläche des Spielbretts hinterließen. Dann forderten sie die Kinder auf, Tony den Schatz so verstecken zu lassen, dass jemand, der nicht zusah, ihn nicht finden würde. Die Kinder ergriffen entsprechende Strategien, indem sie die Fußspuren entfernten, logen oder sogar gleichzeitig die Fußspuren löschten und falsche Spuren erzeugten. Das war eindeutig ein geplantes Verhalten, mit dem andere Menschen über den wahren Ort des Schatzes in die Irre geführt werden sollten.

Wenn das Kind entdeckt, dass andere Menschen über Intentionen und Annahmen verfügen, kann dies für die ganze Familie sehr lustig sein. Unsere Kinder haben sich einen Spaß daraus gemacht, beim Frühstück meinen letzten Schluck Tee zu trinken. Es entwickelte sich ein Ritual: Wenn ich nicht hinschaute, nahm eines der Kinder meine Tasse und trank die letzten Tropfen Tee. Dann wandte ich mich wieder dem Frühstückstisch zu und sagte, wie sehr ich mich auf diesen besonderen letzten Schluck Tee freute. Und jedes Mal musste ich große Überraschung und Enttäuschung vortäuschen, während die Kinder entzückt über ihren kleinen Streich kicherten.

Wie Kinder ein Gefühl von „richtig" und „falsch" entwickeln

Als Tommy auf Sophies Geburtstagsfest Anna zur Seite schob, bezeichnete Steven die Handlung sofort als „böse". Alle Kinder konnten spüren, dass Tommys Verhalten kein Versehen war, dass es „falsch" war.

Der Sinn für „richtig" und „falsch", der sich im zweiten Lebensjahr entwickelt, ist mit anderen faszinierenden Entwicklungen verknüpft, die sich in dieser Zeit vollziehen – beispielsweise mit der zunehmenden Fähigkeit zur Inferenz, mit dem wachsendem Bewusstsein seiner selbst und mit dem Vermögen, die Intentionen und Gefühle anderer wahrzunehmen und auf sie zu reagieren. Kinder wissen, dass manche Handlungen auf Ablehnung stoßen, mögen sie nun andere Menschen oder Dinge betreffen.

Eine Möglichkeit, die Herausbildung eines Sinns für Recht und Unrecht zu erkennen, besteht darin, die Reaktionen von Kindern auf beschädigte Gegenstände zu beobachten. Psychologen haben herausgefunden, dass Kinder dazu tendieren, ihre Aufmerksamkeit auf beschädigte, kaputte oder schmutzige Gegenstände zu richten. In einem Zimmer voller Spielzeuge gelingt es Zweijährigen überraschend gut, die einarmige Puppe oder den Wagen mit dem fehlenden Rad zu erkennen.

Grazyna Kochanska und ihre Kollegen haben das Verhältnis zwischen dem Interesse von Kleinkindern an beschädigten Gegenständen und ihrer Haltung gegenüber schlechtem Verhalten untersucht. Im ersten Teil ihrer Untersuchung beobachteten sie die Reaktionen von Kindern auf Paare von Gegenständen, die aus einem intakten und einem beschädigten Objekt bestanden. Die zweieinhalbjährigen Kinder zogen eindeutig den unbeschädigten Gegenstand vor. Allerdings weckte das beschädigte Objekt ihr Interesse. Sie betrachteten den Schaden als etwas Negatives, das repariert werden musste.

Im zweiten Teil der Untersuchung haben die Wissenschaftler die Reaktionen der Kinder auf Schäden beobachtet, die sie für selbst verursacht hielten. Während sie mit einer präparierten Puppe spielten, fiel der Kopf ab, oder wenn sie ein Hemd ergriffen, fiel ein Tintenfass um und hinterließ einen Fleck auf dem Hemd. (Die Forscher trösteten die Kinder gleich nach dem Experiment, indem sie den Unfall erklärten und ihnen den „echten", unbeschädigten Gegenstand gaben.) Die Kinder, die im ersten

Teil der Untersuchung am besten zwischen beschädigten und intakten Gegenstanden unterscheiden konnten, zeigten sich im zweiten Teil am stärksten besorgt darüber, einen Schaden verursacht zu haben. Kinder, denen es unangenehm ist, einen Schaden verursacht zu haben, achten offenbar mehr auf Zeichen einer Beschädigung.

Bis zur Mitte des zweiten Lebensjahrs haben die meisten Kinder begonnen, bei Erwachsenen Zeichen der Zustimmung oder Ablehnung zu suchen. Sie entwickeln einen Sinn für die Verhaltensmaßstäbe ihrer Eltern und beginnen, ihr eigenes Verhalten nach diesen Kriterien einzustufen. Sie assoziieren Ereignisse mit den Vokabeln „gut" und „schlecht" oder „böse" und bezeichnen damit zunehmend Handlungen, die gefördert oder abgelehnt werden.

Die Einstufung von Handlungen als „gut" oder „schlecht" hat eine emotionale Grundlage, die biologisch mit dem eigenen Befinden verknüpft ist. Das Kind kann die Kategorie „strafbarer" Handlungen beispielsweise mit einem Ziehen im Bauch oder einer Veränderung der Atemfrequenz assoziieren. Das Wort „schlecht" wird auch verwendet, wenn Dinge einen unangenehmen Geschmack oder Geruch haben. Die Assoziationen des Kindes und die sie begleitenden körperlichen Empfindungen werden auch durch sein Temperament beeinflusst. Kinder mit einem sehr empfindlichen Nervensystem sind stärker aufgewühlt, wenn sie mit der Möglichkeit konfrontiert sind, eine strafbare Tat zu begehen, als Kinder, deren Nervensystem weniger heftig reagiert.

Die Fähigkeit, auf die Ursache eines Ereignisses zu schließen, ist wesentlich für die Entwicklung des Bewusstseins von „richtig" und „falsch". Wenn ein zweijähriges Kind ein beschädigtes Spielzeug sieht, schließt es, dass der Schaden durch eine Handlung verursacht wurde. Und aus Erfahrung hat es gelernt, die Reaktion seiner Eltern vorherzusehen. Wenn es den Eindruck hat, den Schaden selbst verursacht zu haben, reagiert es mit einem Ausdruck von Unsicherheit oder Angst und sagt vielleicht sogar: „Oje." Im Alter zwischen einem und zwei Jahren zeigen manche Kinder den Wunsch, eine Situation wieder„gut"zumachen, wenn sie die Ursache des Problems waren. Bei Dreijährigen ist dieses Verhalten häufiger zu beobachten. Sie sind besser in der Lage als jüngere Kinder, eine Verknüpfung zwischen der Situation und ihren Ausgangsbedingungen herzustellen.

Kleinkinder haben bereits gelernt, Gegenstände mit Vorsicht und Respekt zu behandeln. Zahllose Male haben sie gehört: „Fass' den Aschenbecher nicht an!", „Lass' die Flasche da stehen!", „Nimm deine fettigen Finger vom Vorhang!" Selbst wenn das Haus einigermaßen kindersicher ist, wird es einige Gegenstände geben, die für das Kind tabu sind. Kinder finden diese Tabus meist sehr interessant. Judy Dunn hat die Entwicklung des Moralempfindens beim Kleinkind untersucht. Sie hat unter anderem herausgefunden, dass Kinder einerseits besorgt und erregt reagieren, wenn Ereignisse von den Verhaltenskriterien der Eltern abweichen, dass genau diese Ereignisse aber auch eine Quelle von Neugierde und Vergnügen sein können. In Anbetracht der Aufmerksamkeit, die Erwachsene Berichten über Verbrechen und Skandale schenken, dürfte die Entdeckung wohl kaum verwundern.

Wie stark sich Kinder nach den Ansprüchen ihrer Eltern richten, hängt zum Teil von ihren Erfahrungen mit den Eltern ab. Untersuchungen haben gezeigt, dass Kinder, die im Alter von 14 Monaten eine aufmerksame Mutter und ein positives Verhältnis zu ihr hatten, im Alter von 22 Monaten eher als andere Kinder dazu tendierten, das Verhalten der Mutter zu imitieren und sich über die Verletzung von Grenzen aufzuregen. Diese Mütter mussten weniger zu unmittelbaren Disziplinarmaßnahmen greifen. Chronische Misshandlung – einschließlich Vernachlässigung und überharter Bestrafung – können dazu führen, dass ein Kind sich selbst in die Kategorie „schlecht" einordnet und sich für unfähig hält, richtig zu handeln. Infolgedessen wird das Kind möglicherweise wenig Empathie oder Scham empfinden.

Ab dem Alter von einem Jahr beginnen Kinder zu empfinden, dass ihre eigenen Handlungen Folgen haben. Und sie sind in der Lage, einem Impuls zu widerstehen, der Gegenstände beschädigen oder einem anderen Menschen wehtun könnte. Die Empfindung, dass es eine Unterscheidung zwischen „richtig" und „falsch" gibt, stellt sich bei ihnen von selbst ein. Was genau sie aber für „richtig" und „falsch" halten, hängt von der Anleitung ab, die sie von den Erwachsenen in ihrer Umgebung erhalten.

Die verstärkte Verbindung der beiden Gehirnhälften

Wenn wir eine schwere Entscheidung zu treffen haben, sind wir für die Meinung einer zweiten Person sehr dankbar, besonders wenn diese Person über spezielle Kenntnisse oder Erfahrungen verfügt. Auch das Gehirn ist auf die Zusammenarbeit von Spezialisten angewiesen. Seine beiden Hälften sind nicht genau identisch. Obgleich sie die meisten Eigenschaften gemeinsam haben, verfügt jede Hemisphäre über eigene Spezialgebiete. Die Spezialisierung beider Gehirnhälften ist beim Menschen stärker ausgeprägt als bei anderen Lebewesen. Durch die Verbindung beider Hemisphären vergrößert das Gehirn seine Ressourcen enorm. Diese Methode ist äußerst effizient.

Die vielleicht bedeutendste Entwicklung, die sich während des zweiten Lebensjahrs im Gehirn vollzieht, ist die Stärkung der Verbindung zwischen beiden Gehirnhälften. Die grundlegenden Verknüpfungen – ein Bündel von etwa 300 Millionen Axonen, die eine Brücke mit dem Namen *Corpus callosum* oder *Balken* bilden – werden schon kurz vor der Geburt gebildet. Im zweiten Lebensjahr aber findet an beiden Enden des Balkens eine intensive Entwicklung statt. Nervenzellen in beiden Gehirnhälften stellen vermehrte synaptische Kontakte zueinander her. Die dadurch verstärkte Verbindung ermöglicht eine deutlich verbesserte Zusammenführung der Informationen aus beiden Hemisphären.

Zahlreiche neue psychische Fähigkeiten und Verhaltensweisen, die sich im zweiten Lebensjahr entwickeln, stehen mit der verbesserten Integration beider Gehirnhälften in Zusammenhang. Wir haben das am Beispiel der Sprachentwicklung gesehen. Dank der verbesserten Verbindungen zwischen den Hemisphären kann das Kind schnell den passenden Namen finden, wenn es einen Gegenstand sieht. Die sprachlichen Fähigkeiten entwickeln sich explosionsartig.

In ähnlicher Weise fördert die Integration von Informationen die Entstehung des Selbst-Bewusstseins. Die rechte Hemisphäre verarbeitet die sensorischen Empfindungen des Körpers, während in der linken Hemisphäre der Name des Kindes und die Wörter für Gefühle gespeichert sind. Auch der entstehende Sinn für „richtig" und „falsch" wird dadurch beeinflusst. Wenn das Kind etwas getan hat, das es für eine Verletzung der elterlichen Kriterien hält, steuert die rechte Hemisphäre ein Bewusstsein der emotionalen Reaktionen bei und die linke Hemisphäre vergibt die Kriterien „richtig", „falsch", „gut" und „schlecht" oder „böse".

Die drei neu sich entwickelnden Fähigkeiten (Sprache, Selbst-Bewusstsein, Moralempfinden) erfordern die Fähigkeit zur Inferenz. Diese wird enorm gesteigert, wenn der präfrontale Kortex die Informationen der verschiedenen Regionen im Kortex miteinander verbinden kann. Die Verbindung geht auch einher mit einer raschen Entwicklung des präfrontalen Kortex im zweiten Lebensjahr. Im dritten bis sechsten Lebensjahr wird er die Hauptrolle als Koordinator höherer Gehirnfunktionen wie zum Beispiel das Planen und Ausführen von Handlungen und das Lösen von Problemen übernehmen.

Temperament im Kleinkindalter

Im dritten Kapitel haben wir über die Kinderstudie an der Harvard University berichtet, bei der die Reaktionen von Kindern auf Neues über einen langen Zeitraum hinweg untersucht werden. Im Alter von vier Monaten ertragen Babys wie Sophie den Klang fremder Stimmen oder die Bewegung eines Mobiles direkt vor ihrem Gesicht ruhig und gelassen, und sie reagieren nur schwach auf Reize. Dieselben Ereignisse wirken auf Babys wie Anna dagegen äußerst beunruhigend, und diese Kinder zeigen starke Reaktionen auf die gleichen Reize. Sophie und Anna stellen zwei Extreme dar: Kinder, die sehr schwach auf ungewohnte Situationen reagieren, und Kinder, die besonders stark darauf reagieren. Nehmen wir nochmals an, die beiden Kinder würden an der Kinderstudie teilnehmen, und beobachten wir die Mädchen im Alter von 20 Monaten. Diesmal wollen wir prüfen, wie sie darauf reagieren, wenn sie in ein unbekanntes Zimmer geführt werden.

Auf unbekanntem Terrain

Mit ihrer Mutter zusammen betritt Sophie ein Zimmer, das sie nie zuvor gesehen hat. Es ist voller neuer und aufregender Dinge: ein abfallender Fußboden, eine Angst einflößende Maske an der Wand und eine Kiste mit einem dunklen Loch, in das man hineinkriechen kann. Sophie löst sich sofort von ihrer Mutter und springt lachend im Zimmer umher. Offensichtlich hat sie

Freude an der neuen Erfahrung. Sie steckt ihre Hand in den Mund der Maske, kriecht in die „Höhle" und rennt den Boden hoch und hinunter. Als Anna das Zimmer betritt, richtet sie ihren Blick auf den Boden und bleibt fest an der Seite ihrer Mutter. Nach einem kurzen Blick ins Zimmer verfinstert sich ihr Gesicht. Sie stemmt sich verzweifelt gegen ihre Mutter und versucht, sie so schnell wie möglich aus dem unbekannten Zimmer zu drängen.

Das Team der Harvard-Studie fand heraus, dass Kinder, die wie Anna im Alter von vier Monaten sehr unruhig und motorisch aktiv sind, im Alter von 20 Monaten mit höherer Wahrscheinlichkeit ängstlich und schüchtern sind als andere Kinder. Dagegen sind Kinder wie Sophie, die sich mit vier Monaten im Experiment umgänglich zeigten und viel lächelten, eher weniger ängstlich.

Wir haben bereits gesehen, dass Sophies und Annas Nervensysteme unterschiedlich „eingestellt" sind, so dass sie verschieden auf eine unbekannte verzerrte Stimme und das sich direkt vor ihrem Gesicht bewegende Mobile reagierten. Jetzt, da die Kinder älter sind, verändert sich ihr Nervensystem und fügt ihrer Reaktion auf unbekannte Situationen neue Dimensionen hinzu. Ein Kind beginnt nun, eine Situation auf seine persönliche Art zu interpretieren. Es kann sich besser an frühere Erfahrungen erinnern und sie mit der gegenwärtigen Situation vergleichen.

Anna empfindet ihr Unwohlsein äußerst stark und verknüpft es möglicherweise mit ähnlichen Situationen, die sie in der Vergangenheit erlebt hat. Sie will sie nach Möglichkeit vermeiden. Sophie hingegen hat vielleicht ihre neuen Entdeckungen als Belohnung empfunden. Daher betrachtet sie das unbekannte Zimmer als eine Gelegenheit, um noch mehr solcher Erfahrungen zu machen.

Grundstimmungen zeigen sich auch im EEG

Eine Eigenschaft, die zum Begriff „Temperament" gehört, ist die Grundstimmung eines Kindes. Die Tatsache, dass sie mittels Elektroenzephalogramm (EEG) direkt im Gehirn nachgewiesen werden kann, deutet darauf hin, dass sie eine biologische Grundlage hat. EEG-Untersuchungen zeigen auch, dass Teile des frontalen Kortex stark an der Verarbeitung von Emotionen beteiligt sind. Als wir weiter oben die Trennungsängste im ersten Lebensjahr erörtert haben, erwähnten wir, dass Unterschiede im EEG die Vorhersage ermöglichten, welche Kinder früher schreien würden, wenn ihre Mutter das Zimmer verließ. Diejenigen, bei denen die Aktivität auf der vorderen rechten Seite besonders stark war, begannen früher zu schreien. Je älter die Kinder werden, desto mehr zeigen sich interessante Korrelationen zwischen EEG-Mustern und dem Verhalten.

Richard J. Davidson und seine Kollegen an der University of Wisconsin haben EEG-Techniken eingesetzt, um die Unterschiede zwischen extravertierten und introvertierten Kindern wie Sophie und Anna zu untersuchen. Sie haben Kinder im Alter von 31 Monaten beim Spiel beobachtet. Es befanden sich stets zwei Kinder und ihre Mütter im Zimmer. Die Forscher haben verschiedene Verhaltensweisen registriert, beispielsweise, wie weit sich die Kinder von ihrer Mutter entfernten, wie lange es dauerte, bis sie zu sprechen begannen, wie lange sie brauchten, bis sie in einen Spielzeugtunnel krochen oder Spielzeug berührten, das ein Unbekannter auf einem Tischchen abgestellt hatte.

Auf der Grundlage ihrer Verhaltensbeobachtungen teilten die Forscher die Kinder in drei Kategorien ein: die „Draufgänger", die „Vorsichtigen" und die „zwischendrin". Als sie einige Monate später das EEG der Kinder ermittelten, stellten sie fest, dass die „Draufgänger" eine stärkere Aktivität im linken frontalen Kortex zeigten, die „Vorsichtigen" dagegen im rechten. Das entspricht den Ergebnissen zur Trennungsangst im Alter von zehn Monaten.

Diese Resultate zeigen nach Ansicht der Wissenschaftler, dass es sich bei den „vorsichtigen" Kindern weniger um Angst handelt als um ein geringeres Interesse an Neuem. In diesem Fall wäre es wichtig, ein Kind zu ermutigen, neue Erfahrungen als positiv zu erleben.

Wenn wir die Erkenntnisse verschiedener Forschungsrichtungen über das Temperament miteinander verknüpfen, verstehen wir besser, warum nicht alle Kinder gleich auf dieselbe Situation reagieren. Wir haben einen Zusammenhang zwischen starker Reaktion, Schüchternheit und Aktivität im rechten frontalen Kortex ermittelt. So werden wir vielleicht auch mehr darüber herausfinden, warum manche Kinder ungeduldig und andere beharrlich sind oder warum manche schnell aufgeregt werden, während andere eher „cool" bleiben. Allerdings üben die Alltagserfahrungen mit zunehmendem Alter einen immer stärkeren Einfluss auf das Verhalten aus.

Fragen und Antworten

Was soll ich tun, wenn das Kind meine Geduld auf die Probe stellt?

Ein faszinierender Aspekt des kindlichen Lebens besteht darin, sich selbst und andere kennen zu lernen. Es ist kein Wunder, dass das Kind herausfinden möchte, was passiert, wenn es „Nein" sagt, dass es seine Entscheidungsfähigkeit üben will und dass es ausprobieren möchte, wie weit es gehen kann. Ansprüche und Fähigkeiten des zweijährigen Kindes weichen allerdings oft stark voneinander ab. Dieser Sachverhalt dürfte auch Erwachsenen nicht unbekannt sein – doch haben sie im Allgemeinen gelernt, damit umzugehen.

Ihre Aufgabe als Elternteil besteht darin, Ihrem Kind dabei zu helfen, gleichzeitig seine Entscheidungsfähigkeit und sein Gefühl für die eigenen Grenzen zu entwickeln, möge es sich bei den Grenzen um die Bedürfnisse anderer Menschen oder um die Zwänge der Situation handeln. Im Alter von zwei Jahren beginnen Kinder das erst zu lernen. Daher brauchen sie deutliche Signale und kurze Erklärungen, beispielsweise: „Zieh' mir nicht an den Haaren. Das tut mir weh."

Kaum etwas bringt Ihr Stresssystem so auf Hochtouren wie der Besuch eines Supermarkts mit einem schreienden Kleinkind.

Wenn ein strenger Gesichtsausdruck und ein kurzes, deutliches „Nein" keine Wirkung zeigen, wird sich Ihr zweijähriges Kind durch kein Argument überzeugen lassen. Sollte es nicht möglich sein, es abzulenken, verlassen Sie am besten das Geschäft und begeben sich an einen ruhigen Ort, wo sich das Kind beruhigen kann.

Am besten reduziert man die Wahrscheinlichkeit so weit wie möglich, dass das Kind die Gewohnheit annimmt, Wutausbrüche einzusetzen, um zu bekommen, was es will. Während die meisten Kinder hin und wieder die Beherrschung verlieren, haben diejenigen, die es häufig tun, dieses Verhalten als eine Erfolg versprechende Strategie angenommen. Sie sollten nicht nachgeben und einen Wutanfall belohnen. Wenn möglich, sollten Sie ihn ignorieren oder herunterspielen. Viele Situationen im Alltag ermöglichen die Einübung von Verhaltensmustern, die Ausbrüche weniger wahrscheinlich machen. Kinder müssen aus Erfahrungen lernen, dass sie nicht automatisch alles bekommen, was sie wollen und wann sie wollen. Es ist schwer für ein Kind, das richtige Maß zu finden, wenn die Regeln sich ständig ändern. Daher sollten Sie versuchen, konsequent zu sein. Eltern sollten sich bemühen, klare Grenzen zu setzen, ihre Versprechen zu halten und leere Drohungen zu vermeiden.

Wie kann ich meinem ängstlichen Kind helfen?

Eltern von Kindern wie Anna sind leicht versucht, die Umgebung so zu gestalten, dass stressreiche Situationen für ihr Kind auf ein Minimum reduziert werden. Da das Kind jedoch unvermeidlich mit unbekannten Situationen und fremden Menschen konfrontiert wird, wenn es in die Krippe oder den Kindergarten kommt, ist es besser, es rechtzeitig auf diese Situationen vorzubereiten. Das kann geschehen, indem man dem Kind mehr Zeit gibt, den Babysitter kennen zu lernen, bevor man es mit ihm allein lässt, oder indem man frühzeitig zur ärztlichen Sprechstunde geht, damit das Kind eine Zeit lang im Wartezimmer spielen kann, oder indem man die Freunde bittet, geduldig zu sein und sich dem Kind nicht zu plötzlich oder zu „schwungvoll" zu nähern.

Ein autoritativer Erziehungsstil – im Gegensatz zu einem permissiven – hat sich als besonders förderlich für Kinder erwiesen, die aufgrund ihres Temperaments eher zur Ängstlichkeit neigen. Er umfasst die Stärkung des Sicherheitsgefühls durch klare Verhaltensrichtlinien. Nehmen Sie zum Beispiel an, Sie haben Ihren Schreibtisch für „tabu" erklärt. Wenn Ihr Kind versucht, eine Schublade zu öffnen, nachdem Sie „nein" gesagt haben, nehmen Sie es hoch und bringen es zu seinen Spielsachen. Oder wenn es Sie ruft, nachdem Sie es abends zu Bett gebracht haben, lassen Sie sich nicht auf ein Gespräch ein. Versichern Sie ihm, dass Sie da sind und alles in Ordnung ist, während Sie zugleich deutlich machen, dass jetzt Schlafenszeit ist.

Die Untersuchungen von Richard J. Davidson und seinen Kollegen, die wir im Abschnitt über den Einsatz des EEG zur Erkennung von Stimmungen angesprochen haben, implizieren praktische Vorschläge für Eltern. Wenn ein Kind sich von neuen Spielsachen und Situationen abwendet, muss die Ursache nicht unbedingt Angst sein. Deshalb nutzt es wenig, immer wieder zu sagen, „Du brauchst keine Angst zu haben". Das beste Vorgehen könnte sein, dass man versucht, das Interesse des Kindes an Neuem zu wecken und das Kind dazu zu ermuntern, Neues auszuprobieren, damit es sich an seinen Entdeckungen erfreuen kann. Wichtig ist, dass das Kind sich dem neuen Spielzeug nähert und nicht umgekehrt.

Ist das zweite Jahr eine besonders schwierige Zeit?

Zweijährige Kinder sind eine große – aber auch eine großartige – Herausforderung. Wenn Sie die Entwicklungen verstehen, die sich in einem Kind dieses Alters vollziehen, und seine beeindruckenden Leistungen zu würdigen wissen, werden Sie die turbulenten Augenblicke besser meistern können. Die wachsende Fähigkeit des Kleinkindes, Informationen zu verbinden, kann es zu dem Schluss verleiten, dass ihm ein Wutanfall alles verschafft, was es will. Es ist aber auch fähig zu lernen, dass das gerade nicht der Fall ist. Vielleicht ermüdet es Sie, dass Ihr Kind überall gleichzeitig zu sein scheint. Stellen Sie sich seine Aktivität als Ausdruck seines Entdeckungsdrangs vor, der durch die neue Fähigkeit ergänzt wird, sich eigenständig fortbewegen zu können. Wenn das Kind darauf besteht, sich die Socken selbst anzuziehen, sollten Sie sein Verhalten als Zeichen des wachsenden Sinns für seine eigene Kompetenz deuten – ganz gleich, wie lange das Anziehen dauern kann. Genießen Sie seine Fortschritte im Denken und im Umgang mit anderen Menschen. Dank seiner neuen Gabe der Empathie wird Ihr Kind Sie vielleicht trösten, wenn Sie sich wehgetan haben. Es wird sich an kleinen Scherzen beteiligen. Und seine Sprachfähigkeiten machen es zu einem richtigen Gesprächspartner.

Teil IV

Drei bis sechs Jahre

Der sechste Geburtstag

„Du lässt mich doch nicht mit denen allein, oder?" Allen stöhnt, als Deborah zur Tür eilt, um mit Peter zum Arzt zu gehen. „Es ist alles in bester Ordnung", ermutigt sie ihn. „Sophie hat mir geholfen, die Party vorzubereiten; sie weiß, wo alles ist."

Wenn Sie fragen, in welcher Hinsicht die Kinder sich seit Sophies zweitem Geburtstagsfest am meisten verändert haben, würde ihr Vater antworten, sie seien jetzt „eher wie Menschen". Anstatt allein nebeneinander zu spielen, spielen sie jetzt miteinander. Sie führen nun nicht nur einen einfachen Dialog, sondern ein richtiges Gespräch. So verschieden sie sind, haben sie doch viel gemeinsam: Sie lernen, mit einem größeren Kreis von Menschen zurechtzukommen und erwerben einen Sinn für die Regeln, die in ihrer Kultur gelten. Sie steuern ihre Handlungen jetzt bewusster und bereiten sich darauf vor, den Hafen der elterlichen Kontrolle zu verlassen.

Obwohl Allen nicht singen kann, gibt er sein Bestes, um die Gruppe beim Geburtstagsständchen anzuführen. Sophie bläst die Kerzen aus und verteilt große Tortenstücke. Bald sind die Kinder in ein lebhaftes Gespräch verwickelt. Das große Thema ist der erste Schultag, der im September bevorsteht. Mark sagt, er wolle zur Schule gehen, weil er Anwalt werden wolle wie sein Vater. Mark ist selbstbewusst und extravertiert und spricht klar und überzeugend. Tommy meint, er spiele lieber Fußball. Anna hört nur zu, ohne sich am Gespräch zu beteiligen. Als sie versehentlich mit dem Ellbogen gegen den Tisch stößt und ein paar Tropfen Fruchtsaft auf den Teppich verschüttet, windet sie sich verlegen. Sie ist hin und her gerissen zwischen dem Wunsch, es wieder gut zu machen und ihrem Bestreben danach, keine Aufmerksamkeit auf sich zu ziehen.

„Wie wäre es mit einem Fußballspiel auf der Wiese nebenan?", schlägt Allen vor. Sophie springt sofort auf und ruft, sie sei der Kapitän. Als Anna protestiert, sie habe noch nie Fußball gespielt, entbrennt sofort eine lebhafte Diskussion darüber, ob man ihretwegen die Regeln etwas abändern könnte. Die Kinder nehmen den Ball und verlassen das Haus. Dabei rufen sie: „Ich bin Stürmer!", „Du bist in meiner Mannschaft" und „Tommy darf nur mitspielen, wenn er verspricht, fair zu spielen". Allen ist Schiedsrichter. Die Party beginnt ihm Spaß zu machen.

Kapitel 8

Bereit für die Schule

Vor ihrem ersten Schultag fühlen sich Sophie und ihre Freunde enorm wichtig und erwachsen. Wohl alle Gesellschaften scheinen davon auszugehen, dass Kinder im Alter von etwa sechs Jahren eine Entwicklungsstufe erreichen, die sie in die Lage versetzt, mit der systematischen Einübung der Fertigkeiten ihrer Kultur zu beginnen und langsam mehr Verantwortung für ihre eigenen Handlungen und die Familie zu übernehmen. Im Alter zwischen zwei und sechs Jahren vollziehen sich viele Veränderungen im Gehirn, die es den Kindern ermöglichen, ihre Muskelbewegungen zu koordinieren und Denkfähigkeiten zu entwickeln, die sie im späteren Leben benötigen.

Beweglichkeit und Geschicklichkeit

Als Mark zu seinem sechsten Geburtstag ein leuchtend rotes Fahrrad bekam, wollte er es am liebsten sofort ausprobieren. Da er schon Dreirad gefahren war, wusste er, wie man in die Pedale tritt, aber nun musste er lernen, das Gleichgewicht zu halten und gleichzeitig zu lenken. Seine Mutter hielt den Atem an, als er auf den ersten Metern wild hin und her schwankte. Dann aber rollte er in gerader Linie die Einfahrt hinab. Marks kleiner Ausflug eröffnet uns einen Einblick in die Tätigkeiten, die sein Gehirn ihm jetzt ermöglicht. Seine Fähigkeit, in die Pedale zu treten, beschränkt sich nicht darauf, Signale von seinem Gehirn zu seinen Füßen zu senden. Auch die langen Verbindungen zwischen den spezialisierten Regionen in seinem Kortex sind dank ihrer Myelinschicht leistungsfähiger und schneller geworden. Marks präfrontaler Kortex fasst das Vorhaben, das Fahrrad vorwärts zu bewegen. Er ruft die notwendigen Informationen aus dem visuellen Kortex im Hinterkopf ab, damit er über seine Position informiert ist und weiß, ob er nach links oder rechts lenken muss. Eine besondere Region seines motorischen Kortex, der prämotorische Kortex, entwirft zuerst das Programm für die notwendige Reihenfolge der Bewegungen. Er befiehlt dann Marks primärem motorischen Kortex, die entsprechenden Signale an die motorischen Neuronen des Rückenmarks zu senden. Schließlich übertragen die Axone dieser Nervenzellen die Information an die Muskeln. Jetzt drückt Mark seine Füße gegen die Pedale, und weg ist er.

Für seinen kleinen Ausflug ist Marks Kortex auf die Mitarbeit der subkortikalen Strukturen angewiesen. In seinem Alter werden die Verbindungen zwischen den subkortikalen Strukturen und dem Kortex intensiv gestärkt. Wie eine innere Wasserwaage sorgt sein vestibuläres System dafür, dass Mark das Gleichgewicht hält und nicht vom Rad fällt. Das Kleinhirn wacht über seine Bewegungen und korrigiert sie ständig. Es ist ein wichtiger Bestandteil des Netzwerks, das für das Fertigkeitsgedächtnis verantwortlich ist, also für das Lernen, das stattfindet, wenn ein Kind eine Tätigkeit trainiert. Mark war zweieinhalb Jahre alt, als er zum ersten Mal auf den Sattel eines Dreirades kletterte. Er drückte einen Fuß auf das Pedal, jedoch nicht mit hinreichender Kraft. Das Pedal drehte sich etwas und schon stand er wieder. Nach einigen Versuchen konnte er seine Beine korrekt abwechselnd bewegen. Von da an war er nicht mehr zu bremsen. Forschungen haben gezeigt, dass Übung die Schaltkreise für Bewegungsabläufe im Kleinhirn verändert. Wenn sich jedoch einmal ein Muster etabliert hat, bleiben die Erinnerungen jahrelang erhalten. Das kann man selbst nachprüfen. Selbst wenn Sie seit Jahren nicht mehr auf einem Fahrrad gesessen haben, werden Ihr Körper und Ihre Beine sogleich die richtigen Bewegungen machen, und Sie können fahren.

Wir können nicht über Marks Radfahren sprechen, ohne die Basalganglien zu erwähnen. Hierbei handelt es sich um Hirnstrukturen, die bei motorischer Aktivität eine zentrale Rolle spielen. Sie sind an der unbewussten Kontrolle erlernter Bewegungen beteiligt. Marks Basalganglien sind aber auch mehrfach mit sämtlichen Regionen des Kortex verbunden und erhalten Informationen vom gesamten Kortex. Das bedeutet, dass sie auch an den höheren Aufgaben der motorischen Kontrolle beteiligt sind, beispielsweise an der Planung von Bewegungen. Die Myelinschicht um die Verbindungen zwischen dem zerebralen Kortex und den Basalganglien wird im Alter zwischen drei und sechs Jahren verstärkt. Diese Verbindungen sind sehr wichtig, wenn ein Kind eine neue Fertigkeit wie das Schreiben erlernt. Das Kind führt die Bewegungen zuerst bewusst aus, bevor sie mit der Zeit automatisiert werden.

Die Basalganglien haben spezielle Rezeptoren für den Neurotransmitter Dopamin, einen chemischen Botenstoff, der für die Kontrolle willkürlicher Bewegungen bedeutsam ist. Sie haben vielleicht schon gehört, dass ein Mangel an Dopamin eine Hauptursache für die Bewegungsstörungen von Parkinson-Patienten ist. Wenn ein Kind ein bis zwei Jahre alt ist, bilden sich an den Dendriten der Neuronen in den Basalganglien nach und nach Dopaminrezeptoren aus. Der Dopamingehalt im Körper erhöht sich bis zum Alter von zehn Jahren. Dopamin spielt auch eine Rolle beim Vergnügen, das man empfindet, während man sich bewegt. Das ist vermutlich einer der Gründe, warum Kinder eine derartige Freude am Rennen, Springen und Radfahren haben.

Vom Kritzeln zum Schreiben: die erstaunliche Geschicklichkeit der Hände

Geben Sie einem dreijährigen Kind ein Stück Papier und einen Stift und lassen Sie es ein Bild malen. Sie werden wahrscheinlich nicht erraten können, was auf dem Bild zu sehen ist, wenn das Kind es Ihnen nicht verrät. Kritzeln bedeutet für das Kind in erster Linie das Vergnügen, den Stift über das Papier gleiten zu lassen und dabei Striche zu hinterlassen. Im Laufe des folgenden Lebensjahrs wird es jedoch beginnen, Menschen und Gegenstände als einfache, stereotype Formen zu zeichnen. Eine Sonne ist ein Kreis mit Linien, die Strahlen darstellen. Eine Blume ist ein Kreis mit einem engeren Strahlenkranz. Ein Mensch hat einen Kreis als Kopf und zwei Linien als Beine.

Kinder im Kindergartenalter verfeinern nicht nur ihre geistigen Werkzeuge; auch ihre Sinne werden schärfer, ihre Koordination von Auge und Hand verbessert sich und sie können ihre Finger mit größerer Präzision gebrauchen. Im Alter von sechs Jahren können die meisten Kinder die Daumenspitze nacheinander gegen die Spitze jedes einzelnen Fingers legen und einen Stift mit drei Fingern halten. Das ist eine Voraussetzung dafür, den Stift beim Zeichnen oder Schreiben zu kontrollieren. Die Fähigkeit, die Hände für präzise Bewegungen zu gebrauchen, ist beim Menschen besonders ausgeprägt. Wir haben einen längeren Daumen als Menschenaffen und unser Daumengelenk ist beweglicher. Außerdem ist unser prämotorischer Kortex, der darauf spezialisiert ist, die Abfolge der Schritte von komplexen Bewegungen zu programmieren, weiter entwickelt. Die Bedeutung unseres prämotorischen Kortex sehen wir an der Tatsache, dass seine relative Größe im Vergleich zum Menschenaffen sechs Mal größer ist.

Die feinmotorischen Fähigkeiten von Kindern entwickeln sich zeitlich höchst unterschiedlich. Manchen Kindern fallen die Koordination der Hände und feine Fingerbewegungen schwer. Das war zumindest bei mir so. Es mag Sie überraschen, aber als ich in den 1930er-Jahren die Grundschule besuchte, lernten Jungen und Mädchen Stricken. Man betrachtete es als eine Methode, die Koordination von Auge und Hand zu üben, um die Freude an der Schöpfung eines „künstlerischen" und vielleicht sogar nützlichen Produkts zu fördern. Wir mussten wollene Waschlappen für die Soldaten unserer Armee stricken. Ich kämpfte tapfer mit meinen Stricknadeln, aber mein Waschlappen wurde an einem Ende schmutzig grau, am anderen Ende dagegen, das meine Lehrerin für mich gestrickt hatte, strahlend weiß. Was für mich das Ergebnis mehrerer Tage harter Arbeit war, schaffte meine Lehrerin in wenigen Minuten. Ich habe mich oft gefragt, was der Soldat wohl von meinem zweifarbigen Waschlappen gehalten hat.

Im Gegensatz zu mir ist Sophies Freundin Sonja feinmotorisch außerordentlich geschickt. Als sie ungefähr dreieinhalb Jahre alt war, bekam sie von ihren Eltern, die beide Musiker sind, eine Geige. Sie wurde zu einem Kollegen geschickt, der sich auf musikalische Früherziehung spezialisiert hatte. Sonja fand das sehr aufregend. Sie runzelte ernst die Stirn und legte ihre Finger vorsichtig auf die Saiten. Dann lauschte sie konzentriert, während sie den Bogen über die Saiten gleiten ließ. Im Alter von sechs Jahren fand sie die richtige Position der Finger schneller. Die Feinabstimmung ihrer Fingerbewegungen wurde durch die Verstärkung der Verbindungen zwischen ihrem motorischen Kortex und ihren Handmuskeln sowie die Zusammenarbeit der anderen Areale im Kortex ermöglicht.

Obwohl die Neuronen im motorischen Kortex während dieser Zeit ganz allgemein immer mehr Dendriten ausbilden, stimuliert der Gebrauch der Hand diese Entwicklung zusätzlich. Als Folge davon werden die Regionen im motorischen Kortex größer, die für die Bewegungen der trainierten Muskeln zuständig sind. Dies ist ein Beispiel für die Plastizität des Gehirns, seine Formbarkeit durch Erfahrungen.

Studien, in denen professionelle Violinisten, die früh im Leben zu üben begonnen hatten, mit Geigern verglichen wurden, die mit über 20 Jahren angefangen hatten, bestätigen dieses Phänomen: Die Geiger, die früh begonnen hatten, verfügten im motorischen Kortex über eine vergrößerte Region, die für die Bewegungen des kleinen Fingers der linken Hand verantwortlich ist. Auch der Balken, der die beiden Hirnhälften verbindet, war bei ihnen dicker als bei den Musikern, die später mit dem Geigenspiel angefangen haben.

Die Stärkung der Verbindungen zwischen dem Kortex und seinen subkortikalen Assistenten, dem Kleinhirn und den Basalganglien, ist wichtig für das Training feinmotorischer Bewegungen. Als wir zuschauten, wie Mark das Radfahren lernte, haben wir das prozedurale Lernen erwähnt, das Lernen durch Übung einer Reihe von Bewegungen. Auch das Benutzen eines Stifts, um zu schreiben oder zu zeichnen, gehört dazu. Willkürliche Bewegungen werden so oft geübt, bis sie reibungslos und automatisch ausgeführt werden können.

Bewegungskarten (motor maps) in der Hirnrinde

Für komplexe Körperbewegungen ist es notwendig, dass eine Vielzahl von Muskeln in benachbarten Körperteilen koordiniert stimuliert werden. Diese Zusammenarbeit wird von speziellen Gruppen von Neuronen in der motorischen Hirnrinde gesteuert, die ebenfalls zusammenarbeiten. Es entstehen somit so genannte „Karten" *(maps)*, die für den Ablauf von bestimmten Bewegungsmustern zuständig sind. Die Größe der Karte hängt nicht von der Größe des Körperteils ab, sondern von seiner Funktionalität. So ist zum Beispiel die Beweglichkeit der Hände besonders fein reguliert, und entsprechend groß ist die zuständige Karte. (Diesem Prinzip entsprechen auch die sensorischen Karten in der sensorischen Hirnrinde.)

Hirnentwicklung und Erfahrung sind die Voraussetzungen für die Entstehung von zunehmend verfeinerten Bewegungskarten. So wird es zum Beispiel möglich, dass ein Kind im Alter von 1–2 Jahren spontan kritzelt, mit 2–3 Jahren eine vertikale Linie nachzeichnet, zwischen 3–4 Jahren einen Kreis nachmalt, zwischen 4 und 5 Jahren ein Kreuz und einen Menschen mit drei Körperteilen und etwas später ein Quadrat und einen Menschen mit sechs Körperteilen zeichnen kann.

Die Größe einer Bewegungskarte ist zudem abhängig von der individuellen Aktivität. Sie ist somit ständigen Anpassungen unterworfen. Sie kann größer oder kleiner werden entsprechend den individuellen Erfahrungen des Menschen (Neuroplastizität). Es bildet sich ein für jeden Menschen einzigartiges Kartenwerk, das Schnelligkeit und Ausmaß der motorischen und sensorischen Fähigkeiten mitbestimmt.

Händigkeit

Noch zu Anfang der zweiten Hälfte des 20. Jahrhunderts waren viele Lehrer der Auffassung, dass Kinder mit der Neigung, die linke Hand zu gebrauchen, gezwungen werden müssten, die rechte Hand zu benutzen. Dann argumentierten andere Fachleute – mit ähnlich schwachen Beweisen –, dieses Training könne eine Leseschwäche hervorrufen. Händigkeit ist im Gehirn angelegt. Das war offenbar schon früh in der menschlichen Evolution der Fall. Menschenaffen tendieren dazu, je nach Tätigkeit eine Hand der anderen vorzuziehen. Die linke Hand benutzen sie eher zum Greifen. Bei Gefahr streckt eine Affenmutter automatisch die linke Hand aus, um ihr Baby zu ergreifen. Die rechte Hand wird eher zur Handhabung von Gegenständen benutzt.

Linkshändigkeit kommt in allen Kulturen der Welt vor. Allerdings wird ihr Anteil in verschiedenen Ländern unterschiedlich hoch angegeben. Eine Schätzung für die Vereinigten Staaten kommt zum Ergebnis, dass zehn Prozent der Gesamtbevölkerung mit der linken Hand schreiben, während die Schätzung für Südkorea bei einem Prozent liegt. Die Differenz beruht höchstwahrscheinlich auf den unterschiedlichen kulturellen Einstellungen gegenüber dem Gebrauch der linken Hand. Wenn man über Händigkeit spricht, verhält es sich wie bei den meisten menschlichen Eigenschaften: Man kann Menschen nicht in zwei imaginäre Schubladen mit der Aufschrift „linkshändig" und „rechtshändig" einteilen. Wenn wir eine Linie zeichnen und ein Ende mit „links", das andere mit „rechts" beschriften würden, so wären die Menschen entlang der ganzen Linie verteilt, mit einer Mehrzahl auf der rechten Seite. Die Unterteilung ist so schwierig, weil Menschen, die mit der einen Hand schreiben, oft die andere Hand für andere Tätigkeiten wie Werfen oder Schneiden verwenden.

Sie werden sich daran erinnern, dass schon die meisten Föten im Alter von 15 Wochen am rechten Daumen lutschen und der Schreitreflex des Neugeborenen mehrheitlich mit dem rechten Fuß beginnt. Im Alter zwischen 18 und 34 Monaten benutzen Kinder oft beide Hände, zeigen aber eine steigende Tendenz, eine Hand mehr als die andere zu gebrauchen. Mit drei Jahren benutzen 86 Prozent aller Kinder die rechte Hand häufiger als die linke. Parallel dazu entwickeln Kinder zwischen 18 und 36 Monaten eine Tendenz, den ersten Schritt eher mit dem einen als mit dem anderen Fuß zu tun.

Im Alter zwischen zwei und vier Jahren bilden die Neuronen im primären Kortex, die für die Bewegungen der Hand zuständig sind, plötzlich eine große Zahl von Dendriten aus. Bei Rechtshändern geschieht das in der linken Hemisphäre, bei Linkshändern in der rechten. Da der linke motorische Kortex die rechte Körperhälfte kontrolliert, der rechte dagegen die linke Körperhälfte, führt die Ausbildung der Dendriten zu einer deutlicheren Ausprägung der Vorliebe für eine Hand.

Die genetische Veranlagung spielt bei Händigkeit eine Rolle. Es gibt jedoch keine sicheren Belege für interessant klingende Theorien, die den Gebrauch der Hand mit bestimmten intellektuellen oder künstlerischen Fähigkeiten in Verbindung bringen. Für die kommenden Jahrzehnte dürfen wir zur faszinierenden Frage der Händigkeit sicher weitere Erkenntnisse erhoffen, wenn sorgfältige Verhaltensstudien mit modernen Methoden der Hirnforschung kombiniert werden, beispielsweise mit der Positron-Emissions-Tomographie (PET) und der funktionalen Magnetresonanztomographie (fMRT).

Ein Ziel erreichen: Exekutivfunktionen

Der Ausdruck *Exekutivfunktionen* erinnert an den Geschäftsführer eines Großunternehmens, der eine Besprechung mit seinen führenden Managern leitet, um die Ergebnisse des vergangenen Jahres zu evaluieren und die Investitionen und die Marktstrategie der folgenden Jahre zu planen. In gewisser Hinsicht verhält es sich im Gehirn von Sophie und ihren Freunden ähnlich. Langfristige Aufgaben wie die Planung eines kurzen Vortrags vor der Kindergartengruppe und kurzfristige Problemlösungen wie der nächste Zug bei einem Brettspiel beinhalten Schritte, die denen des Geschäftsführers ähneln: ein Ziel festlegen, die zu ihm führenden Schritte definieren, eine Strategie zur Überwindung von Hindernissen ermitteln, die Ausführung überwachen, die Resultate auswerten und die Konsequenzen für die Zukunft daraus ziehen. Der präfrontale Kortex ist in diesem Sinne der Geschäftsführer des Gehirns. Er koordiniert und überwacht das Ganze.

Eine der wichtigsten Funktionen des präfrontalen Kortex ist das Arbeitsgedächtnis. Hierbei handelt es sich um die Fähigkeit, die Erinnerung an eine Situation aus dem Langzeitgedächtnis im Scheitelhirn abzurufen und sie mit der gegenwärtigen Situation, die im präfrontalen Gehirn verarbeitet wird, zu vergleichen, um dann entsprechend handeln zu können. Die Hirnforscherin Patricia Goldman-Rakic hat erklärt, der Arbeitsspeicher versetze Menschen in die Lage, ihr Verhalten an Ideen und Gedanken auszurichten und nicht nur auf unmittelbare Situationen zu reagieren.

Pläne schmieden und ausführen

Wahrscheinlich würden Sie Ihrem dreijährigen Kind nicht die Aufgabe übertragen, eine Party oder ein Picknick zu planen, aber wenn es sechs Jahre alt ist, wissen Sie, dass es sich gerne aktiv an den Vorbereitungen beteiligt. Es kann dabei helfen, für das Fest eine Liste der Gäste anzufertigen, kann Vorschläge machen, welche Spiele man spielen könnte, und sagen, welche Speisen man den Freunden servieren könnte. Mit zwei bis drei Jahren hat das Kind schon Wege ausprobiert, unmittelbar auftretende Probleme zu lösen: wie der Vater dazu gebracht werden kann, ein Eis zu kaufen oder wie man an die Kekse kommt, die Sie in einer großen Blechbüchse aufbewahren. Jetzt, als großes Sechsjähriges, kann das Kind sich ein zukünftiges Ereignis vorstellen und Handlungen ausführen, die zu seinem Gelingen führen.

Vor ein paar Wochen hat sich Sophie im Kindergarten bereit erklärt, ihrer Gruppe etwas vorzuführen. Sie beschloss, ihren Garten zum Thema zu machen. Dann überlegte sie, welche Gegenstände sie mit in den Kindergarten nehmen könnte. Sie entschied sich für einen Blumentopf mit einer Sonnenblume, ein Päckchen Dünger und einige Blumensamen. So könnte sie den anderen Kindern erklären, was eine Pflanze zum Wachstum benötigt: Sonne, Wasser, Erde – und, wenn sie besonders gut wachsen soll, auch Pflege und Aufmerksamkeit.

Als der große Tag kam, konnte Sophie es gar nicht erwarten, vor die Kindergruppe zu treten. Anfangs schauten die anderen Kinder Sophie neugierig an, aber nach einigen Minuten, als sie den Einsatz des Düngemittels erklärte, spürte sie, dass die Aufmerksamkeit ihrer Zuhörer nachließ. Sie begannen, sich zu bewegen und miteinander zu sprechen. Sophie beschloss, ihr Programm zu ändern und den Kindern hübsch geschnittene Möhren und Radieschen anzubieten, die sie in ihrem Garten geerntet hatte. Die Kinder waren begeistert und zeigten wieder lebhaftes Interesse. Sophie war sehr zufrieden.

Als Sechsjährige war Sophie in der Lage, ihre Vorführung als Teil eines übergreifenden Projekts zu betrachten, das aus einer Reihe von Vorführungen verschiedener Kinder bestand. Sie konnte sich auf ihren Auftritt vorbereiten und ihre „Strategie", ihren ursprünglichen Plan, ändern, als sie sah, dass das Interesse ihrer Zuhörer nachließ. Hinterher hatte sie den Eindruck, dass ihre Vorführung ein Erfolg gewesen war.

Welch ein großer Unterschied zwischen Sophies Vorführung und den Versuchen der zweijährigen Sonja besteht, die Klötzchen durch die richtigen Öffnungen des Steckspiels zu schieben! Sonjas „Manager", der präfrontale Kortex, half ihr zwar, sich auf ihre Aufgabe zu konzentrieren und ihr Ziel im Auge zu behalten; aber ihr Problem lag direkt vor ihr, und sie löste es im Wesentlichen durch Versuch und Irrtum. Sophie kann jetzt besser im Voraus planen und verschiedene Strategien einsetzen.

Mit der Aufmerksamkeit fängt alles an

Der fünfjährige Sohn einer technischen Angestellten in unserem Krankenhaus musste oft am Arbeitsplatz seiner Mutter auf sie warten. Wenn er allein vor der Tür des Labors war, lief er die Gänge entlang und merkte sich die Namen und Nummern an den Türen. Der kleine Christopher hatte sich dieses Merkmal aus der Vielzahl konkurrierender Eindrücke seiner Umgebung ausgesucht und sich lange genug auf seine Aufgabe konzentriert, um die Informationen in seinem Gedächtnis zu speichern. Innerhalb weniger Wochen war er in der Lage, alle Namen und die entsprechenden Zimmernummern aufzusagen. Voller Stolz konnte er Nachrichten an die richtige „Adresse" übermitteln.

Das Tor zur Lösung von Problemen und Ausführung von Aufgaben ist die Aufmerksamkeit, das empfindliche Gleichgewicht zwischen zwei gleichzeitig ablaufenden Prozessen. Das Kind muss aufnahmefähig für Neues sein und gleichzeitig die unwichtigen Hintergrundinformationen herausfiltern oder aktiv ignorieren. Und es muss das über einen gewissen Zeitraum hinweg können.

Aufmerksamkeit ist das Werk eines komplexen Netzwerks, das das ganze Gehirn umfasst. Wir erwähnen speziell die Hirnrinde, den Hirnstamm und die Baselganglien. Dieses Netzwerk ermöglicht eine Verknüpfung von Motivation, Aufmerksamkeit und die Kontrolle von Handlungen. Das System entwickelt sich im Verlauf der Kindheit und bis in die Adoleszenz hinein.

Entscheidend für die Aufmerksamkeit und das Arbeitsgedächtnis ist das sensible Zusammenspiel verschiedener Neurotransmitter. Einige aktivieren die Neuronen, während andere sie hemmen. Wenn wir uns die Neuronen als Mitglieder eines Orchesters vorstellen, wären die Neurotransmitter die Zeichen des Dirigenten. Er signalisiert beispielsweise der Pauke, sofort aufzuhören, und den Geigen, langsam einzusteigen. Wenn er nicht die richtigen Zeichen gibt, spielt die Pauke möglicherweise weiter und die Geigen kommen gar nicht.

Dopamin ist einer der Botenstoffe, die auf die Aktivität der Neuronen einwirken. Eine Störung der Dopaminausschüttung kann zu einem Aufmerksamkeits-Defizit-Hyperaktivitäts-Syndrom (ADHS) führen. Ein anderer wichtiger Neurotransmitter ist das Neuropeptid Y (NPY). NPY befindet sich vor allem in Neuronen, die für das Gleichgewicht von Erregung und Dämpfung eine Rolle spielen. Sie sind an den Emotionen und am Arbeitsgedächtnis beteiligt. Damit bilden sie eine wichtige Verknüpfung zwischen Gedanken und Emotionen. Die Menge an NPY steigt im Alter zwischen vier und sieben Jahren stark an, das Niveau eines Erwachsenen wird schon zwischen acht und zehn Jahren erreicht.

Ungebremster Forscherdrang: das Denken im Vorschulalter

Wenn sie vier oder fünf Jahre alt sind, nehmen die meisten Kinder an, dass es für alles einen Grund gibt. Und den wollen sie wissen. Die Vielzahl von Fragen, die sie stellen, zeigt, wie ihre Denkweise sich mit zunehmendem Alter verändert. Kleinkinder stellen automatische Verbindungen zwischen Ereignissen her. Sie haben zum Beispiel gelernt, dass ein fröhliches Lächeln und ein „bitte" ihnen einen Luftballon oder einen Keks verschaffen. Im

Alter von vier Jahren verfügen Kinder nicht nur über mehr Erinnerungen, sondern können ihr Wissen auch besser auf neue Situationen anwenden. Sie lernen, aus der Beobachtung von mehreren ähnlichen Situationen ein allgemeines Prinzip abzuleiten. Diese Denkweise ist komplexer als die „automatische" Inferenz des Kleinkindes. Ein vierjähriges Kind hat gesehen, dass man Geld für ein neues Bilderbuch bezahlen muss. Es hat zugeschaut, als sein Vater für die Orangen im Supermarkt Geld ausgegeben hat. Das Kind kommt zu dem Schluss, dass man Sachen, die man haben will, kaufen kann. Es fragt vielleicht, warum das eine Buch mehr als die anderen kostet.

Kinder stellen aber nicht nur Fragen. Sie benutzen auch ihre eigenen Beobachtungen, um systematische Forschungen über Ursache und Wirkung anzustellen. Ein Kind legt einen Nagel in ein Glas Wasser, um herauszufinden, ob er rostet, oder wirft ein Holzstück in einen Teich, um zu sehen, ob es schwimmt, oder drückt ein Ei zusammen, um zu prüfen, ob es zerbricht. Wenn Sie Glück haben, fragt es Sie vorher.

Den Wissensdurst und die zügellose Fantasie eines Kindes bewundern wir immer wieder. Lehrer träumen von einem Wundermittel, um diese Begeisterung und Neugier über die ganze Schulzeit oder gar das gesamte Leben hinweg zu erhalten. In seinem Buch *Der ungeschulte Kopf* weist Howard Gardner allerdings darauf hin, dass das „Vorschuldenken" auch seine grundlegenden Grenzen hat. Die Tendenz, in Stereotypen zu denken und sich mit einfachen Erklärungen zufrieden zu geben, ist leicht verständlich und als Ersatz für die geringe Erfahrung eines Kindes nützlich. Aber ein Kind muss darüber hinauswachsen, wenn es den Schritt vom Wissen zum Verstehen vollziehen will.

Strategien anwenden

Das Wort Strategie muss nicht automatisch Bilder von Generälen wachrufen, die ihre Soldaten zum Einsatz bringen, oder von Werbefachleuten, die den Konsumenten ein Produkt anpreisen. Es kann jeden systematischen Handlungsplan zur Erreichung eines Ziels bezeichnen und damit auch etwas so Elementares wie eine Augenbewegung beinhalten, die man ausführt, um einen Gegenstand zu betrachten.

Elaine Vurpillot hat die Augenbewegungen von Kindern beobachtet, die eine einfache visuelle Aufgabe zu lösen hatten. Sie gab den Kindern zwei Zeichnungen eines Hauses und fragte sie, ob sie identisch seien. Die kleineren Kinder, die im Durchschnitt zweieinhalb Jahre alt waren, schauten die Bilder unsystematisch an und machten zahlreiche Fehler. Die sechsjährigen Kinder dagegen bewegten ihre Augen systematisch von der oberen Fensterreihe nach unten zu den Türen. Sie bedienten sich einer „Strategie", um die Aufgabe zu lösen. Dadurch konnten sie besser feststellen, ob die Häuser identisch waren. Sie machten weniger Fehler.

Vielleicht haben Sie einmal ausgespannt, indem Sie sich mit der Rätselseite beschäftigten, die viele Zeitungen und Zeitschriften enthalten. Haben Sie dabei einmal versucht, mit einem Stift den Weg durch das Labyrinth zu finden? William Gardner und Barbara Rogoff haben einer Gruppe kleiner Kinder ein einfaches Labyrinth gezeigt. Die Dreijährigen haben ihren Stift spontan an eine beliebige Stelle gesetzt. Die Kinder im Alter von vier bis fünf Jahren betrachteten das Labyrinth dagegen zuerst und probierten mehrere Wege in Gedanken aus, um den richtigen zu finden.

Strategien werden besonders wichtig, wenn Kinder in die Schule kommen. Robert S. Siegler hat das kindliche Denken umfassend erforscht. Er beobachtete, dass Kinder eine Vielzahl von Strategien und Denkweisen ausprobieren, um ein Problem zu lösen, nicht nur eine einzige. Die verschiedenen Strategien bleiben so lange nebeneinander bestehen, bis das Kind genügend Erfahrung hat, um zu entscheiden, welche für es in einer bestimmten Situation die beste ist. Dabei ist zu bedenken, dass Entdeckungen aus Misserfolgen ebenso erwachsen können wie aus Erfolgen. Ein Fehler dient dem Kind häufig als Anlass, die Strategie zur Lösung einer bestimmten Aufgabe zu revidieren.

Die Flexibilität beim Einsatz von Strategien begünstigt späteres Lernen. Siegler schlägt vor, Kinder zur Entwicklung von Strategien zu ermuntern, indem man sie um eine Erklärung bittet, warum eine richtige Antwort richtig und eine falsche Antwort falsch ist. Dadurch wird die Aufmerksamkeit nicht allein auf das Resultat gerichtet, sondern auch auf den Weg dorthin.

Im Alter zwischen drei und sechs Jahren setzen Kinder oft die Strategie des Selbstgesprächs ein. Sie bedienen sich einer „Privatsprache", um ihr Verhalten zu leiten, während sie an der Methode arbeiten. Das handlungsbegleitende Sprechen erfüllt mehrere wichtige Funktionen. Es hilft dem Kind bei der Ordnung seiner Gedanken. Es richtet seine Aufmerksamkeit auf das, was es tut. Wenn das Kind mit sich selbst spricht, kann es die notwendigen Schritte durchgehen und Veränderungen vornehmen, um eine Aufgabe zu lösen. Durch die Wiederholung prägen sich die Schritte ein. Das handlungsbegleitende Sprechen kann sogar als innere Stimme fungieren, die das Kind ermuntert weiterzumachen, es auffordert, etwas anderes zu versuchen, oder ihm sagt: „Du schaffst das!" Wenn das Kind eine Aufgabe beherrscht, ist das Selbstgespräch nicht mehr erforderlich. Im Schulalter geben Kinder es nach und nach auf, sobald ihnen neue Fertigkeiten und Strategien vertraut werden.

Flexibilität

Irren ist menschlich, lautet ein alter Spruch. Auch die besten Strategien nützen nichts, wenn man nicht in der Lage ist, Fehler zu korrigieren und einen anderen Ansatz auszuprobieren. Bruce Hood und seine Kollegen haben die Fähigkeit von Kindern untersucht, eine Erwartung aufzugeben, wenn sie sich als falsch erweist, und einen anderen Weg einzuschlagen. Die Forscher fertigten ein Gerät an, das aus einem offenen rechteckigen Rahmen mit drei Schornsteinen an der Oberseite und drei Kisten an der Unterseite bestand. Von einem Schornstein aus führte eine undurchsichtige Röhre zur entferntesten Kiste. Wenn der Untersuchungsleiter einen Ball in den Schornstein warf, suchten ihn Kinder unter drei Jahren wiederholt in der Kiste direkt unter dem Schornstein. Sie erwarteten vom Ball, dass er gerade nach unten fallen würde. Als der Untersuchungsleiter die Röhre durch ein durchsichtiges Rohr ersetzte und die Kinder den Fall des Balls beobachten konnten, suchten sie ihn in der richtigen Kiste. Als nun wieder das undurchsichtige Rohr eingesetzt wurde, waren sie jedoch unfähig, ihre Erfahrung zu verallgemeinern. Sie schauten wieder unter dem Schornstein nach, an dem sie den Ball zuletzt gesehen hatten. Ihrer Meinung nach musste der Ball in dieser Kiste sein. Kinder, die älter als sechs Jahre waren, konnten sich von dieser Vorstellung befreien und im Geist den Weg des Balls durch die Röhre verfolgen. Sie konnten sowohl ihre Handlungen wie auch das Resultat im Auge behalten und bei Bedarf ihre Erwartungen anpassen.

Sechsjährige sind im Allgemeinen flexibler als jüngere Kinder. Erinnern Sie sich nur daran, wie Sie versucht haben, ein winziges Detail in der Geschichte zu verändern, die Sie Ihrem Kleinkind zur Schlafenszeit immer erzählt haben. Dreijährige sind notorisch unflexibel, wenn es darum geht, ihre Routine zu verändern –

vielleicht weil sie sich gerade daran gewöhnen, dass Ereignisse in einer bestimmten Folge ablaufen. Sie wollen an dieser Abfolge festhalten. P. D. Zelazo, D. Frye und T. Rapus haben Kinder gebeten, eine Reihe von Bildern entweder der Form oder der Farbe nach zu ordnen (Kategorie). Nachdem sie das einige Male erfolgreich getan hatten, sagten die Forscher den Kindern, sie sollten eine andere Regel anwenden. Wenn sie die Bilder beispielsweise nach der Farbe sortiert hatten, sollten sie sie jetzt nach der Form ordnen. Die dreijährigen Kinder waren in der Lage, die neue Regel mündlich zu wiederholen, aber sie sortierten weiterhin nach der alten Regel. Im Alter von vier bis fünf Jahren konnten die Kinder sich auch in der Praxis an die neue Regel anpassen.

Aus Erfahrungen lernen

Ich kannte einmal eine Mutter, die ihr Kind von allen negativen Erfahrungen abschirmen wollte. Wenn die kleine Stephanie ihre Turnschuhe vergessen hatte, rief die Mutter ein Taxi – was für eine Frau in ihrer Situation eine beträchtliche Ausgabe bedeutete – und brachte ihr die Schuhe in den Kindergarten. Diese und ähnliche Erfahrungen beraubten Stephanie der wichtigen Gelegenheit zu lernen, dass ihre eigenen Handlungen und Unterlassungen Folgen haben. Wie einfach wäre es für Stephanie gewesen, das als Kleinkind zu lernen! Sie hätte nur eine halbe Stunde auf der Bank sitzen müssen, während die anderen Kindergartenkinder spielten und tanzten. Sie wäre eine halbe Stunde lang unglücklich gewesen, hätte aber das Resultat ihrer Vergesslichkeit am eigenen Leib erfahren. Es hätte in ihrer eigenen Verantwortung gestanden, die Turnschuhe mitzunehmen. Verantwortung zu tragen hätte ihr Gefühl der eigenen Kompetenz gestärkt.

Aus Erfahrungen zu lernen, dass die eigenen Handlungen ein positives oder negatives Resultat nach sich ziehen, trägt dazu bei, dass Kinder lernen, gefährliche Situationen zu vermeiden und langfristige Ziele zu verfolgen. Sie sollten Ihrem Kind die Gelegenheit geben, diese wertvollen Lektionen zu lernen.

Der präfrontale Kortex steht im Mittelpunkt

Bei den enormen Lernfortschritten, die Kinder in diesem Alter machen, steht der präfrontale Kortex im Mittelpunkt. Ein großer Teil unseres Wissens über die Rolle des präfrontalen Kortex stammt aus Studien an Patienten, bei denen dieser Teil des Gehirns verletzt wurde. Wenn eine Verletzung des präfrontalen Kortex im Kindesalter stattgefunden hat, kann das später zu Schwierigkeiten führen, Schlüsse aus vorhandenen Informationen zu ziehen, aber auch zu anderen Einschränkungen der Exekutivfunktionen. Ein Beispiel dafür ist ein kleiner Junge, der im Alter von vier Jahren an der Stirn von einem Metallpfeil getroffen wurde. Neuropsychologische Tests, denen er im Alter von fünf, sechs und sieben Jahren unterzogen wurde, zeigten, dass er eine überdurchschnittliche Intelligenz besaß. Er hatte jedoch große Schwierigkeiten, im Voraus zu planen, neue Probleme zu lösen, Schlüsse zu ziehen und aus seiner Erfahrung zu lernen. Das deutet darauf hin, dass der präfrontale Kortex am Netzwerk beteiligt ist, das für diese Funktionen verantwortlich ist.

Untersuchungen von Patienten mit Gehirnschäden haben gezeigt, dass die Frontallappen auch am emotionalen Netzwerk beteiligt sind. Lynn M. Grattan von der University of Maryland, Paul J. Eslinger von der Pennsylvania State University sowie Antonio R. Damasio, Daniel Tranel und Hanna Damasio von der University of Iowa haben berichtet, dass Erwachsene, die vor dem Alter von sieben Jahren Verletzungen an den Frontallappen erlitten hatten, nicht nur Schwierigkeiten hatten, aus ihren Erfahrungen zu lernen und Pläne durchzuführen. Sie waren auch sehr impulsiv und neigten zu emotionalen Ausbrüchen. Sie litten unter starken Stimmungsschwankungen, hatten eine geringe Frustrationstoleranz und zeigten wenig Empathie. Ihre Defizite machten es ihnen schwer, ihre Emotionen unter Kontrolle zu behalten und mit anderen Leuten zurechtzukommen. Das führte dazu, dass sie oft isoliert waren.

Die rasche Entwicklung des präfrontalen Kortex

Die frühe Kindheit ist eine Zeit intensiver Bautätigkeit im präfrontalen Kortex. In den ersten drei Lebensjahren bilden die Neuronen eine riesige Zahl von Dendriten aus. Gleichzeitig wachsen aus den Dendriten winzige Fortsätze, die man als Dornen bezeichnet. Sie bilden einen Teil der Synapse. Die Zahl der Synapsen steigt rasch an und erreicht im Alter von etwa dreieinhalb Jahren einen Höhepunkt. In diesem Alter hat der Mensch im präfrontalen Kortex etwa eineinhalb Mal so viele Synapsen wie als Erwachsener.

Im präfrontalen Kortex vollziehen sich auch wichtige biochemische Veränderungen, die sich auf das Denken auswirken. Es entwickeln sich spezielle Neuronen, die Acetylcholin enthalten, einen Neurotransmitter, der für die Bildung von Erinnerungen wichtig ist. Die besonderen Zellen wachsen auch in den Regionen, in denen die Information von den Sinnesorganen interpretiert und mit der Information aus anderen Hirnregionen verknüpft wird. Die speziellen Neuronen vermehren sich bis in das junge Erwachsenenalter und bleiben – glücklicherweise – bis ins hohe Alter erhalten. Die späte und ausgeprägte Entwicklung dieser Neuronen scheint es nur beim Menschen zu geben.

Der Anstieg der Aktivität des präfrontalen Kortex zeigt sich in der zunehmenden Glukosemenge, die diese Hirnregion verbraucht. Der Glukoseverbrauch im präfrontalen Kortex ist am größten im Alter zwischen zwei und vier Jahren. Das lässt vermuten, dass er sich zu dieser Zeit besonders stark entwickelt.

Der präfrontale Kortex wird gefördert durch die rasche Stärkung der Verbindungen zwischen beiden Gehirnhälften. Der vordere Teil des Balkens, der das frontale Netzwerk der linken und der rechten Hemisphäre miteinander verbindet, wächst am intensivsten im Alter zwischen drei und sechs Jahren.

Blühen und Stutzen

Vor ein paar Wochen rief mich eine Cousine aus Kanada mit einer dringenden Frage an. Ihre Schwiegertochter wollte ihr dreijähriges Kind in eine Vorschuleinrichtung schicken, damit es unter keinen Umständen „die wichtigsten Jahre zur Förderung der geistigen Entwicklung des Kindes" verpasse. Die Nachricht, dass die Zahl der Synapsen in den ersten dreieinhalb Lebensjahren besonders stark zunimmt, hat einen übermäßigen Eindruck auf uns hinterlassen. Wir wissen, dass mit der „Blüte" im Alter von dreieinhalb Jahren im präfrontalen Kortex die größte Dichte von Synapsen erreicht ist. Dabei übersehen wir leicht die äußerst wichtige Organisation, die sich in den darauf folgenden Jahren vollzieht. In der Phase des Stutzens, die etwa bis zum 19. Lebensjahr dauert, werden Synapsen, die wenig oder gar nicht gebraucht werden, eliminiert und die häufig gebrauchten Schaltkreise mit ihren Synapsen stabilisiert. Dies bedeutet eine Zeit des Lernens und der Konsolidierung von Kenntnissen und Fertigkeiten. Die strukturellen Veränderungen im Gehirn sind stark von Erfahrungen abhängig. So bildet die Entwicklung des Gehirns die Grundlage für immer komplexere mentale Funktionen. Und die neuen Fähigkeiten fördern wiederum die Entwicklung des Gehirns.

Das Gedächtnis hat verschiedene Formen

Sophies Lehrerin war beeindruckt, wie gut sich Sophie die Namen von Pflanzen und die Bedingungen merken konnte, unter denen sie gedeihen. An den Wochenenden hatte Sophie ihrem Vater bei der Gartenarbeit geholfen. Wenn sie ihm Werkzeug reichte oder mit ihrer Schaufel kleine Löcher für das Saatgut grub, stellte sie ihm allerlei Fragen. Es ist erstaunlich, wie viele Informationen sie dabei aufnahm. An Sophies Wissen über Pflanzen und Gärtnern ist eine Fähigkeit beteiligt, die man als „explizites" Gedächtnis bezeichnet. Es kann sich entweder auf Worte und Tatsachen beziehen (semantisches Gedächtnis) oder auf Ereignisse (episodisches Gedächtnis). Je mehr sich die sprachlichen Fähigkeiten eines Kindes entwickeln, desto mehr wächst seine Fähigkeit, solche Informationen zu speichern.

Während Sophie ihren Vater mit all ihren Fragen auf Trab hielt, speicherte ihr Gehirn unablässig die neuen Informationen, die sie aufnahm. Wenn Sophie den Namen einer neuen Blume hörte, wurde die Information in das Kurzzeitgedächtnis aufgenommen. Ihr Hippocampus unterstützte sie dabei, die Information über Stunden oder Tage hinweg zu behalten, bis sie ins Langzeitgedächtnis des zerebralen Kortex überführt wurde.

Wenn Sophie die gleiche Blume noch einmal sieht, ruft ihr Arbeitsgedächtnis das Bild der Blume ab, die sie schon einmal gesehen hat, und hält es präsent, während sie es mit der Blume vergleicht, die sie jetzt vor sich sieht. Verbesserungen im Arbeitsgedächtnis sind mitverantwortlich dafür, dass sechsjährige Kinder besser als jüngere gleichzeitig zwei oder mehr Kategorien abrufen können, um sie für die Einschätzung neuer Informationen zu nutzen.

Das Arbeitsgedächtnis ist eine großartige Sache, aber auch die im Gedächtnis bereits existierenden Informationen sind wichtig.

Experimente haben gezeigt, dass Kinder Probleme besser lösen können, wenn sie auf Wissen zurückgreifen können, das sie durch frühere Erfahrungen erworben haben, wenn sie also mit Gegenständen, Situationen oder Methoden schon vertraut sind. Mit zunehmendem Alter kann das Gehirn eines Kindes Informationen schneller verarbeiten. Gleichzeitig vergrößert sich sein Erinnerungsschatz.

Der Hippocampus, der eine Hauptrolle bei der Bildung von Erinnerungen spielt, entwickelt sich im Kleinkindalter rasant. Die Neuronen im Hippocampus bilden höchst komplexe Dendriten aus, die auf eine bestimmte Form elektrischer Aktivität spezialisiert sind, wie sie für die Bildung von Erinnerungen erforderlich ist. Darüber hinaus werden die Verbindungen zwischen dem Hippocampus, dem Kortex und dem limbischen System im Alter zwischen zwei und drei Jahren schnell myelinisiert. Vermutlich ist die Verknüpfung mehrerer Hirnregionen, die für das Wissen und das Gefühl zuständig sind, verantwortlich dafür, dass Emotionen als eine Art Bindemittel fungieren, das uns Erinnerungen besser behalten lässt. Da Sophie gerne mit ihrem Vater im Garten arbeitet, hat sie Freude daran, die Namen der Pflanzen zu lernen, und sie behält die Namen besser. Natürlich können auch negative Erfahrungen als Bindemittel wirken. Sophie wird den Augenblick nie vergessen, in dem sie vom Fahrrad fiel, weil sie sich zu schnell umgedreht hatte.

Wenn wir uns nur auf das konzentrieren würden, was Kinder bewusst abrufen oder aktiv berichten, würden wir die enorme Menge an Informationen vernachlässigen, die ohne bewusste Aufmerksamkeit angeeignet werden. Vielleicht haben Sie nicht auf die Schokoladenwerbung im Fernsehen geachtet, aber wenn Sie ins Geschäft kommen, greift Ihre Hand automatisch nach der Packung, die im Fernsehen gezeigt wurde. Erinnerungen wie diese gehören zu den „impliziten" Erinnerungen, die nicht willentlich gespeichert oder bewusst abgerufen werden müssen. Implizite Erinnerungen haben starke Auswirkungen auf die Bildung von Gewohnheiten. Höchstwahrscheinlich sind sie viel zahlreicher als die expliziten Erinnerungen. Beide Arten beeinflussen allerdings gemeinsam das Verhalten des Kindes.

Paul M. Fischer und seine Kollegen in Georgia und North Carolina haben eine Studie über das implizite Gedächtnis veröffentlicht, die praktische Bedeutung hat. Die Forscher haben Kindern Markenlogos gezeigt, die sie aus verschiedenen Zeitungen und Zeitschriften gesammelt hatten. Die Logos stammten sowohl von Produkten, die für Kinder gedacht waren, als auch von Waren, die sich in erster Linie an Erwachsene richteten, darunter auch Zigarettenmarken. Die Kinder wurden gebeten, Karten, auf denen Logos zu sehen waren, Karten zuzuordnen, auf denen die entsprechenden Produkte abgebildet waren. Auf keiner der Logo-Karten war das Produkt zu sehen; beispielsweise rauchte der Marlboro-Mann keine Zigarette. Ein Drittel der dreijährigen Kinder konnte dem Kamel das Produkt „Zigarette" zuordnen, während es bei den sechsjährigen bereits 90 Prozent waren. Die Wissenschaftler überraschte es nicht, dass die Kinder das „M" von McDonald's und auch das Logo von Ford erkannten. Autowerbung ist im Fernsehen sehr häufig, und die meisten Kinder haben schon einmal bei McDonald's gegessen. In den Vereinigten Staaten gibt es jedoch keine Zigarettenwerbung mehr im Fernsehen. Dennoch kannten die sechsjährigen Kinder das Kamel ebenso gut wie die Mickymaus.

Das Experiment illustriert die Macht impliziter Erinnerungen. Die Kinder hatten die Markenlogos nicht bewusst gelernt. Sie hatten die Informationen unbewusst aufgenommen, vermutlich von Familienmitgliedern, Aufsichtspersonen oder Freunden derselben. Auf die gleiche Weise übernehmen sie Gewohnheiten und Einstellungen von ihren Vorbildern.

Kindheitserinnerungen

Versuchen Sie sich an Ihre früheste Kindheitserfahrung zu erinnern, an eine, die nur in Ihrem Gedächtnis sein kann, weil es kein Foto von ihr gibt und weil Ihnen niemand davon erzählen könnte. Sie waren wahrscheinlich zu dieser Zeit älter als zwei Jahre, eher drei bis vier Jahre. Vielleicht waren Sie sogar schon in der Schule. Wir haben gesehen, dass sich Babys im Alter von sechs Monaten 14 Tage lang an die Bewegung eines Mobiles erinnern können. Also können sie Erinnerungen bilden. Warum kann man diese Erinnerungen im Erwachsenenalter nicht mehr abrufen?

Vieles muss zusammenkommen, um Erinnerungen zu bilden, die man noch Jahre später ins Bewusstsein holen kann. In der frühen Kindheit vollziehen sich wichtige Entwicklungen. Je älter ein Kind wird, desto mehr Erinnerungen kann es speichern und desto mehr Erfahrungen hat es gemacht. Die Entstehung des Selbst-Bewusstseins ermöglicht es ihm, Ereignisse mit seiner eigenen Person in Verbindung zu bringen. Seine wachsende Fähigkeit, komplexe Schlüsse zu ziehen, hilft ihm dabei, mehr Assoziationen vorzunehmen und sie auf neue Situationen anzuwenden. Dadurch wächst die Bandbreite möglicher Hinweise, die als Erinnerungsstütze dienen können.

Der Gebrauch der Sprache gibt dem Kind ein zusätzliches Mittel an die Hand, Eindrücke so einzuordnen und zu speichern, dass sie leichter bewusst abgerufen werden können. Wenn ein Kind Ereignisse beschreiben kann, während sie sich vollziehen, steigt die Wahrscheinlichkeit, dass es sich später an sie erinnern kann. Das zumindest haben Untersuchungen erwiesen. Wenn das Kind mit Erwachsenen über seine Erfahrungen spricht, kann es seine Erinnerungen besser so organisieren, dass es später bewusst auf sie zurückgreifen kann.

Ein autobiografisches Gedächtnis basiert auf Grundlagen, die gleichzeitig mit Entwicklungen im Nervensystem entstehen. Im zweiten Lebensjahr erwachsen das Selbst-Bewusstsein, die Fähigkeit zur Inferenz und der Gebrauch der Sprache. Zur gleichen Zeit werden die beiden Hemisphären des Gehirns verstärkt miteinander verbunden. Charles A. Nelson vom Institut für Kindesentwicklung an der Universität von Minnesota hat einen der möglichen Gründe dafür genannt, dass Menschen unfähig sind, gespeicherte Erinnerungen aus der frühen Kindheit abzurufen: Die Regionen des frontalen und temporalen Kortex sind erst im Alter von etwa vier Jahren hinreichend ausgereift. Dazu werden in diesem Alter die kortikalen Regionen in jeder der beiden Hemisphären besser miteinander verbunden.

Das autobiografische Gedächtnis bedeutet mehr als eine Ansammlung von interessanten Ereignissen. Die Gesamtheit unserer Erinnerungen bildet die Grundlage für unsere Persönlichkeit mit unseren Vorstellungen über die Welt und über uns selbst.

Fantasie

Wenn Kinder ihre sprachlichen Fähigkeiten verbessern, komplexere Denkweisen entwickeln und immer mehr Erinnerungen sammeln, wird ihr Vorstellungsvermögen in erstaunlichem Maße erweitert. Im Alter von sechs Jahren haben Steven und Sonja beschlossen, eine Expedition zum Mars zu starten. Steven stellt ein paar Hocker auf, die als Raketen dienen sollen. Sonja holt einige Nüsse und Rosinen aus der Küche, die sie als Proviant mitnehmen wollen. Die Kinder setzen ihre Fahrradhelme auf und bereiten sich auf den Start vor. Dann beginnen sie mit dem Countdown und machen Raketengeräusche. Nach ein paar Sekunden haben sie die Strecke bewältigt und können nun den neuen Planeten betreten. Sie brechen zu ihrem Erkundungsgang auf und nehmen dabei ihre „Astronautennahrung" mit. Bald treffen sie auf fremde Wesen, die ihnen freundlich gesonnen scheinen und sogar Deutsch sprechen.

Steven und Sonja sind in der Lage, die Grenzen des Hier und Jetzt zu überschreiten. Der Gebrauch von Symbolen hilft ihnen dabei. Sie benutzen einen Gegenstand anstelle eines anderen. Aus einem Hocker wird eine Rakete. Sie entdecken, dass auch Wörter als Symbole verwendet werden. Steven kann Sonja mitteilen, dass sie jetzt im Weltall sind und er in der Ferne den roten Planeten sieht. Sie weiß, was er meint, weil sie seine Worte versteht. Die beiden Kinder benutzen Wörter, um eine imaginäre Situation zu schaffen und die Grenzen von Raum und Zeit zu überspringen.

Die Kinder haben einen weiten Weg seit der Zeit zurückgelegt, in der der 14-monatige Steven seinen Holzklotz anstelle eines Autos über den Fußboden schob und die 18-monatige Sonja ihren Teddybären fütterte und zu Bett brachte. Als Dreijährige spielten sie Erwachsene, indem sie ein imaginäres Essen kochten und servierten. Jetzt, als Sechsjährige, bedienen sich Steven und Sonja ihrer Vorstellungskraft, um eine Reihe von Handlungen auszuführen, die sie im Alltag nie gesehen haben. Sie sind in der Lage, eine eigene Geschichte zu erfinden, nicht über die Dinge, wie sie sind, sondern darüber, wie sie sein könnten.

Eine Antwort auf die großen Fragen suchen

So stark wie der Wunsch des Vorschulkindes, eine Aufgabe zu meistern, ist sein Trieb, mehr über seine Welt herauszufinden. Es möchte von allen Phänomenen die Ursache entdecken. Das Alter zwischen vier und fünf Jahren könnte als „Warum-Phase" bezeichnet werden. Einige Kinder hören nie auf, ihre Eltern mit Fragen in die Enge zu treiben, die von „Warum kann ich nicht zuerst den Nachtisch essen?" bis hin zu Fragen über die großen Mysterien des Lebens reichen, die Philosophen schon seit Jahrhunderten beschäftigen.

Hier ist das Beispiel eines Jungen im Alter von fünfeinhalb Jahren, in dessen Familie oft über naturwissenschaftliche Fragen gesprochen wurde: Der Junge hatte gerade im Kindergarten Bibelgeschichten gehört.

Daniel: „Wer ist Gott? Ist er der, der ganz oben im Himmel ist und schaut, ob jemand böse ist? Können wir ihn sehen, wenn wir mit einer großen Rakete nach oben fahren? Ist er sehr klein? Können wir ihn mit einem Mikroskop sehen?"

Mutter: „Nein, er ist ein Geist, er ist überall um uns herum, man kann ihn nicht sehen."

Daniel: „Ist Gott ein Gas?"

Eltern können Warum-Fragen fördern und Antworten geben, die auf das Verständnis des Kindes zugeschnitten sind. Ein vierjähriges Kind braucht eine einfache Erklärung. Wenn es fragt, warum der Mond Licht spendet, sagen Sie ihm einfach: „Weil die Sonne auf ihn scheint." Ein sechsjähriges Kind kann manchmal dazu bewegt werden, selbst eine Antwort zu überlegen. Wenn es fragt, warum es Rechnen lernen muss, können Sie es auffordern, sich Situationen auszudenken, in denen Rechnen nützlich sein könnte. Eltern sollten auch einmal vorschlagen – und dem Kind, wenn nötig, dabei helfen –, die Antwort in einem Bilderlexikon zu suchen.

Die Kortexareale kommunizieren miteinander

Der wachsenden Komplexität der kindlichen Denkprozesse liegt die verbesserte Fähigkeit der Regionen des zerebralen Kortex zu Grunde, miteinander zu kommunizieren. Einer der Gründe für die Verbesserung der Kommunikation besteht darin, dass die langen kortikalen Verbindungen myelinisiert und damit effizienter werden. Ein anderer Grund ist die verbesserte Synchronisation der elektrischen Aktivität der verschiedenen Regionen.

Moderne EEG-Techniken zeigen, wie die elektrische Synchronisation mit zunehmendem Alter präziser wird. Als wir erläuterten, wie ein Baby das Sehen lernt, haben wir hochfrequente elektrische Wellen erwähnt, die als Gammawellen bezeichnet werden. Sie tragen möglicherweise zur Zusammensetzung visueller Bilder bei, an der der gesamte visuelle Kortex beteiligt ist. Die Bestandteile eines Bildes werden in bis zu 32 verschiedenen Regionen des visuellen assoziativen Kortex erfasst. Das Gehirn muss die Einzelteile zu einem ganzen Bild zusammensetzen. Es wird angenommen, dass die verschiedenen Einzelteile in Schaltkreisen „abgelegt" werden. Wenn nun die Neuronen der verschiedenen Schaltkreise im gleichen Rhythmus zur gleichen Zeit aktiv sind, findet eine Bindung der Einzelelemente zu einem ganzen Bild statt. Dieser Prozess wird „Kohärenz" genannt. Es ist interessant, dass die hochfrequenten Gammawellen, die man beobachten kann, wenn Menschen ein Bild sehen, auch auftreten, wenn sie träumen.

Wir können das Konzept der Kohärenz nicht nur auf die Zusammensetzung visueller Bilder anwenden, sondern auch auf die Assoziation verschiedener Informationen von mehreren spezialisierten Kortexregionen. Gruppen von Neuronen in verschiedenen Regionen des Kortex senden synchron Wellen derselben Frequenz aus. Das würde die visuelle und die motorische Region betreffen, wenn ein Kind ein Spielzeug ergreifen will, oder die auditorische Region und den frontalen Kortex, wenn das Kind sich an eine Melodie erinnert, die es einige Wochen zuvor gehört hat.

Eine Steigerung von Kohärenz spiegelt die wachsende Zusammenarbeit verschiedener kortikaler Regionen wider und ist wahrscheinlich die neuronale Grundlage dafür, dass man durch die Herstellung neuer Assoziationen lernt. EEG-Messungen bei Kindern haben gezeigt, dass die Kohärenz zwischen den frontalen und den hinteren Lappen in der Vorschulzeit und in den ersten Schuljahren stark zunimmt. Bei Kindern mit Down-Syndrom bleibt diese intensive Entwicklung aus. Das lässt vermuten, dass die kortikale Vernetzung bei diesen Kindern weniger gut ausgebildet ist.

Das große „M": Motivation

Wir können unseren Ausflug in das Denken und Handeln der Vorschulzeit nicht abschließen, ohne einen Blick auf die Kräfte zu werfen, die das Kind anspornen, Probleme zu lösen und neue Fertigkeiten zu erlernen. Wir können uns Motivation – was vom lateinischen Wort für „bewegen" abgeleitet ist – als eine Art „Motor" vorstellen, der das Kind auf dem Weg der Problemlösung und Entdeckung voranbringt. Schon Kleinkinder zeigen den Wunsch, Aufgaben alleine auszuführen und dabei einen gewissen Grad von Kompetenz zu erwerben.

Einige Wochen nach Sophies Geburtstagsfest treffen sich die Mütter in einem Café. Als Sonjas Mutter stolz verkündet, sie müsse Sonja nie daran erinnern, Geige zu üben, stöhnt Stevens Mutter. Steven hatte monatelang gequengelt, bis er endlich ein Schlagzeug zum Geburtstag bekam, das jetzt in der Ecke verstaubt. Seine Mutter seufzt, als sie daran denkt, mit welcher Energie er ein Vorhaben beginnt und wie schnell seine Begeisterung verpufft. Sonja dagegen erweist sich als überdurchschnittlich ausdauernd, vielleicht weil ihr die Fähigkeit zum Geigenspiel gleichsam im Blut liegt. Ihr Beispiel illustriert aber die Entwicklung eines Sinns für Kompetenz, den Kinder etwa in dem Alter erwerben, in dem sie in die Schule kommen.

Vorschulkinder bewerten ihre gegenwärtige Leistung im Vergleich zu ihrer Leistung in der Vergangenheit und genießen es, ihre Fähigkeiten zu verbessern. Den eigenen Fortschritt zu sehen, führt zu einem Gefühl der Kompetenz („Ich kann das!") und ermutigt die Kinder, sich neuen Herausforderungen zu stellen.

Sonja bereitet auch die Tätigkeit selbst Freude. Wenn sie Geige spielt, konzentriert sie sich auf die richtigen Fingerbewegungen und den Klang. Die intensive Konzentration, die Kinder bei der Ausübung einer Tätigkeit an den Tag legen, die sie interessiert, ist auffällig: Sie sind ganz von ihrer Tätigkeit absorbiert und nehmen oft nichts von dem wahr, was um sie herum vorgeht.

Der amerikanische Psychologe Mihaly Csikszentmihalyi, der das Phänomen der Kreativität bei Erwachsenen untersucht hat, bezeichnete diesen Zustand als *Flow*. Wenn Kinder die Ausführung einer Tätigkeit genießen, wird die Freude, die sie dabei empfinden, sie ermutigen, derartige Tätigkeiten auch in Zukunft auszuüben. Die Freude an kreativer Aktivität reduziert die Wahrscheinlichkeit, dass sie sich später aus Langeweile zu risikoreichem Verhalten verleiten lassen.

Sehr wichtig für die Motivation ist die enge Verknüpfung der kognitiven, emotionalen und exekutiven Systeme. Diese Verbindungen werden durch Übung und Erfahrungen gestärkt.

Fragen und Antworten

Soll Musikunterricht im Vorschulalter beginnen?

Es gibt zahlreiche Diskussionen darüber, ob eine frühe Musikerziehung Auswirkungen auf den Erwerb anderer Fähigkeiten hat. Die Frage ist so interessant, dass sie sicher in den kommenden Jahren mit Hilfe von Verhaltensstudien und modernen Messmethoden weiter untersucht werden wird. Bislang sind die Forschungsergebnisse noch nicht eindeutig genug, um praktische Empfehlungen zu rechtfertigen. Nach unserer persönlichen Meinung sind Musikprogramme zu befürworten, die der jeweiligen Entwicklungsstufe des Kindes entsprechen. In der Musikerziehung trainiert ein Kind sein Gehör, entwickelt ein Rhythmusgefühl, übt sein Gedächtnis, lernt, sich auf eine Aufgabe zu konzentrieren und übt die Zusammenarbeit mit anderen. Am wichtigsten ist die Freude, die es beim Musik machen und hören empfindet. Musik ist ein so grundlegender Bestandteil des menschlichen Lebens, dass sie als Selbstzweck und nicht als „Mittel zum Zweck" genossen werden sollte.

Die Entscheidung für Instrumentalunterricht hängt vom Wunsch des Kindes ab, ein Instrument zu spielen, und von der Freude, die es durch die Verbesserung seiner Fähigkeiten erfährt.

Übung kann die Koordination von Auge und Hand sowie die Kontrolle über die Bewegungen von Hand und Fingern verbessern. Es ist jedoch wichtig, die Entwicklungsstufe der feinmotorischen Fähigkeiten zu berücksichtigen, wenn man entscheidet, welches Instrument erlernt und zu welchem Zeitpunkt damit begonnen werden soll.

Ist etwas Besonderes zu bedenken, wenn mein Kind linkshändig ist?

Oft ist es schwer zu entscheiden, ob Ihr Kind links- oder rechtshändig ist. Kinder gebrauchen vielleicht die eine Hand zum Essen, die andere, um einen Bleistift zu halten oder einen Ball zu werfen. Wenn Ihr Kind klar die linke Hand zum Schreiben bevorzugt, sollten Sie ihm dabei helfen, die günstigste Handhaltung dafür zu finden. Untersuchungen haben einen schwachen Zusammenhang zwischen Linkshändigkeit und einem höheren Unfallrisiko ermittelt – was zum Teil daran liegen könnte, dass unsere Welt auf Rechtshänder ausgerichtet ist. Daher sollten Sie Ihr Kind beim Gebrauch von Messern und Scheren (die es auch in speziellen Ausfertigungen für Linkshänder gibt) unterstützen.

Jetzt schon für die Schule lernen?

Im Laufe der Jahrhunderte hat sich die Vorstellung vom richtigen Alter geändert, in dem mit einer systematischen Vermittlung von Lerninhalten begonnen werden sollte. Die Puritaner waren der Ansicht, es sei überaus wichtig, ihren zweijährigen Kindern das Lesen der Bibel beizubringen, damit ihre Seelen im Falle eines frühen Todes gerettet würden. Bedeutende Pädagogen des 19. Jahrhunderts haben diese Vorstellung angegriffen und die Auffassung vertreten, das frühe Lesen führe zu Gehirnschäden und Geisteskrankheit.

Auch wenn man Fünfjährigen – oder noch jüngeren Kindern – durchaus das Lesen beibringen kann, fördert diese Form des mechanischen Lernens nicht die Fähigkeit des Problemlösens oder die Entwicklung von Begriffen. Der Wunsch, lesen zu lernen, sollte vom Kind selbst kommen. Sie sollten beobachten, was das Kind gerne tut, wenn es allein ist. Ausgeprägtes Interesse an einem Thema bildet eine starke Motivation, alles darüber herauszufinden. Wenn Ihr Kind sich für Dinosaurier interessiert, können Sie ihm ein Buch mit guten Dinosaurierbildern und kurzen Textpassagen geben. Sie können das Kind auch mit zur Bücherei nehmen und es selbst ein Buch auswählen lassen.

Das Institut für Bildungs- und Forschungsfragen im Schulbereich (Schweiz 1998) hat eine Längschnittstudie in ländlichen und städtischen Gebieten der Schweiz und des Fürstentums Liechtenstein durchgeführt, die unter anderem die Auswirkungen von Frühlesen und Frührechnen zum Thema hatte. 23 Prozent der Kinder hatten bei Schuleintritt ein halbes bis ein Jahr Vorsprung gegenüber den Kindern, die keine Vorkenntnisse in diesen Fächern mitbrachten. Von diesen Kindern haben 80 Prozent aus Eigeninitiative (mit Unterstützung der Eltern) oder durch Imitation ihrer Geschwister gelernt, während 20 Prozent durch die Eltern (ohne Eigeninitiativ der Kinder) angeleitet wurden.

Nach drei Jahren Schule hatten 60 Prozent der Kinder mit Vorkenntnissen ihren Vorsprung beibehalten. Es waren in der Mehrzahl diejenigen Kinder, die aus Eigeninitiative gelernt haben, weniger diejenigen, die ihre Geschwister imitiert hatten, und am wenigsten diejenigen, die durch die Eltern angeleitet wurden. Es ist von Interesse, dass diese Kinder trotz ihrer Sonderleistungen gut in ihre Klasse integriert waren.

Wichtiger als das mechanische Training von Fertigkeiten sind in diesem Alter die Grundhaltungen, die das Kind gegenüber dem Lernen entwickelt. Ihr Beispiel ist ansteckend. Lesen, zeichnen, musizieren Sie gerne? Gehen Sie gerne ins Museum?

Kinder meistern mit Vergnügen Aufgaben, die von ihnen ein gewisses Maß an Konzentration und Anstrengung verlangen. Sie können ihre Freude am Lernen fördern, indem Sie die Hindernisse so einstellen, dass sie dem geistigen Entwicklungsstadium Ihres Kindes angemessen sind. Es ist besser, ein Spiel zu spielen, in dem das Kind gewinnen *kann* – beispielsweise Spiele, in denen der Zufall entscheidet, oder einfache Spiele wie Memory –, als schwierige Spiele zu spielen und die Regeln so zu verändern, dass man es gewinnen *lässt*. Das Gefühl „Ich kann das!" wird ihm genügend Selbstvertrauen verleihen, neue Aufgaben anzugehen.

Wie steht es mit Medikamenten für ein hyperaktives Kind?

Manchen Kindern fällt es extrem schwer, still zu sitzen und aufmerksam zu sein. Eine gründliche ärztliche Untersuchung ist erforderlich, bevor man die Diagnose ADHS stellen kann. Nicht jedes unkonzentrierte oder unruhige Kind hat ADHS. Man schätzt, dass die Störung drei bis zehn Prozent aller Schulkinder betrifft.

Kinder, bei denen eindeutig ADHS diagnostiziert wurde, werden zunächst psychologisch behandelt. Dazu gehören eine ruhige, konstante Umgebung und Verhaltenstechniken, die dem Kind dabei helfen, sich zu konzentrieren. Wenn die psychologische Behandlung jedoch nicht ausreicht, können Medikamente zur Hilfe notwendig werden. Es ist wichtig, dass Eltern für diese Frage offen bleiben. Das Kind leidet, wenn es von seinen Kameraden gemieden wird und häufig Misserfolge einstecken muss.

Unter strikter ärztlicher Kontrolle können Medikamente wie Ritalin versuchsweise eingesetzt werden, zusammen mit psychologischen und familientherapeutischen Maßnahmen. Alles zusammen soll dem Kind ermöglichen, seine Talente und sein Selbstbewusstsein zu entfalten.

Wie kann ich die Motivation meines Kindes fördern?

Was können Eltern mit einem Jungen wie Steven machen, der Beharrlichkeit vermissen lässt? Zunächst sollten Ablenkungen auf ein Minimum reduziert werden. Beobachten Sie, was das Kind gerne tut. Verbringen Sie mehr Zeit mit ihm. Zeigen Sie Interesse an seinen Aktivitäten. Sie können das Kind beispielsweise bitten, Ihnen zu zeigen, wie sich der Rhythmus eines Marsches auf dem Schlagzeug anhört. Es ist wichtig, die Bemühungen des Kindes zu berücksichtigen, nicht nur die Qualität des Resultats. Ihr Lob sollte jedoch aufrichtig sein. Wenn das Kind mit Lob überhäuft wird, kann sich das als nutzlos oder sogar schädlich erweisen, entweder weil das Kind meint, es nicht verdient zu haben, oder weil es davon abhängig wird.

Brauchen Kinder im Vorschulalter schon einen Computer?

Ganz gleich, wie wir dazu stehen, Computer sind ein wichtiger Teil der heutigen Welt. Im positiven Sinne sind Computer moderne Werkzeuge, und sich mit ihnen vertraut zu machen, ist beinahe so, wie sich an den Gebrauch von Stiften und Büchern zu gewöhnen. Computer sind besonders geeignet für individuell zugeschnittenen Unterricht. Kinder, die Schwierigkeiten haben, das Alphabet oder Mathematik zu lernen, können am Computer in ihrer eigenen Geschwindigkeit üben und werden bei Erfolg sofort belohnt. Computer haben eine unendliche Geduld und keine Stimmungsschwankungen. Und sie sind gerecht.

Es gibt Spiele, die die Wahrnehmung fördern (Unterschiede finden) oder das Gedächtnis (Wo ist der Schatz?), die Aufmerksamkeit, die Reaktionsschnelligkeit, die Koordination von Hand und Auge oder die Kontrolle von Impulsen. Wenn zwei oder mehr Kinder gemeinsam spielen, kann der Computer eine Diskussion zwischen ihnen auslösen und den Gebrauch der Sprache fördern, indem sie Strategien diskutieren und zusammen Probleme zu lösen versuchen.

Ein offensichtlicher negativer Aspekt des Computers ist die Tatsache, dass Kinder, wenn sie am Computer spielen, eine ganze Reihe anderer Dinge *nicht* tun. Sie lesen keine Bücher, malen keine Bilder auf Papier, spielen nicht Klavier, trainieren nicht ihre

Muskeln, indem sie draußen rennen, springen und spielen. Sie brauchen Gelegenheiten, ihre sprachlichen und sozialen Fähigkeiten zu entwickeln, indem sie mit anderen Kindern spielen, und sie sollten ihre Fantasie benutzen. Zur Zeit wird die Frage erforscht, ob Computerspiele nur die Hirnregionen stimulieren, die für das Sehen und die Bewegung zuständig sind, nicht aber die Regionen, die für das Lernen, das Gedächtnis und die Emotionen wichtig sind.

Das visuelle System kleiner Kinder entwickelt sich noch. Außerdem müssen Kinder alle Arten der Koordination von Auge und Hand trainieren, nicht nur das Drücken von Knöpfen. Eine amerikanische Autorin hat die Vermutung geäußert, dass Kinder möglicherweise nicht mehr mit Buntstiften und Kreide malen wollen, weil ihre Bilder nicht so gut aussehen wie die auf dem Computer erzeugten.

Eltern sollten sich die Programme und Spiele ansehen, die ihre Kinder benutzen. Welche Botschaft wird den Kindern vermittelt? Viele Computerspiele stellen Gewalt als eine einfache Möglichkeit dar, Probleme zu lösen. Geschwindigkeit ist wichtiger, als über die Folgen einer Handlung nachzudenken. Brutalität ist akzeptabel, weil Tod und Verletzung ohne Mitgefühl für die Opfer dargestellt werden. Diese Spiele verkaufen sich besonders gut, und darum gibt es viele von ihnen. Ein Hersteller von Video-Spielen meint dazu: „Angst verkauft sich besser als Liebe." Als Gesellschaft sollten wir uns fragen, warum das so ist. Als Eltern sollten wir unseren Kindern (und der Unterhaltungsindustrie) erklären, warum wir der Meinung sind, dass ein bestimmtes Produkt inakzeptabel ist.

Wie kann ich die Fähigkeit meines Kindes fördern, Probleme zu lösen?

Gelegentlich können Sie die Entwicklung Ihres Kindes beschleunigen, indem Sie die Bedingungen schaffen, unter denen es lernen kann – ohne das Problem für es zu lösen. Das wird manchmal als die Errichtung eines *Gerüsts* bezeichnet. Das Wort soll die vorsichtige Steigerung der Ansprüche ausdrücken. Damit hat Ihr Kind eine Aufgabe, die es bewältigen muss, während Sie in dem Maße Ihre Hilfe entziehen, wie das Kind seine eigene Fähigkeit zur Problemlösung entwickelt. Nehmen wir an, Ihr vierjähriges Kind kommt mit einem Spielzeugauto zu Ihnen, weil es nicht funktioniert. Wenn es Ihnen nicht den Grund nennt, fragen Sie es, wo das Problem liegen könnte. Es könnte an den Batterien liegen. Lassen Sie es vor Ihren Augen die Batterien auswechseln. Das Kind kann das Batterienfach möglicherweise schon besser öffnen als Sie selbst. Ist das nicht der Fall, sollten Sie das Kind einen Versuch machen lassen, bevor Sie ihm einen Hinweis folgender Art geben: „Vielleicht musst du gleichzeitig hier drücken und dort schieben." Anstatt zu sagen, „Die Batterien müssen so herum eingelegt werden", sollten Sie es die Batterien selbst einlegen lassen, um dann zu sehen, ob das Auto läuft. Wenn es nicht läuft, fragen Sie, was man jetzt versuchen könnte. Die Beharrlichkeit des Kindes wird durch Ihr Interesse gefördert. Am Ende sollte es selbst das Problem gelöst haben. Wenn die Batterien das nächste Mal verbraucht sind, geben Sie ihm einfach neue und lassen Sie es den Rest erledigen.

Kapitel 9

Zusammenleben

„Komm, wir gehen los und besuchen *alle*", sagte Pu.
„Denn wenn man meilenweit durch den Wind geht
und plötzlich bei jemandem hereinkommt und der,
den man besucht, sagt:
‚Hallo, Pu, du kommst gerade rechtzeitig für einen kleinen Imbiss',
dann nenne ich das einen angenehmen Tag."

A. A. Milne, „Pu der Bär"

Pus spontaner, herzlicher Vorschlag illustriert die starke Anziehungskraft, die das Zusammensein mit anderen Menschen auf uns ausübt. Wenn Kleinkinder zu Schulkindern heranwachsen, lernen sie das unwiderstehliche, warme Gefühl kennen, das sich einstellt, wenn man das Leben mit anderen Menschen teilt. Das Bedürfnis, zu einer Gruppe zu gehören, prägt ihr Sozialverhalten. Sie absorbieren die Sprache ihrer Umgebung und benutzen sie, um neue Freunde zu gewinnen. Je mehr sich ihr Bekanntenkreis auf Menschen außerhalb der Familie ausdehnt, desto mehr lernen sie, ihre Regeln an das Zusammenleben in einer größeren Gruppe anzupassen. Gleichzeitig lernen sie nach und nach, ihr Verhalten bei geringerer Kontrolle durch die Eltern eigenständig anzuleiten.

Ich gehöre zur Gruppe

Während Kleinkinder damit beschäftigt waren, das Bewusstsein ihrer selbst als Personen zu erwerben, werden sich Vorschulkinder bewusst, dass sie verschiedenen Gruppen zugehören. Sie beginnen sogar, sich von Menschen außerhalb der Gruppe abzuheben, indem sie besondere Kleidungsstücke tragen, an bestimmten Aktivitäten teilnehmen oder eine „Geheimsprache" erfinden.

In dieser Zeit entstehen Freundschaften. Engere Verbindungen sind möglich, weil die Kinder nicht nur die Gefühle und Absichten anderer Menschen besser verstehen, sondern auch mittels der Sprache darüber sprechen können. Einen Freund zu haben, verschafft dem Kind die Möglichkeit, die Unterstützung eines Menschen derselben Altersgruppe zu erfahren und zu lernen, was es heißt, eine Freundschaft aufrechtzuerhalten. Die kindlichen Begriffe von Treue und wechselseitiger Verpflichtung werden vom engsten Familienkreis auf ihre neuen Gruppen ausgedehnt.

Im Alter zwischen fünf und sieben beginnen Kinder, ihre Spielkameraden hinsichtlich Stärke, Größe, Aussehen, Fähigkeiten und (leider) auch Besitz miteinander zu vergleichen. Kinder entwickeln ein erstes Ensemble von Verhaltensnormen im Umgang mit den Eltern und anderen Kindern in der Familie. Jetzt aber werden sie mit den Kriterien der anderen Kinder in der *peergroup* (der Gruppe der etwa gleichaltrigen Kameraden) konfrontiert. Zugehörigkeit wird sehr wichtig. Die Meinung ihrer Kameraden ist für die Kinder von großer Bedeutung.

Es fällt Eltern leicht, Zusammenhänge herzustellen wie etwa: „Steven war immer so fröhlich und hilfsbereit, bis er anfing, öfter mit Tommy zu spielen." Kinder lernen tatsächlich viel voneinander und imitieren oft das Verhalten eines Altersgenossen. Man sollte jedoch bedenken, dass sie ihre Spielkameraden aktiv auswählen. Steven benötigt die Hilfe seiner Eltern, um zu erkennen, warum er nicht automatisch alles nachahmen sollte, was Tommy tut.

Ein Kind lernt durch die Alltagserfahrung, dass bei der Zugehörigkeit zu einer Gruppe viele Dinge eine Rolle spielen, die es in der Beziehung zu den Eltern und zu Freunden kennen gelernt hat: sich abwechseln, teilen, bei einer Tätigkeit helfen und andere trösten oder ihnen helfen, wenn sie Probleme haben. Es reicht nicht, nur körperlich dabei zu sein. Man erfährt die größte Befriedigung durch das Gefühl, gebraucht zu werden. Das besondere Gefühl, geschätztes Mitglied einer Gruppe zu sein, ist ein wichtiger Beitrag zur Entwicklung der Selbstachtung des Kindes.

Das Verhalten eines Kindes beruht zum Teil eindeutig auf Eigennutz. Wenn man sich abwechselt, bedeutet das, dass man selbst zu gegebener Zeit zum Zug kommt. Vielleicht überreicht das Kind einem Freund ein Geschenk in der Hoffnung, selbst damit spielen zu können oder in Zukunft ein ähnliches Geschenk zu bekommen. Das ist der alltägliche Wechsel von Geben und Nehmen, der Erwachsenen nicht unbekannt sein dürfte. Kinder sind jedoch auch zu altruistischem Verhalten in der Lage, sie können also etwas tun, das ihnen keinen sichtbaren Vorteil bringt: Sie trösten einen Freund, der sich wehgetan hat, sammeln Blumen für die erkältete Mutter und helfen aus eigenem Antrieb, den verlegten Schlüsselbund des Vaters zu suchen. Sie handeln dabei aus dem spontanen Impuls heraus, einen anderen Menschen glücklich zu machen. Eine Bedingung für dieses Verhalten ist ihre Fähigkeit zu spüren, was andere fühlen oder wünschen, die Empathie.

Über Empathie hinaus können Kinder wirkliche „Sorge" empfinden. Sie wollen etwas tun, um eine Situation zu verbessern. Das bedeutet, sich selbst zumindest vorübergehend in den Hintergrund zu stellen und sich auf eine andere Person zu konzentrieren. Damit wird die egozentrische Perspektive zugunsten einer Sichtweise verlassen, in der das Wohl der ganzen Gruppe berücksichtigt wird. Der Psychologe David Hamburg geht davon aus, dass ein solches in der Kindheit erlerntes Sozialverhalten für den Rest des Lebens das Tor zu konstruktiven zwischenmenschlichen Beziehungen öffnet.

Dass ein gesundes Sozialverhalten nicht unbedingt von selbst entsteht, zeigt die Geschichte, die mir ein Freund über seinen heranwachsenden Sohn erzählte. Der Junge hatte nach der Schule einen Job in einem Lebensmittelgeschäft, um sein Taschengeld aufzubessern. All seine Ausgaben wurden von seinen Eltern bezahlt. Darüber hinaus legten sie einen Teil ihres bescheidenen Einkommens für die Finanzierung seines Studiums zurück. Der Junge hatte Freude an gutem Essen, so dass er sich von seinem Taschengeld gelegentlich ein großes, saftiges Steak kaufte. Seine Eltern konnten sich das nur sehr selten leisten. Nachdem die Mutter des Jungen das Steak für ihn gebraten hatte, aß er es vor den Augen der Familienmitglieder, ohne ihnen etwas davon anzubieten. Für ihn war es selbstverständlich, dass er ein Recht darauf hatte, es allein zu essen, weil er es bezahlt hatte. Ich war verblüfft, dass seine Eltern ihn nicht darauf hinwiesen, was es bedeutet, das Mitglied einer Familie zu sein. Eine soziale Grundhaltung muss eingeübt und zu Hause, im Kindergarten und in der Schule gefördert werden.

Reden und zuhören

Die wachsenden sprachlichen Fähigkeiten des Kindes erweitern seine Erfahrungen in der Gruppe und sind eine Voraussetzung für engere persönliche Beziehungen. Im Alter von sechs Jahren kann ein Kind so sprechen, dass alle Menschen in seiner Umgebung es verstehen. Das Kind zeigt, dass es eine Vorstellung von Vergangenheit, Gegenwart und Zukunft hat, indem es Geschichten über vergangene Ereignisse erzählt und ankündigt, was es morgen zu tun gedenkt. Diese Fähigkeit hilft ihm, sich an Ereignisse zu erinnern und aus der Erfahrung zu lernen. Kinder können die Sprache zu verschiedenen Zwecken gebrauchen, beispielsweise um zu informieren („Ich muss *jetzt* auf die Toilette!"), zu bitten („Ich hätte gerne noch ein Stück Kuchen."), Aufmerksamkeit zu bekommen („Mami, guck' mal!") oder einen Witz zu erzählen.

Sechsjährige können über Emotionen und Intentionen sowie über den Zusammenhang zwischen Ursache und Wirkung sprechen. Sie können sagen: „Jimmy ist froh, weil sein Papi morgen nach Hause kommt", oder: „Susi weint, weil die Puppe kaputt ist". Der Sprachgebrauch des Kindes ist in diesem Alter bereits so weit fortgeschritten, dass es über abstrakte Begriffe wie Schönheit, Dummheit oder Gerechtigkeit sprechen kann. Es kann nun über einfache moralische Probleme reden.

Kommunikation heißt Senden *und* Empfangen, also Zuhören ebenso wie Sprechen. Kinder müssen nicht nur lernen, ihre eigenen Gedanken und Gefühle möglichst genau auszudrücken, sondern auch das, was andere Menschen sagen, zu interpretieren und angemessen darauf zu reagieren. Wenn Kinder die Gelegenheit erhalten, das wechselseitige Gespräch zu üben und daraus zu lernen, wie Erwachsene einander zuhören und antworten, verbessern sie ihre Fähigkeit, Sprache in unterschiedlichen sozialen

Situationen zu verwenden. Eine Studie über die Sprachkompetenzen von Kindern in Deutschland hat beunruhigende Tatsachen ans Licht gebracht. Die Untersuchungen umfassten ausschließlich Kinder deutscher Muttersprache im Alter von drei bis sieben Jahren. Völlig unerwartet zeigten bis zu 20 Prozent der Kinder Sprachentwicklungsverzögerungen, die zum Teil eine logopädische Behandlung erforderten. Es ist zu betonen, dass den Sprachentwicklungsverzögerungen keine organischen Störungen zugrunde lagen. Die Verzögerungen zeigten sich in mangelnder Artikulierung („Bume" statt „Blume"), der Benutzung von nur sehr einfachen Drei-Wort-Sätzen („Ich will essen") und der Unfähigkeit, einfache Aufforderungen zu verstehen („Bring' mir das Buch auf dem Tisch").

Aufgrund ihrer Untersuchungsresultate stellten die Forscher fest, dass diese Sprachentwicklungsverzögerungen wahrscheinlich durch eine ungenügende Kommunikationskultur zu Hause bedingt sind. Es wird schlicht zu wenig miteinander gesprochen, zum Beispiel bei gemeinsamen Mahlzeiten.

Bei der Tagung der Deutschen Gesellschaft für Phoniatrie und Pädaudiologie 2003 wurde ein Bericht über ein Screening-Verfahren für Entwicklungsauffälligkeiten bei dreijährigen Kindergartenkindern präsentiert. Dieser Bericht stellte fest, dass 70 Prozent der Kinder mit Entwicklungsauffälligkeiten diese entweder ausschließlich in der Sprache zeigten oder dass sprachliche Auffälligkeiten kombiniert waren mit anderen Auffälligkeiten. Ein frühes Erfassen von Entwicklungsverzögerungen ist von großer Bedeutung für die Weiterentwicklung des Kindes, da Interventionsmaßnahmen möglichst früh eingeleitet werden sollten.

Vorurteile überwinden

Eine Hexe ist böse. Was würden Sie dazu sagen – „Ja" oder „Vielleicht"? Kleinkinder antworten ohne zu zögern mit „Ja". In derartigen Stereotypen zu denken war in der menschlichen Evolution bestimmt hilfreich. Man hatte keine Zeit, sich zu fragen, ob der wilde Bär einen fressen wollte oder ob der Fremde mit der Keule gute Absichten hatte. Für Babys und Kleinkinder bilden einfache Kategorien eine Hilfe bei der Deutung neuer Eindrücke. Diese eingeschränkte Denkweise entwickelt sich jedoch immer mehr zu einem Hindernis, je weiter die Kinder sich in die komplexe Welt anderer Menschen begeben.

Ein ausgeklügeltes Experiment, das sich einer Märchensituation bedient, hat gezeigt, dass Kinder im Vorschulalter sich zunehmend besser von einfachen Stereotypen lösen können. Cynthia Hoffner und Joanne Cantor von der University of Wisconsin in Madison haben vier Zeichnungen angefertigt. Auf der ersten war das Stereotyp einer freundlichen Oma zu sehen, die liebevoll eine Katze im Arm hält und streichelt. Das zweite Bild zeigte dieselbe Oma, wie sie die Katze ärgerlich am Genick hielt. Auf dem dritten Bild war eine dünne, hässliche Frau mit einem spitzen Kinn und einer krummen Nase dargestellt, also eine typische „Hexe". Die Hexe hatte einen freundlichen Gesichtsausdruck und hielt die Katze liebevoll im Arm. Auf dem vierten Bild war die Hexe zu sehen, wie sie die unglückliche Katze ärgerlich am Genick hielt.

Dann zeigten die Wissenschaftlerinnen die Bilder nacheinander Kindern und fragten sie, welche Frau sie eher einladen und ihnen Kekse anbieten würde. Wollten die Kinder gerne ihr Haus betreten und sie besuchen? Unabhängig von dem, was die Oma mit der Katze machte, waren sich die vierjährigen Kinder sicher, dass die Oma „lieb" sei und sie einladen würde, Kekse zu essen.

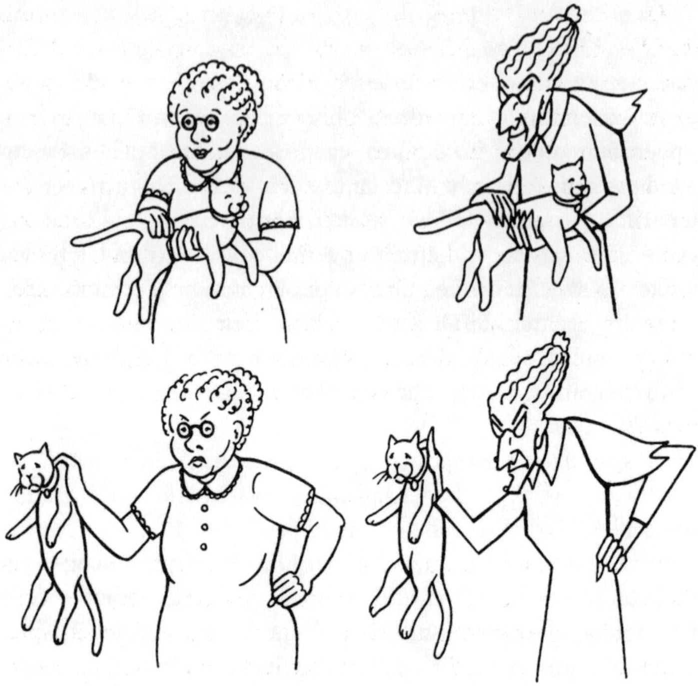

Stereotyptest: Eine Person wird auf der Basis ihres Aussehens oder auf der Basis ihrer Handlungen als „nett“ oder „gemein“ eingeschätzt.

Das Verhalten der Hexe war ihnen ebenso gleichgültig, sie war immer „böse" und die Kinder wollten nicht bei ihr bleiben. Sie beurteilten sie allein nach dem Aussehen. Die Sechsjährigen hingegen zogen eher sowohl das Aussehen wie das Verhalten in Betracht und beurteilten die Frau eher nach dem Verhalten, weniger nach dem Aussehen. Die Flexibilität der Sechsjährigen stellt einen großen Fortschritt in ihren kognitiven Fähigkeiten dar und ist die Grundlage für die Überwindung von Vorurteilen.

Dass Kinder die mentale Fähigkeit besitzen, sich von einem Märchenklischee zu befreien, wenn sie widersprechende Informationen erhalten, bedeutet noch nicht, dass sie von dieser Fähigkeit im Alltag automatisch Gebrauch machen. Denn Stereotype stellen oft die Anhäufung von Assoziationen dar, die über einen langen Zeitraum hinweg implizit (also unbewusst) hergestellt wurden. Daher können sich Stereotype oft hartnäckig halten. Überlegung und Erfahrung sind notwendig, um sie über Bord zu werfen. Natürlich ist für die Überwindung von Vorurteilen mehr erforderlich als die Korrektur kindlicher Stereotype. Es ist eine Lebensaufgabe. Heute hat sie eine große Bedeutung, weil sich unsere Welt zu einer globalen multikulturellen Gesellschaft entwickelt.

Fairness

„Tommy hat mich geschlagen!", „Sophie hat meinen Stift geklaut!", „Stevens Kuchenstück ist viel größer!", „Das ist nicht fair!" Kinder scheinen genauso viel über Gerechtigkeit zu sprechen wie Erwachsene. Sie wiederholen dabei nicht nur Vokabeln, die sie von Erwachsenen aufgeschnappt haben. Vorschulkinder finden selbst heraus, dass das Leben in der Gruppe Regeln erfordert, damit man miteinander zurechtkommt.

Wir sehen das beispielsweise bei Brettspielen und jeder Art von Wettkämpfen. Die beteiligten Kinder haben einen ausgeprägten Sinn für Regeln und bestehen darauf, dass es nicht „fair" ist, wenn man die Regeln ohne Zustimmung der Gruppe verletzt oder verändert. Wenn ein Kind sich nicht an die anerkannten Regeln hält, kann die Gruppe sich weigern, es mitspielen zu lassen.

Während die Kinder den Gebrauch von Regeln erlernen, lernen sie auch, dass zum Zusammenleben mehr gehört als Regeln. Sie beginnen, ein moralisches Gespür zu entwickeln, ein Gefühl dafür, dass manche Handlungen in sich selbst richtig oder falsch sind, ganz gleich, ob Erwachsene sie beobachten oder nicht. Darüber hinaus fangen die Kinder an, sowohl Rechte wie auch Bedürfnisse in Betracht zu ziehen.

Kimberly Wright Cassidy, June Y. Chu und Katherine K. Dahlsgard vom Bryn Mawr College haben Vorschulkinder mit einer Reihe von Situationen konfrontiert, die sie nach ihrem „Moralempfinden" beurteilen sollten. Eine Geschichte erzählte von zwei Jungen beim Arzt. Der erste Junge hatte schon lange darauf gewartet, an die Reihe zu kommen. Als die Arzthelferin ihn endlich aufrufen wollte, stürzte ein anderer Junge mit einer Schnittwunde am Arm in die Praxis. Er stöhnte vor Schmerzen und Tränen liefen ihm die Wangen herab.

Als die Forscherinnen die Kinder fragten, welcher Junge zuerst zum Arzt gelassen werden sollte, sagten sie, der erste Junge sei an der Reihe, weil er länger gewartet habe. Aber sie meinten auch, der zweite Junge sollte vielleicht vorgelassen werden, weil er ein dringenderes Bedürfnis habe. Die Kinder konnten sowohl das Recht wie auch das Bedürfnis in Betracht ziehen. Sie verstanden das Prinzip der Regel und gleichzeitig die Bedürfnisse des verletzten Jungen. Bei der Untersuchung ergaben sich übrigens keine Unterschiede zwischen Mädchen und Jungen.

Die Kinder, die die Geschichte über die beiden Jungen in der Arztpraxis gehört hatten, erkannten, dass die Bedürfnisse eines Menschen Vorrang vor dem Recht eines anderen Menschen haben können. Das zeigt, dass ihr Sinn für „richtig" und „falsch" auch auf Empathie beruht, also auf der Fähigkeit, sich an die Stelle der bedürftigen Person zu versetzen.

Die Entwicklung des Gewissens

„Gewissen" wird im psychologischen Wörterbuch (Dorsch 2003) definiert als „Ausdruck des geistigen Selbstseins", also die Widerspiegelung innerer Werte in den Handlungen und Äußerungen eines Menschen. Der Begriff „Gewissen" steht im Zusammenhang mit ethisch-moralischen Vorstellungen und Verhaltensweisen. Diese umfassen Wertvorstellungen, Verpflichtungen im Zusammenleben, speziell in Bezug auf Fairness, Ehrlichkeit und das Wohl anderer. Ein Kind fühlt oder realisiert, wenn es diesen ethischen Vorstellungen zuwiderhandelt.

Grazyna Kochanska und ihre Kolleginnen, die das Verhalten von Kindern im Alter von 2 bis 6 Jahren in Situationen beobachteten, die eine Rolle für die Entstehung des Gewissens spielen, stellten einen Zusammenhang zwischen Selbstkontrolle und der Entwicklung eines Gewissens fest. Zwischen 3 und 6 Jahren beginnen Kinder ethisch-moralische Grundsätze zu entwickeln, wobei die Entwicklung des Gehirns mit der Kultur und der individuellen Umgebung, in der das Kind aufwächst, zusammenwirkt.

Wenn ein Kind in das Schulalter kommt, wächst sein moralisches Empfinden so weit, dass es in der Lage ist zu erkennen, dass es einschreiten könnte, um zu verhindern, dass eine andere Person zu Schaden kommt. Beispielsweise sieht das Kind, wie ein großer Junge ein kleineres Kind verprügelt. Es weiß, dass die Handlung des Größeren falsch ist und dass der Kleinere Hilfe braucht. Aber es hat Angst, weil der große Junge viel stärker als es selbst ist. Daraufhin entwickelt es möglicherweise ein Schuldbewusstsein, weil es nicht eingegriffen hat.

Das Gefühl, dass gewisse Handlungen richtig oder falsch sind, bedeutet nicht unbedingt, dass das Kind immer entsprechend handelt. Es sollte jedoch in der Lage sein zu verstehen – zu wissen *und* zu fühlen –, dass eine Handlung falsch war. Ein

Freund hat mir von einem Vorfall erzählt, der ihn als Kind beeindruckt hatte. Er hatte die Gewohnheit, seinem jüngeren Bruder das Spielzeug wegzunehmen. Als sein Vater ihn bei einem klaren Versuch ertappte, sich mit dem Recht des Stärkeren durchzusetzen, setzte er meinen Freund auf einen Stuhl, schaute ihm direkt in die Augen und sagte: „Denk' darüber nach!" Damit hatte der Vater sein Vertrauen in die Fähigkeit des Sohns ausgedrückt, sein Verhalten eigenständig zu ändern. Diese Lektion hat der Sohn nie vergessen.

Die Selbstkontrolle übernehmen

Tommys Erzieherin ist frustriert. Tommy macht ständig Ärger. Wenn sie auch nur andeutet, er solle warten, bis er an der Reihe ist, wird er wütend und gewalttätig, sowohl gegen sie wie gegen die anderen Kinder. Seine Fragen über Tiere haben jedoch des Öfteren gezeigt, dass er nicht nur über eine gute Beobachtungsgabe verfügt, sondern auch ein gutes Gedächtnis hat. Nicht selten überrascht er seine Erzieherin mit treffenden Schlussfolgerungen. Wenn er sich einmal hinsetzt und ein Bild malt, erweist er sich als erfindungsreich. Sie hält ihn für intelligent, vielleicht sogar für begabt. Doch ihr ist auch klar, dass Tommy keine Strategien zur Selbstkontrolle entwickelt hat. Das Leben in einer Gruppe verlangt vom Kind oft ein Verhalten, das nicht seinen persönlichen Neigungen oder üblichen emotionalen Ausdrucksweisen entspricht. Darüber hinaus muss es lernen, sich längere Zeit auf eine Aufgabe zu konzentrieren.

Kinder, die lernen, Enttäuschungen zu verarbeiten, inneren Impulsen zu widerstehen, ihre Aggressionen zu zügeln und auf der Basis eines gesunden Selbstbewusstseins Probleme als Herausforderungen zu betrachten, finden sich dabei viel leichter zurecht.

Frustrationen überwinden

Seit Sigmund Freud seine Pionierarbeiten über den Einfluss des Unbewussten auf das menschliche Verhalten veröffentlicht hat, besteht die Tendenz, Frustration für etwas Negatives zu halten. Man nimmt an, dass Frustrationen mit der Zeit automatisch zu neurotischem Verhalten führen. Daraus wurde geschlossen, man müsse Situationen, die Frustration nach sich ziehen könnten, unbedingt vermeiden. Das hat Freud allerdings nicht gesagt.

Freuds Tochter Anna hat seine Position in einer Vorlesungsreihe an der Harvard University 1952 verdeutlicht. Sie wies auf den entscheidenden Beitrag hin, den Eltern und andere Erziehungspersonen dazu leisten können, dass ihre Kinder einen extrem wichtigen Entwicklungsschritt vollziehen. Im Alter zwischen drei und fünf Jahren sollten Kinder lernen, erst nachzudenken, bevor sie ihre unmittelbaren Wünsche ausleben. Anna Freud sagte sogar, ein Kind entwickele eine innere Stärke, indem es Frustrationen bewältigt, anstatt ihnen aus dem Weg zu gehen. Damit wollte sie keine Philosophie der Abhärtung verkünden. Vielmehr meinte sie, Frustrationen seien Teil des menschlichen Lebens, daher sollten Kinder Gelegenheit haben zu lernen, wie man mit ihnen zurechtkommt.

Im Alter von fünf Jahren begann Steven zu weinen, als Sophie ihm sagte, seine Zeichnung eines Pferdes sehe aus wie ein Schwein. Er hatte sich so viel Mühe gegeben, dennoch war er gescheitert. Er zerriss das Bild. Wenn er über einen längeren Zeitraum immer wieder ähnliche Erfahrungen macht, kann das Steven davon abhalten, sich weiter zu bemühen. Glücklicherweise war Sophies Mutter anwesend. Sie hat Steven kein „besseres" Pferd vorgemalt, sondern ihm gezeigt, in welcher Weise er seine Zeichnung falsch begonnen hatte. Er hatte einfach eine Kreisbewegung gemacht, ohne sich über die Umrisse des Pferdes Gedanken zu machen. Sophies Mutter zeigte ihm, dass er mit einer rechtwinkligen Form beginnen könnte. Steven brauchte nicht mehr als diesen Hinweis, um seine Zeichnung zu verbessern. Und am Ende war er mit seinem Pferd ganz zufrieden. Wenn Steven noch mehr derartige Erfahrungen macht, wird das seine Beharrlichkeit und sein Selbstvertrauen stärken. Er wird in schwierigen Situationen neue Lösungen suchen, weil er gesehen hat, dass sie zum Erfolg führen können.

Wünsche aufschieben

Kinder können eine unmittelbare Belohnung oder die sofortige Befriedigung ihrer Wünsche zugunsten eines längerfristigen Ziels aufschieben.

Yuichi Shoda, Walter Mischel und Philip K. Peake haben eine Reihe von Untersuchungen durchgeführt, in denen Kinder im Alter von viereinhalb Jahren mit dem Problem umgehen sollten, einer Versuchung zu widerstehen. Das Kind saß allein in einem kleinen Zimmer an einem Tisch, auf dem ein Glöckchen stand. Der Untersuchungsleiter legte dann etwas auf den Tisch, was das Kind besonders gerne mochte, zum Beispiel ein Stück Schokolade. Daraufhin sagte er: „Wenn du das Stück Schokolade nicht isst, bis ich zurückkomme, gebe ich dir zwei Stücke. Du kannst jederzeit die Glocke läuten. Dann komme ich sofort zurück. Aber dann bekommst du kein Stück Schokolade, sondern eine Salzbrezel." (Das betreffende Kind mochte Salzbrezeln nicht besonders.) Wenn das Kind nicht läutete, kam der Untersuchungsleiter nach 15 bis 20 Minuten zurück und gab dem Kind seine Belohnung – wenn das Stück Schokolade noch da war.

Für einige Kinder war die Versuchung zu groß. Sie aßen das Stück Schokolade. Andere hingegen hielten durch, bis der Untersuchungsleiter zurückkam. Sie bedienten sich kleiner „Strategien“, um ihr Ziel zu erreichen: Sie schlossen die Augen, sahen woanders hin oder führten ein Selbstgespräch.

Die Wissenschaftler zogen nicht den unerfreulichen Schluss, dass man unter allen Umständen einer Versuchung widerstehen müsse. Sie meinten vielmehr, das Kind müsse eine Wahlfreiheit haben und nicht automatisch gezwungen sein, einem Impuls nachzugeben. Für einige Kinder ist es besonders schwer, auf etwas zu warten, was sie unbedingt haben wollen. Das hängt auch vom Temperament ab. Durch Erfahrung können Kinder jedoch lernen, immer längere Wartezeiten zu ertragen.

Hohe Impulsivität und späteres antisoziales Verhalten

Die Fähigkeit eines Kindes, seine Impulse unter Kontrolle zu halten, verdient besondere Aufmerksamkeit, weil fehlende Selbstkontrolle im Kindergartenalter mit späterem antisozialen Verhalten assoziiert sein kann. Richard E. Tremblay und seine Kollegen von der Universität Montreal fanden heraus, dass Jungen, die im Kindergarten eine bestimmte Kombination von Verhaltensmustern aufwiesen, als Heranwachsende zu antisozialem Verhalten neigten. Die drei Merkmale waren hohe Impulsivität, geringe Ängstlichkeit und ein geringes Bedürfnis nach Bestätigung und Anerkennung von Erwachsenen in ihrem Leben.

Jungen, die die ersten beiden Eigenschaften aufwiesen, aber ein starkes Bedürfnis nach Bestätigung zeigten, neigten als Jugendliche weniger zu antisozialem Verhalten als Jungen mit den beiden ersten Eigenschaften und wenig Bedürfnis nach Bestätigung. Möglicherweise waren die Beziehungen der ersten Gruppe zu ihren Eltern und anderen Bezugspersonen ein ausschlaggebender Faktor bei der Prägung ihres Verhaltens. Die Autoren der Studie empfehlen, Vorschulkindern mit einem Risikoprofil mehr Aufmerksamkeit zu widmen. Wichtig ist es, nicht nur *einen* charakteristischen Aspekt des Verhaltens zu berücksichtigen, sondern mehrere Eigenschaften zusammen, sowie ihre Entwicklung über einen längeren Zeitraum. Es muss auch klar hervorgehoben werden, dass Vorhersagen mit äußerster Vorsicht zur Kenntnis genommen werden müssen. Ein bestimmtes Profil in einem jüngeren Alter führt nicht zwangsläufig zu einem bestimmten Verhalten in einem späteren Alter. Eine günstige soziale Umgebung kann – auch bei Vorhandensein einer negativen Konstellation – das Risiko einer antisozialen Entwicklung senken.

Aggressionen in Schach halten

Berichte über einen Anstieg von Gewalt und Aggression unter Schulkindern bereiten vielen Eltern große Sorge. Dabei geht es weniger um ungebremste Energie, die Kindern – vor allem Jungen – eigen ist, sondern um Verhalten, das eindeutig und oft bewusst für andere gefährlich ist.

Aggressionen haben eine Art Naturgeschichte. Die Tendenz, körperliche Gewalt einzusetzen, um ein Ziel zu erreichen, steigt im Alter zwischen neun Monaten und zwei Jahren. Es ist beruhigend zu wissen, dass aggressives Verhalten im Allgemeinen zwischen drei und fünf Jahren und dann noch einmal zwischen 16 und 20 Jahren nachlässt. Die Tatsache, dass manche Kinder eher zu aggressivem Verhalten neigen als andere, wird im zehnten Kapitel Thema sein.

Im Vorschulalter lernen Kinder normalerweise von Erwachsenen, welches Verhalten akzeptabel ist und welches nicht. Man ermuntert sie, ihre Bedürfnisse sprachlich auszudrücken und auf die Gefühle anderer Menschen zu achten. Wenn diese Anleitung fehlt oder wenn Eltern gar Gewalt und Brutalität vorleben, besteht die Wahrscheinlichkeit, dass ihre Kinder diese Verhaltensmuster verinnerlichen.

Die Entwicklung von Selbstvertrauen

Ich war sehr beeindruckt von einem viereinhalbjährigen Jungen, der sich an der Harvard-Kinderstudie beteiligt hat. Er nahm an einem Experiment teil, bei dem die Entwicklung des Temperaments beobachtet wurde. Eine Wissenschaftlerin zeigte dem Jungen ein Bild und sagte sinngemäß: „Das ist mein Lieblingsbild. Es gefällt mir wirklich sehr." Dann bat sie den Jungen, das schöne Bild zu zerreißen. Während die anderen Kinder ihrer Anordnung Folge leisteten, sei es aus Spaß, sei es aus Pflichtgefühl, wehrte sich der Junge und erwiderte: „Das tue ich nicht." Für ihn war es falsch, das Bild zu zerreißen, und er verfügte über ausreichend Selbstvertrauen, seine Meinung auszusprechen.

Kinder müssen sich in vielen verschiedenen Situationen ihres Gespürs für „richtig" und „falsch" sicher sein. Sie müssen in der Lage sein, „nein" zu einem Fremden zu sagen, der sie bittet mitzukommen. Sie müssen vielleicht einem Spielkameraden in den Weg treten, der einem schwächeren Kind gegenüber zu grob ist. Selbstvertrauen bedeutet auch, zunehmend die Verantwortung für das eigene Verhalten zu übernehmen und offen über die eigenen Fehler zu sprechen. Das sind Stärken, die sich nicht unbedingt von selbst entwickeln. Sie bedürfen der Anleitung durch Erwachsene – die auch als Vorbild handeln– sowie reichlich Übung.

Die Zusammenarbeit der beiden Gehirnhälften

Die Natur hat uns mit einer genialen Methode ausgestattet, eine Unmenge von Informationen zu verarbeiten und die Komplexität menschlichen Verhaltens zu bewältigen: Wir verfügen über zwei Gehirnhälften, die einander ähnlich sind und jeweils ihre Spezialgebiete haben. Die Zusammenführung verschiedener Ressourcen hat ein riesiges Netzwerk zur Folge, das über ein größeres Potential verfügt als die bloße Summe beider Hälften.

Beide Gehirnhälften arbeiten ständig zusammen. Eine ohne die andere gebrauchen zu wollen ist, als würde man versuchen, auf einem Bein zu marschieren. Die beiden Hemisphären kommunizieren vor allem über den Balken miteinander, aber es gibt auch andere, kleinere Brücken.

Die beiden Gehirnhälften arbeiten zusammen

Vor allem in der linken Gehirnhälfte		**Vor allem in der rechten Gehirnhälfte**
Einzelheiten in einem Bild sehen	SEHEN	Das ganze Bild sehen
Namen für Objekte	SPRACHE	„Bilder" der Objekte
Worte aussprechen	SPRECHEN	Sprachmelodie
Fakten	GEDÄCHTNIS	Ereignisse
Töne wahrnehmen	MUSIK	Melodie wahrnehmen
Eher positive	EMOTIONEN	Eher negative
Abstraktes Verarbeiten	„DENKEN"	Konkretes Verarbeiten
Rechte Seite	KÖRPERBEWEGUNGEN	Linke Seite

Bislang stammt ein Großteil unseres Wissens über die Rolle beider Gehirnhälften aus Untersuchungen über Hirnschäden. Der größte Nachteil dieses Wissens besteht darin, dass man den genauen Ort der Schädigung kaum feststellen konnte. Ferner hat das Gehirn zu dem Zeitpunkt, an dem mit Verhaltensstudien begonnen wird, einen Teil der verlorenen Fähigkeiten schon kompensiert. Heute ermöglichen moderne bildgebende Verfahren ohne Eingriffe in den Körper wichtige Einblicke in die Funktionen und Zusammenarbeit beider Hemisphären.

Keine der beiden Gehirnhälften ist ganz allein für eine Aufgabe zuständig, beispielsweise für Sprachverstehen, das Gedächtnis oder den Ausdruck von Emotionen, ganz zu schweigen von umfassenden Fähigkeiten wie der Intelligenz oder der Vorstellungskraft. Vielmehr kooperieren beide Hemisphären, indem jede von ihnen Komponenten für das Netzwerk beisteuert, das für das entsprechende Verhalten notwendig ist. Wir können das anhand eines Transistorradios veranschaulichen: Wenn man die Batterien entfernt, kommt kein Ton. Die Batterien sind eine notwendige Komponente eines funktionierenden Radios. Aber man kann nicht sagen, dass die Batterien die Musik machen.

Ein komplexes Verhalten wie das Sprechen kann in mehrere Bestandteile zerlegt werden. Sprachliche Laute werden vor allem in der linken Hemisphäre registriert und analysiert. Die Sprachzentren analysieren die Lautfolge und tragen zum Zugriff auf die im Gedächtnis gespeicherten Wörter bei. Währenddessen verarbeitet die rechte Hemisphäre die melodischen Aspekte des Redeflusses und steuert dessen emotionale Färbung bei. Es ist interessant, dass Sprache und Musik in überlappenden Hirnarealen verarbeitet werden. Die Interpretation von Musik ist mit elektrischer Aktivität sowohl in der linken wie in der rechten Hemisphäre verbunden.

Untersuchungen mit dem EEG zeigen, dass das Empfinden von positiven und negativen Eindrücken von den beiden Hirnhälften unterschiedlich verarbeitet wird. Sie erinnern sich an die Neugeborenen, die Zuckerwasser bekamen, und die zehnmonatigen Babys, die zeitweise von ihrer Mutter getrennt wurden. Positive Emotionen werden großenteils in der linken Hemisphäre verarbeitet, negative dagegen eher in der rechten. Die rechte Hemisphäre ist auch stärker mit Reaktionen des Körpers auf irritierende und schmerzhafte Situationen verbunden. Die linke Hemisphäre ist aktiver bei Kindern, die in der Lage sind, ihre Reaktionen abzuschwächen und sich schnell zu beruhigen.

Die unterschiedlichen Funktionen der beiden Hemisphären lassen sich zum Teil durch die Unterschiede in der relativen Konzentration von Neurotransmittern erklären. Norepinephrin, ein Neurotransmitter, der mit Aufmerksamkeit und Wachheit zu tun hat, verfügt in der rechten Gehirnhälfte über eine größere Zahl von Rezeptoren und zeigt hier eine stärkere Aktivität. Das trifft auch auf Serotonin zu. Hohe Serotoninaktivität steht im Zusammenhang mit hoher Impulskontrolle und einer geringeren Neigung zur Aggressivität; niedrige Werte werden mit geringer Impulskontrolle und größerer Aggressivität assoziiert. Kortisol, ein Hormon, das in Stresssituationen ausgeschüttet wird, ist ebenfalls in der rechten Hemisphäre aktiver. Der Neurotransmitter Dopamin dagegen, der eine entscheidende Rolle für das Arbeitsgedächtnis und für die Bildung komplexer Assoziationen spielt, verfügt in der linken Gehirnhälfte über mehr Rezeptoren als in der rechten. Dies deutet auf einen möglichen Zusammenhang mit kognitiven Funktionen hin, die eine wirksamere Impulskontrolle erlauben.

Der Vergleich der Durchblutung in den beiden Hirnhälften deutet auf Unterschiede in ihren Funktionen hin. Bis zum Alter von etwa drei Jahren erfährt die rechte Hemisphäre eine stärkere Durchblutung als die linke. Aber danach wird die linke Hemisphäre stärker durchblutet als die rechte. Die Umkehrung ist ein Hinweis darauf, dass sich die rechte Hemisphäre früher entwickelt als die linke. Sie spiegelt aber auch eine Schwerpunktverlagerung wider: von einem Verhalten, das in den ersten drei Jahren mehrheitlich emotional geleitet ist, zu einem Verhalten, das zunehmend kognitiv und durch Sprache gesteuert wird. Diese Veränderung wird von Entwicklungen beeinflusst, die sich in den Sprachzentren und den höheren Arealen der linken Hemisphäre vollziehen. Es ist von Interesse, dass zwischen 4 und 6 Jahren die Neuronen im Broca-Areal sich schnell entwickeln und dass die Kohärenz in der linken Hemisphäre zunimmt. Die „denkenden" Areale des kindlichen Gehirns greifen ein und sagen: „Halt! Zuerst nachdenken!" Dadurch kann das Kind die Ressourcen seines Gehirns besser nutzen. Sein Verhalten wird zunehmend überlegter.

Fragen und Antworten

„Die anderen dürfen aber ..." – Wie geht man damit um?

Auch wenn man nicht immer vorhersagen kann, was bei Kindern als Nächstes kommt, kann man sich darüber informieren, was man zu erwarten hat. Sprechen Sie mit Eltern von etwas älteren Kindern. Beobachten Sie ihren Umgang mit ihren Kindern. Sprechen Sie frühzeitig mit Ihrem Partner oder Ihrer Partnerin über künftige Probleme, setzen Sie fest, wie groß der Verhandlungsspielraum sein darf. Was werden Sie sagen, wenn das Kind um mehr Taschengeld, Gitarrenunterricht, einen eigenen Fernseher oder ein Handy bittet? Lassen Sie sich nicht von der Formulierung „alle anderen Eltern" in die Irre führen. Stattdessen sollten Sie einen guten Grund bereit haben, wenn Ihre Antwort „Nein" lautet.

Wie kann ich das Selbstvertrauen meines Kindes stärken?

Neben der Förderung der individuellen Fähigkeiten des Kindes und seiner sozio-emotionalen Entwicklung im Alltag kann man Beispiele von den Erfahrungen anderer Menschen heranziehen.

Wir müssen uns nur unsere beliebtesten Märchen anschauen, um uns von der Anziehungskraft von Themen zu überzeugen, die hilflose Menschen, oft Kinder, und ihre erfolgreiche Überlistung mächtigerer Wesen wie Riesen und Hexen oder die Meisterung anderer, scheinbar unüberwindlicher Hindernisse zum Gegenstand haben. Wir müssen uns aber nicht auf Märchen beschränken, um Geschichten zu finden, die Kinder zu einer positiveren Einstellung sich selbst gegenüber inspirieren. Der Psychologe Jerome Kagan hat darauf hingewiesen, dass Geschichten über gegenwärtige oder frühere Familienmitglieder dem Kind eine starke Identifikation mit der Familie verschaffen. Zu wissen, wie andere Mitglieder der eigenen Familie Schwierigkeiten gemeistert haben, kann das Vertrauen eines Kindes auf sein Talent und seine Erfolgschancen beträchtlich vergrößern.

Wie soll ich mit Geschwisterstreit umgehen?

Sie müssen natürlich eingreifen, wenn ein Kind deutlich benachteiligt ist. Kinder sind sich ihrer Kraft und der möglichen Schäden oft nicht bewusst, die aus dem Einsatz körperlicher Gewalt zur Beilegung von Streitigkeiten resultieren können. In vielen Fällen können die Konfliktparteien jedoch eine gute Lösung finden, wenn sie darüber nachdenken dürfen. Nehmen wir an, Ihre sechsjährigen Zwillinge hätten sich darüber gestritten, wer das untere (oder obere) Bett bekommt. Fragen Sie sie, welche Lösungen sie gefunden hätten. Sie schlagen vielleicht vor, sich abzuwechseln oder den Verlierer in dieser Frage mit einem Spielzeug zu entschädigen. Wenn die Kinder *selbst* ihren Konflikt lösen können, halten sie sich eher an ihre Entscheidung und üben gleichzeitig für die Zukunft.

Bei geringfügigen Streitigkeiten zwischen kleineren Kindern (im Alter zwischen drei und fünf) ist es oft schwer, den „Täter" vom „Opfer" zu unterscheiden. Hier ist es am besten, Schuldzuweisungen zu vermeiden. Das schont Ihre Nerven und ermutigt die Kinder, ihre Konflikte friedlich zu lösen. Schicken Sie die Beteiligten in verschiedene Zimmer und sagen Sie ihnen, sie könnten herauskommen, wenn sie eine Lösung gefunden haben und wieder miteinander spielen wollen.

Was ist von Medikamenten für Verhaltensprobleme zu halten?

In einem Artikel von Julie Magno Zito und ihren Kollegen im *Journal of the American Medical Association* (JAMA) vom 23. Februar 2000 wurde darauf hingewiesen, dass immer mehr psychoaktive Medikamente für Vorschulkinder verschrieben werden. Da diese Substanzen die Wirkung von Neurotransmittern an den Synapsen beeinflussen, sollten wir sie in dieser besonders aktiven Periode der Gehirnentwicklung äußerst zurückhaltend einsetzen. Joseph T. Coyle von der Abteilung für Psychiatrie der Harvard University meint: „Da es keine empirischen Belege gibt, die eine Behandlung von sehr kleinen Kindern mit psychoaktiven Substanzen rechtfertigen würden, und da begründete Befürchtungen vorliegen, dass eine derartige Behandlung die Entwicklung des Gehirns negativ beeinflusst, muss ausfindig gemacht werden, wo die Gründe für diese Besorgnis erregende Veränderung der medizinischen Praxis liegen."

Es ist wichtig, die unmittelbaren Bedürfnisse des jeweiligen Kindes, der Eltern, der Umgebung und des Kindergartens oder der Schule in Betracht zu ziehen. Wo alle zusammenarbeiten, kann viel ohne die Zuhilfenahme von Medikamenten erreicht werden. Es ist jedoch möglich, dass eine umfassende Einschätzung der Gesamtsituation zu dem Ergebnis kommt, dass medizinische Unterstützung positiv für das Kind wäre.

Wie kann ich dafür sorgen, dass sich mein Kind sich als wichtiges Mitglied der Familie fühlt?

Schon dreijährige Kinder sehen sich gerne als Mitglieder eines Teams. Es macht ihnen Spaß, im Haushalt zu helfen und sie sind stolz, wenn ihre Bemühungen Anerkennung finden. Man sollte sie zum Helfen ermutigen, auch wenn die Erledigung einer Aufgabe dann länger dauert als vorher. Man kann das Konzept des „Familien-Teams" auf mehrere Arten fördern. Wenn beispielsweise die ganze Familie einen Ausflug mit Picknick macht, trägt jedes Mitglied einen Teil der mitgebrachten Essenssachen, nicht nur seinen eigenen Proviant. Eine Person trägt die Limonade, eine die Würstchen, eine die Servietten und Streichhölzer. Nur wenn das ganze Team mithilft, kann das Picknick stattfinden.

Mit zunehmendem Alter können die Kinder echte Aufgaben im Haushalt übernehmen, beispielsweise bei den Vorbereitungen zum Kochen helfen (oder selbst etwas kochen), einkaufen, sich um die Haustiere kümmern. Die Teilnahme an Familienritualen ist eine andere Methode, die Familienbande zu stärken. Nicht nur der Geburtstag der Kinder, sondern auch der der Eltern und Großeltern kann mit einem festen Ritual gefeiert werden.

Wie kann ich die Sprachentwicklung meines Kindes fördern?

Die besten Gelegenheiten ergeben sich bei Tisch, auf Ausflügen und Spaziergängen oder bei gemeinsamen Tätigkeiten im Alltag. Gewöhnen Sie sich daran, dass nur eine Person auf einmal das Wort hat, hören Sie einander mit ungeteilter Aufmerksamkeit zu und warten auf eine Antwort. Ein Kind braucht Zeit, um seine Gedanken zu fassen und um die Worte deutlich auszusprechen.

Lassen Sie ihr Kind über seine Erfahrungen berichten und helfen Sie ihm, sich an Einzelheiten zu erinnern. Wenn es beispielsweise um einen Besuch im Zoo geht, fragen Sie das Kind, was das Känguru getan hat.

Das In-Worte-Fassen von Gefühlen ist eine wichtige Fähigkeit, die im Alltag geübt werden kann. Wenn Ihre Tochter zum Beispiel geknickt nach Hause kommt, weil sie nicht auf die Geburtstagsparty einer Freundin eingeladen wurde, können Sie ihr dabei helfen, ihre Gefühle als „traurig", „verärgert" oder „enttäuscht" zu benennen. Wenn sie in der Lage ist, über ihre Gefühle zu sprechen, kann sie die Situation besser verstehen und verarbeiten.

Kinder, die fähig sind, die Gründe für Handlungen anderer Personen zu verstehen und über die möglichen Gründe für Konflikte zu reden, sind weniger anfällig für den Gebrauch von körperlicher Gewalt.

Was kann ich tun, wenn ich zu Hause nicht mit meinem Kind fertig werde?

Wenn Sie das Gefühl haben, am Ende Ihres Lateins zu sein, sollten Sie Rat bei Fachleuten einholen, die Erfahrung bei der Unterstützung von Familien haben. Eine viel versprechende Methode ist das Videotraining. Ausgebildete Sozialarbeiter kommen acht bis zehn Mal zur Familie nach Hause und nehmen 10 bis 20 Minuten der Alltagsaktivitäten auf, beispielsweise das Abendessen oder ein gemeinsames Spiel. Indem sie auch auf die positiven Interaktionen zwischen Eltern und Kind hinweisen, können sie das Vertrauen der Eltern fördern, mit potenziellen Konfliktsituationen fertig zu werden.

Ein Programm, das mittlerweile in vielen deutschen Städten angeboten wird, bietet Eltern eine Gelegenheit, nicht nur ernsthafte Problem anzupacken, sondern ihren Familienalltag so zu gestalten, dass sie größeren Problemen vorbeugen können. Das Programm wird in Braunschweig in einer kontrollierten Längsschnittstudie evaluiert, die von der Deutschen Forschungsgemeinschaft gefördert wird. Das Triple-P-Programm (Positive Parenting Program, oder Positives Erziehungsprogramm) unterstützt Familien und Eltern auf fünf Ebenen, die von ausschließlicher Information und Selbstanleitungsprogrammen über Gruppentrainings für Eltern bis zu intensiver Familientherapie reichen. Das Ziel ist, Eltern Anregungen zu geben, die ihnen helfen können, eine gute Eltern-Kind-Beziehung aufzubauen.

Kapitel 10

Wege zur Persönlichkeit

Wie werden die Kinder in unserer Geschichte sich wohl weiterentwickeln? Wir können die Zukunft nicht voraussehen, sondern lediglich sagen, was wahrscheinlich oder weniger wahrscheinlich sein wird.

Es gab Zeiten, in denen man entweder alles auf die Gene oder alles auf die Umgebung zurückgeführt hat. Das Bild, das sich aus den jüngsten Forschungen in der Psychologie, der Genetik und der Neurobiologie ergibt, ist jedoch eher ein komplexes, multidimensionales Mosaik aus vielen, im Wechselspiel wirksamen Faktoren. Eine Möglichkeit, sie zu ordnen, besteht darin, die Persönlichkeit in zwei Hauptbestandteile zu zerlegen: in das Temperament und den Charakter. Das Temperament ist der Teil der Persönlichkeit, der mehr mit den unmittelbaren Reaktionen des Nervensystems verknüpft ist. Die Temperamentszüge treten sehr früh im Leben auf und bleiben das ganze Leben über einigermaßen stabil. Der Charakter dagegen ist mit Zielen und Werten verwoben. Da diese von der sozialen und kulturellen Umgebung und durch die individuellen Erfahrungen beeinflusst werden, bildet sich der Charakter über einen langen Zeitraum hinweg aus.

Das Temperament

Erinnern wir uns daran, wie die beiden kleinen Mädchen, Anna und Sophie, im Alter von 4 Monaten und im Alter von 21 Monaten auf Neues reagierten. Die Harvard-Kinderstudie hat Kindern besondere Aufmerksamkeit geschenkt, die wie Sophie und Anna an den entgegengesetzten Enden der Skala für die Reaktion auf Unbekanntes anzusiedeln sind. Auf der einen Seite befinden sich die „Sophies", die sich durch unbekannte Gegenstände oder Ereignisse am wenigsten stören ließen, auf der anderen die „Annas", die sich darüber am meisten aufregten. Über die Jahre hinweg passten die Forscher die Testsituationen jeweils dem Alter der Kinder an, beispielsweise durch die Hinzufügung von Spielen in einer kleinen Gruppe von Kindern und später von Partys in größeren Gruppen.

Kinder wie Anna, die im Alter von vier Monaten durch die fremde Stimme und das Mobile so sehr aus dem Gleichgewicht gebracht wurden, dass sie zappelten und schrieen, und im Alter von 14 und 21 Monaten ängstlicher reagierten, waren im Vorschulalter eher zurückhaltend. Die „Annas" waren meist ängstlich und zurückhaltend. Jedoch zeigte die Studie auch, dass diese Kinder weniger Fehler bei Aufgaben machten, bei denen es darum ging, eine automatische Reaktion zu unterdrücken. Sie waren vorsichtiger und nahmen sich mehr Zeit, ein Problem zu lösen, anstatt sofort eine Antwort parat zu haben. Die „Sophies" neigten im Vorschulalter eher als die „Annas" dazu, extravertiert und gesellig zu sein.

Als die Wissenschaftler die Hirnaktivität in Bezug auf das Temperament der Kinder untersuchten, fanden sie heraus, dass Aktivitätsmuster über die Jahre hinweg erstaunlich stabil blieben. Mittels EEG-Techniken maßen sie die elektrische Aktivität im Hirnstamm, wenn das Kind einen Laut hörte. Im Alter von zehn Jahren zeigten die Kinder, die mit vier Monaten als leicht erregbar eingestuft worden waren, eine stärkere Reaktion auf den Laut. Die Reaktion des Gehirns auf den Laut beruhte auf der höheren Empfindlichkeit der Amygdala, die den Hirnstamm aktiviert. Das Nervensystem dieser Kinder hatte immer noch eine niedrigere Reizschwelle. Die Studie barg jedoch auch Überraschungen. Obwohl Kinder wie Anna meist zurückhaltender waren als die „Sophies", waren die „Annas" weniger schüchtern als erwartet. Sie spielten gerne mit ihren Freunden und waren in der Schule zufrieden.

Vermutlich wird aus Anna nie eine Partylöwin werden, aber jetzt, wo wir uns von ihr verabschieden, fühlt sie sich wohl in der ersten Klasse, bewundert ihre Lehrerin und hat die Schulbibliothek für sich entdeckt. Mit zunehmendem Alter übt der zerebrale Kortex, der „denkende Teil" ihres Gehirns, einen immer größeren Einfluss auf ihre Persönlichkeit aus. Er ermöglicht es ihr, auf einen immer größeren Schatz an Erfahrungen zuzugreifen und „über ihren Schatten zu springen". Die Geschichte ist voller Beispiele von Menschen, die ihre ausgeprägte Schüchternheit überwunden haben und als Redner oder Schauspieler berühmt geworden sind.

Sophie, die als Kleinkind lebhaft und gesellig und im Vorschulalter neugierig und begeisterungsfähig war, freut sich schon auf die zweite Klasse. Ihr Mundwerk steht nie still und ihr Redefluss wird regelmäßig von Lachsalven unterbrochen. Wir haben gesehen, wie sie für ihre Freundin Anna Empathie gezeigt hat, als Tommy sie auf dem Geburtstagsfest umschubste, und wie sie ihrer Mutter fröhlich dabei geholfen hat, nach dem Fest aufzuräumen. Zieht man alle Faktoren in Betracht, so ist es wahrscheinlich, dass sie in der Schule gute Erfahrungen machen wird.

Der kleine Peter, der seine Eltern als Baby auf Trab gehalten hat, zeigt ein größeres Durchsetzungsvermögen als seine große Schwester Sophie. Er hat jedoch gelernt, auch einmal zurückzustecken und die Rechte anderer zu respektieren. Er kommt nicht vom Kindergarten zurück und posaunt seine Neuigkeiten aus, wie Sophie das getan hat. Aber er redet und spielt zufrieden mit seinen Freunden. Seine Eltern können inzwischen kaum glauben, dass er so ein schwieriger Säugling war.

Stevens Mutter hat beobachtet, dass Steven im Gegensatz zu seinem großen Bruder, der einer Ermahnung wenig Beachtung schenkt, oft Zeichen von Reue zeigt. Als sie einmal mit den beiden Jungen schimpfte, weil sie beim Ballspielen im Wohnzimmer eine wertvolle Vase zerbrochen hatten, wollte Stevens Bruder einfach weiterspielen, während Steven traurig war über das, was sie angestellt hatten. Er schlug vor, die Vase zur Reparatur zu bringen oder Geld beizusteuern, um eine neue zu kaufen. Man sollte sich darüber im Klaren sein, dass derartige Unterschiede nicht allein auf den Erziehungsstil zurückzuführen sind. Sie resultieren vielmehr aus der einzigartigen Interaktion zwischen dem Temperament des Kindes und seinen Erfahrungen. Derzeit beschäftigen sich Forschungen mit den Gründen, warum Kinder mit einem ängstlichen Temperament eher zu Schuldgefühlen neigen, wenn sie Regeln verletzt haben. Eine Hypothese lautet, dass ihr Nervensystem sie zu körperlich unangenehmen Gefühlen prädisponiert. Wenn sie den Eindruck haben, etwas falsch gemacht zu haben, fühlen sie sich unwohl, „schlecht". Sie empfinden die emotionalen Reaktionen ihres Körpers intensiver. Beispielsweise haben sie einen schnelleren Puls, eine trockene Kehle, einen „Kloß" im Magen und eine Wärmeempfindung, die sich über das Gesicht ausbreitet.

Grazyna Kochanska von der University of Iowa hat die Beziehung zwischen dem Temperament des Kindes, der gegenseitigen Umgang von Mutter und Kind und der Entwicklung des Gewissens bei kleinen Kindern untersucht. Sie hat herausgefunden, dass schüchterne, ängstliche Kleinkinder sich am ehesten die Verhaltenskriterien der Eltern aneignen, wenn sie mit „sanfter

Disziplin" erzogen werden, womit ein liebevoller, autoritativer Erziehungsstil gemeint ist. Für die extravertierteren Kinder, die nicht so stark auf sanfte Disziplinarmaßnahmen reagieren, sollte man auf „Kooperation" hinarbeiten. Bei gemeinsam ausgeführten Tätigkeiten, so die Studie, sei das Kind meist empfänglich für das Lob und den Tadel der Mutter und zeige den Wunsch, sich nützlich zu machen. Wenn die Beziehung zwischen Eltern und Kind „stimmte", tendierte das Kind dazu, sich bis ins Vorschulalter an die Grundregeln der Eltern zu halten.

Wie verhält sich Steven in der ersten Klasse? Wir haben gesehen, dass er ein etwas „verträumtes" Baby war und sich als Kleinkind und Vorschulkind leicht ablenken ließ. Er verlor schnell das Interesse an einem Projekt, selbst wenn er es voller Begeisterung begonnen hatte. Seine Lehrerin braucht Geduld, bis Steven die Grundlagen des Lesens versteht oder seine Hand so beherrscht, dass er leserliche Buchstaben schreiben kann. Da seine Mutter sich seiner Schwierigkeiten bewusst ist, versucht sie Ablenkungen zu vermeiden und ermuntert ihn, eine Aufgabe bis zum Ende auszuführen, wenn er sie einmal begonnen hat. Stevens Gehirn entwickelt sich sehr schnell, und die Übung mit den Händen fördert die Koordination seiner Bewegungen. Er lernt allmählich, sich länger mit einer Aufgabe zu beschäftigen.

Sonjas Mutter hat beobachtet, wie beharrlich Sonja schon auf Sophies erstem Geburtstagsfest ihr Portemonnaie auszuleeren versuchte. Sonja verfolgte stets hartnäckig ihr Ziel und lässt sich nicht leicht ablenken. Ihre außergewöhnliche musikalische Begabung fiel den Eltern früh auf, da sie selbst Musiker sind. Wir haben sie als selbstsicheres Kleinkind und als hochmotivierte Geigenschülerin kennen gelernt. Sie fühlt sich wohl in der Schule und hat einen großen Freundeskreis.

Mark begann früh zu laufen und war seinen Altersgenossen beim Springen, Hüpfen, Klettern und Dreiradfahren weit voraus.

Auf Sophies sechstem Geburtstagsfest war er ein selbstbewusster, extravertierter Junge mit einer Vorliebe für Sport. Er übernimmt gerne die Führungsposition und hat keine Hemmungen, Tommy in die Schranken zu weisen.

Tommy gibt mehr Anlass zur Sorge als jedes andere Kind in der Gruppe. Als Kleinkind neigte er zu impulsivem Verhalten und zeigte kein Mitgefühl für seine Kameraden. In der ersten Klasse hat er immer noch Schwierigkeiten, seine Aggressionen zu zügeln und verhält sich oft destruktiv. Diese Eigenschaften wurden in wissenschaftlichen Untersuchungen mit späteren Verhaltensauffälligkeiten in Beziehung gebracht. Oft liegt das Problem jedoch nicht im Temperament des Kindes allein. Vielmehr ist die Konstellation zwischen Temperamentseigenschaften und den Bedingungen des Umfeldes manchmal so ungünstig, dass die Wahrscheinlichkeit späterer Schwierigkeiten steigt. Einfühlsame und angemessene Reaktionen der Eltern auf das schwierige Temperament des Kindes können die Gefahr verringern, dass ihr Kind später gewalttätig und destruktiv wird.

Leider ist Tommys Mutter überfordert und hat geringen Einfluss auf ihn. Wenn sie lernt, ihm bei der Zügelung seiner Emotionen und im Umgang mit anderen zu helfen, kann er seine persönlichen Stärken und Fähigkeiten besser entwickeln.

Bei der Untersuchung des Temperaments von Erwachsenen hat C. Robert Cloninger vier Verhaltenskategorien identifiziert, die man auch bei Kindern beobachten kann: Suche nach Neuem, Vermeiden von Risiko, Beharrlichkeit und Bedürfnis nach Bestätigung. Aus diesen vier, zusammen mit ihrem Gegenteil, ergeben sich acht Verhaltenszüge, die mehr oder weniger ausgeprägt in verschiedenen Kombinationen auftreten können.

Temperament und Neurotransmitter

Mehrere Neurotransmitter konnten mit bestimmten Verhaltensweisen in Verbindung gebracht werden. Norepinephrin steigert die Wachsamkeit und Aufmerksamkeit. Serotonin ist an Stimmungen beteiligt. Eine genetisch bedingte hohe Serotoninbildung ist mit starker Selbstkontrolle und verringerter Aggressivität verbunden. Eine geringe Serotoninausschüttung kann die Frustrationstoleranz senken und zu einer negativen Grundstimmung führen. Eine besonders geringe Ausschüttung von Serotonin ist verbunden mit schwacher Selbstkontrolle, erhöhter Risikobereitschaft und Aggressivität.

Die Erforschung des Neurotransmitters Dopamin liefert ein Beispiel von der Beziehung zwischen diesen Botenstoffen und dem Verhalten. Dopamin spielt eine Rolle bei den Systemen des Gehirns, die für Belohnung zuständig sind. Eine hohe Dopaminkonzentration in bestimmten Hirnarealen steigert den Genuss, den man bei einer Tätigkeit empfindet, und damit die Motivation, die Erfahrung zu wiederholen. Doch auch wenn Neurotransmitter mit bestimmten Verhaltensweisen in Verbindung gebracht werden können, können sie nicht allein das Verhalten eines Menschen erklären. Sie sind nur ein Aspekt der biologischen Veranlagung.

Temperament und der frontale Kortex

Forschungen über die Spezialisierung der beiden Hemisphären des Gehirns bei der Verarbeitung von Emotionen bestätigen, dass einige Aspekte des Temperaments ihre Grundlage im biologischen Profil des Gehirns haben. Richard J. Davidson von der University of Wisconsin gehört zu den Hirnforschern, die gegenwärtig das Netzwerk untersuchen, das den Emotionen und Gefühlen zugrunde liegt.

In EEG-Untersuchungen haben Davidson und seine Kollegen ermittelt, dass der linke präfrontale Kortex aktiver ist als der rechte, wenn es um positive Gefühle im Zusammenhang mit dem Zugehen auf eine neue Situation und mit dem Setzen und Erreichen eines Zieles geht. Hingegen ist der rechte präfrontale Kortex aktiver als der linke, wenn ein Kind eher negativ auf eine neue Situation reagiert und sich zurückzieht. Diese Asymmetrie zeigt sich auch bei Erwachsenen: Optimisten und Personen, die Probleme direkt anpacken, zeigen im EEG eher eine Aktivierung des linken präfrontalen Kortex; Pessimisten und Personen, die sich zurückziehen, zeigen eher eine Aktivierung rechts.

In einer anderen Studie untersuchten Forscher den Zusammenhang von Gehirnaktivität und sozialem Verhalten bei 4-Jährigen mittels EEG und durch die Beobachtung des Spielverhaltens in der Gruppe. Aufgrund ihres Sozialverhaltens wurden zwei Extremgruppen von Kindern unterschieden, die die oberen und unteren 30 Prozent der Kinder umfassten. Diese waren die geselligen und die scheuen Kinder. Die geselligen wurden weiter in die Kategorien „aggressiv" und „nicht aggressiv" unterteilt, die scheuen in „ängstlich" und „nicht ängstlich".

Bei allen Kindern wurde ein EEG durchgeführt, ohne dass die Auswerter um das Verhalten der Kinder in der Gruppe wussten. Es war von Interesse, dass sowohl bei den aggressiven geselligen als auch bei den ängstlichen scheuen Kindern die EEG-Aktivität des rechten Frontalhirns jeweils stärker war als die des linken. Bei den nicht aggressiven geselligen und den nicht ängstlichen scheuen Kindern jedoch war die Aktivität des linken Vorderhirns größer als die der rechten.

Es ist bekannt, dass das Frontalhirn eine Rolle bei der Selbstkontrolle spielt. Die Forscher nahmen an, dass eine stärker aktivierte linke Hemisphäre auf bessere Möglichkeiten deutet, Sprache und kognitive Prozesse einzusetzen. Da die rechte Hemisphäre weniger Zugang zu diesen Prozessen hat, könnte bei der stärkeren Aktivierung der rechten Hemisphäre die Selbstkontrolle erschwert sein. Doch ist es durchaus möglich, dass Eltern, die diese Situation verstehen und darauf entsprechend einfühlsam reagieren, einen Einfluss auf die weitere Entwicklung des Kindes haben können.

Emotionen und Gefühle

Die Abbildung des Kindes, das von einem Hund erschreckt wird, zeigt, wie der Körper darauf emotional reagiert und wie Gefühle geweckt werden. Das Kind spielt friedlich im Sandkasten. Plötzlich sieht es, wie ein riesiger unbekannter Hund auf es zukommt. Die Informationen über die neue Situation wird von den Augen und Ohren über den Thalamus zur Amygdala weitergeleitet. Die Amygdala ist Teil des limbischen (das heißt emotionalen) Systems und zuständig für das Auslösen von emotionalen Reaktionen; sie ist somit von Bedeutung für das Temperament des Kindes. Sie empfängt die Signale und sendet sie weiter. Wenn die Amygdala die Signale nicht abdämpft, ist das Kind leicht erregbar. Wenn die Amygdala die Stärke der Signale jedoch reduziert, ist das Kind weniger leicht erregbar – es bleibt „cool".

Die Amygdala sendet ihre Signale an die Basalganglien, die dafür sorgen, dass der Körper des Kindes erstarrt und seine Hand die Schaufel fallen lässt. Auch an den Hirnstamm schickt die Amygdala Informationen. Jetzt wird der Neurotransmitter Adrenalin ausgeschüttet. Das Kind wird wachsamer. Seine Augen öffnen sich, sein Unterkiefer fällt herab und es stößt einen hohen Schrei aus. Sein Herz klopft und für einen Augenblick hält es den Atem an. Die Amygdala sendet Signale auch an den Hypothalamus, der seinerseits die Nebenniere anregt, das Stresshormon Kortisol auszuschütten.

Das Erstarren, die Schreckbewegungen, der Schrei, die Veränderungen vom Herzschlag und Atem werden als emotionale Reaktionen bezeichnet und sind nach außen sichtbar oder messbar.

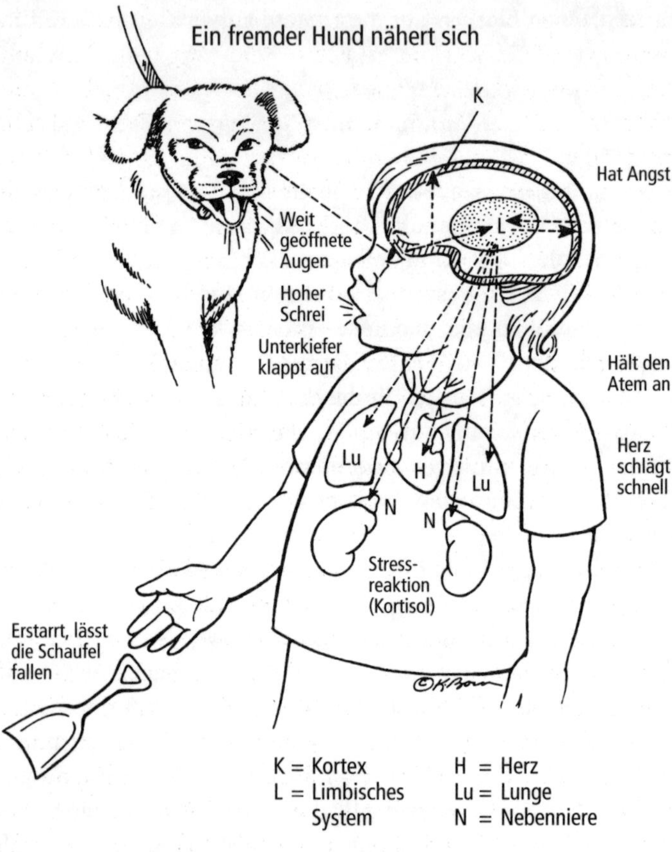

Ein unerwartetes Ereignis aktiviert das limbische Alarmsystem, wodurch emotionale Körperreaktionen ausgelöst werden. Der Kortex wird dieser Reaktionen bewusst und übersetzt sie in das Gefühl der Angst.

Jetzt kommt der zerebrale Kortex ins Spiel und „interpretiert" sowohl das Ereignis wie auch die emotionalen Reaktionen des Kindes darauf. Als das Kind den Hund erblickt, sendet der Thalamus eine Nachricht nicht nur an die Amygdala, sondern auch an den zerebralen Kortex, der den Hund mit anderen Hunden vergleicht, die das Kind in der Vergangenheit gesehen hat, und die gegenwärtige Situation mit früheren Erfahrungen in Beziehung setzt, die das Kind mit Hunden hatte. Der Kortex erhält auch Informationen über die emotionalen Reaktionen. Das Kind spürt seinen Herzschlag, empfindet die Muskelspannung und hört seine eigene erschreckte Stimme. Sein Kortex übersetzt das Bewusstsein dieser emotionalen Reaktionen in „Gefühle". Das Kind hat Angst. Im Gegensatz zu seinen unmittelbaren emotionalen Reaktionen können seine Gefühle nicht gemessen oder von anderen Menschen direkt beobachtet werden. Sie sind „privat" und können allenfalls vermutet werden. Es ist immer noch ein Rätsel, wie das Gehirn emotionale Reaktionen in Gefühle übersetzt.

Der zerebrale Kortex begnügt sich nicht mit dem Empfang und der Verarbeitung von Information. Er beeinflusst auch seinerseits die subkortikalen Strukturen und über sie die inneren Organe.

Das Erlebnis mit dem Hund hat einen Einfluss auf das künftige Verhalten des Kindes in ähnlichen Situationen. Wenn der Hund das Kind sehr erschreckt hat, wird es in Zukunft bei der Begegnung mit einem unbekannten Hund wahrscheinlich noch wachsamer und ängstlicher sein. Wenn die jeweiligen Besitzer der Hunde diese jedoch im Griff haben und das Kind ermuntern, sich ihrem Hund zu nähern und ihn zu streicheln, könnte das Kind mit der Zeit lernen, seine Angst zu besiegen. Da der Kortex besänftigend auf die unmittelbaren Reaktionen der Amygdala wirken kann, ist selbst ein Kind mit einer sehr empfindlichen Amygdala in der Lage, durch positive Erfahrungen seine Angst zu verringern.

Temperament und Gesundheit

Wie wir gesehen haben, hat das Temperament nicht nur einen Einfluss auf die Stärke der emotionalen Reaktionen und Gefühle, sondern auch auf die Regulation der Körperfunktionen und damit auch die Gesundheit. Kinder mit einem besonders sensiblen Nervensystem haben eher gesundheitliche Probleme als ihre unkomplizierten Altersgenossen. Das liegt daran, dass die Nervensysteme der stark reagierenden Kinder schneller und heftiger in Alarmstellung gehen und dabei länger verharren. Wenn eine Gefahr vorbei ist, sollten die Stressreaktionen rasch abklingen und der Körper wieder in den Normalzustand zurückkehren. Wenn das Nervensystem eines Kindes jedoch über längere Zeit in Alarmbereitschaft bleibt, können Stressreaktionen langfristig das Risiko von gesundheitlichen Problemen wie Bluthochdruck, Kreislaufschwierigkeiten oder Allergien erhöhen.

Leicht erregbare Kinder wie Anna unterliegen einem doppelt so hohen Risiko, Heuschnupfen, Asthma und Hautallergien zu bekommen wie die ruhigen Kinder. Die Ursache liegt darin, dass ihre Amygdala starke Signale an den Hypothalamus sendet, der die Ausschüttung des Hormons Kortisol auslöst. Ein hoher Kortisolspiegel über einen langen Zeitraum hinweg kann das Immunsystem beeinträchtigen, so dass das Kind weniger widerstandsfähig gegen Infektionskrankheiten und Allergien ist.

Über die gesteigerte Kortisolproduktion hinaus stimulieren starke Signale der Amygdala an das autonome Nervensystem die Nerven, die zu den inneren Organen führen. Damit kann es zu Verdauungsstörungen und Durchfällen kommen. Die Blutgefäße im Körper können sich verengen, so dass das Kind über Kopfschmerzen klagt. Es kann sich angespannt fühlen und Einschlafschwierigkeiten haben. Diese Zusammenhänge zwischen Gehirn, Psyche und Körper werden unter dem Begriff der „Psychosomatik" zusammengefasst.

Das Wissen um das Temperament eines Kindes hat praktische Konsequenzen, weil Eltern vieles tun können, um ihr Kind in seinem Umgang mit Stress zu unterstützen. Der Kreislauf von starker Reaktion und größerer Angst muss unterbrochen werden. Wenn das Kind zum Beispiel im Voraus weiß, was zu erwarten ist, wenn es sich impfen lässt – dass es nur einige Sekunden schmerzt und dass es weniger weh tut, wenn es sich entspannt und tief durchatmet –, wird es sich über die Erfahrung nicht so aufregen als wenn es sich nicht darauf vorbereiten kann. Frustration, Ärger und Wut können ebenfalls zu Stressreaktionen beitragen. Da es kein Leben ohne Frustrationen gibt, sollte das Kind lernen, mit Frustrationen umzugehen. Es soll lernen, sich nicht über jede Kleinigkeit zu ärgern, sondern sie gelassener zu nehmen.

Die Reaktionen eines Kindes auf ein bestimmtes Ereignis sind nicht nur auf die Qualität des Ereignisses zurückzuführen, sondern vor allem auf dessen Interpretation durch das Kind. Der Umzug in eine neue Wohnung oder eine neue Stadt ist für das eine Kind eine traumatische Erfahrung, für ein anderes Kind ein Abenteuer. Sehr scheue, aggressive und leicht erregbare Kinder nehmen Ereignisse eher als Stresssituationen wahr, während gesellige, friedliche und gelassene Kinder weniger dazu neigen. Eltern können einem schüchternen Kind zu mehr Selbstvertrauen verhelfen oder ein Kind, das häufig zu Handgreiflichkeiten neigt, zu besseren Strategien anleiten. Sie können das Kind auch motivieren, eine Situation nicht als Stress, sondern als Herausforderung zu erleben. Weisen Sie auf die positiven Aspekte der neuen Erfahrung hin, beispielsweise bei einem Umzug: Das Kind kann neue Freunde gewinnen oder es bekommt ein eigenes, schönes Zimmer.

Sich in eine neue Gruppe einfügen

Die Einfügung in eine neue Gruppe ist eine Herausforderung, mit der Kinder häufig konfrontiert werden. Die unterschiedlichen Reaktionen der Kinder darauf beruhen zum Teil auf den Unterschieden im Temperament. Megan Gunnar und ihre Kollegen haben die Beziehung zwischen dem Temperament von Kindern und ihrer Anpassung an eine neue Gruppe erforscht. Die Wissenschaftler haben Kinder im Alter von drei bis fünf Jahren bei der Bildung neuer Gruppen im Kindergarten beobachtet. Sie haben das Verhalten der Kinder registriert und die Eltern gebeten, das Temperament ihrer Kinder zu beschreiben. Um zu ermitteln, wie das Nervensystem des Kindes auf das Erlebnis reagierte, maßen sie den Kortisolgehalt im Speichel. Ein Anstieg des Kortisolspiegels ist ein Hinweis darauf, dass das Kind eine Art Stress erfährt. Die Proben wurden entnommen, als die Kinder einander kennen lernten und Gruppen bildeten und noch einmal, nachdem die Gruppen sich gefestigt hatten.

Die Forscher unterschieden drei Kategorien von Kindern. Die Kinder der ersten Kategorie hatten am ersten Tag eine hohe Kortisolausschüttung, aber nach der Phase des ersten Kennenlernens fiel ihr Kortisolspiegel auf das normale Niveau und blieb dort. Diese Kinder waren eher extravertiert, kompetent und bei ihren Altersgenossen beliebt. Sie waren wahrscheinlich zu Anfang aufgeregt angesichts der neuen Erfahrung, fühlten sich dann aber bald zu Hause und entspannten sich.

Die Kinder der zweiten Kategorie zeigten am ersten Tag keinen Anstieg des Kortisolspiegels, aber eine verstärkte Reaktion, nachdem sie ihre Altersgenossen besser kennen gelernt hatten. Sie waren beim Gedanken an die neuen Erfahrungen zunächst nicht sehr aufgeregt, wurden aber ängstlicher, als sie den neuen Kindergarten dann tatsächlich erlebten. In der dritten Kategorie war der Kortisolspiegel zu Anfang hoch und nahm auch später nicht ab. Diese Kinder hatten Angst und brauchten sehr lange, um sich zu beruhigen. Die Kinder der letzten beiden Kategorien hatten eine negative Grundstimmung und tendierten dazu, sich von der Gruppe zu isolieren. Sie hatten auch weniger Selbstkontrolle und eine geringere Aufmerksamkeitsspanne. Diese Kinder brauchen zusätzliche Aufmerksamkeit und Ermunterung, um ihren Platz in der neuen Gruppe zu finden.

Forschungen haben gezeigt, dass sich die Kortisolausschüttung eines Kindes auch in der Jugend wenig ändert. Wenn man einem Kind mit einem leicht erregbaren Temperament hilft zu lernen, sich zu entspannen, verbessert man nicht nur seinen Gesundheitszustand, sondern steigert auch seine Lebensfreude. Dabei sollte auf ein gesundes Gleichgewicht zwischen körperlicher Betätigung und Ruhe geachtet werden. Tägliche Bewegung ist wichtig, vor allem an der frischen Luft. Sie kann in sportlicher Betätigung bestehen, aber auch darin, im Hof zu spielen oder bei der Gartenarbeit zu helfen. Wenn Ihr Kind besonders angespannt wirkt oder an Asthma leidet, sollten Sie mit Ihrem Kinderarzt über mögliche Entspannungsübungen und spezielle Atemtechniken sprechen. Kindermusik, Tanz und Zeichengruppen bieten eine gute Gelegenheit, sich zu entspannen und die Aktivität gemeinsam mit anderen Kindern zu genießen. Verringern Sie den häuslichen Stress, indem Sie sich viel Zeit für die Mahlzeiten nehmen und Ihrem Kind die Möglichkeit geben, über das zu sprechen, was es den Tag über erlebt hat.

Ihre Ermutigung und Ihr Beispiel sind sehr wichtig dafür, dass das Kind mit neuen Situationen umzugehen lernt. Sie können Ihrem Kind helfen, über seine Ängste zu sprechen. An ihrem ersten Tag im Kindergarten hat Anna etwa folgendes Gespräch mit ihrer Mutter geführt:

Anna: „Ich will nicht in den Kindergarten gehen."
Mutter: „Warum willst du denn nicht gehen?"

Anna wiederholt, was sie gesagt hat, und beginnt zu weinen. Das Gespräch gerät in eine Sackgasse.

> *Mutter:* „Erinnerst du dich noch, wie du dich am ersten Tag bei der Tagesmutter gefühlt hast?"
>
> *Anna:* „Ich habe geweint."
>
> *Mutter:* „Ja, zuerst hast du geweint. Aber dann hast du all die schönen Spielsachen entdeckt und Frau Keller hat dich in der Küche mithelfen lassen. Wie hast du es da gefunden?"
>
> *Anna:* „Dann hat es Spaß gemacht."
>
> *Mutter:* „Wie könnte es also jetzt im Kindergarten sein?"

Anna beginnt zu lächeln. Sie sieht, dass sich die Ereignisse, vor denen sie sich fürchtet, als positiv erweisen könnten.

Ein besonders schüchternes oder ängstliches Kind kann sich möglicherweise immer nur an eine Gruppe gleichzeitig gewöhnen. Sie sollten warten, bis es sich an die Kindergartengruppe gewöhnt hat, bevor Sie es mit dem Judounterricht beginnen lassen. Wenn ein Kind durch Erfahrung lernt, dass es Spaß macht, neue Leute kennen zu lernen, oder dass die Anwendung neuer Methoden zu Lösung eines Problems führen kann, wird es den Mut aufbringen, derartige Situationen als Herausforderung zu begreifen, die es meistern kann, und nicht als „Stress".

Jedes Kind hat seine Begabungen

Noch bevor sie drei Jahre alt war, wurde Sonja ganz aufgeregt, wenn ihr Vater sein Cello aus dem Koffer nahm, um für das kommende Orchesterkonzert zu üben. Sie hörte konzentriert zu und bettelte, auch einmal den Bogen über die Saiten führen zu dürfen. Mark sprach vollständige Sätze, bevor einige seiner Freunde ihr erstes Wort gesagt hatten, und als er fünf Jahre alt war, verfügte er über einen großen Wortschatz und eine beeindruckende Sprachbeherrschung.

Neben einem individuellen Temperament ist jedes Kind bei der Geburt mit einem individuellen Ensemble von Fähigkeiten ausgestattet, die einen Teil seiner Persönlichkeit ausmachen. Einige dieser Begabungen zeigen sich sehr früh, andere erst im Schulalter und manche kommen erst in der Jugend oder im frühen Erwachsenenalter zum Tragen.

Zu Beginn der 1980er-Jahre hat Howard Gardner den Begriff der „multiplen Intelligenzen" geprägt. Damit wollte er ein Gegengewicht zur Überbetonung der sprachlichen und mathematischen Fähigkeiten schaffen, die in den üblichen Intelligenztests geprüft wurden. Seine Definition von Intelligenz beinhaltete den Wert, den eine Gesellschaft einer bestimmten Fähigkeit zuschreibt.

Gardner zählte folgende Fähigkeiten zu Anwärtern auf den Status von „Intelligenz": linguistisch (Sprachgebrauch), logisch oder mathematisch, räumlich (Skulptur, Architektur), musikalisch, körperlich oder kinästhetisch (Sport, manuelle Tätigkeit), interpersonell (wie Menschen miteinander umgehen), intrapersonal (die eigenen Gefühle und Motivationen) und naturalistisch (Interesse für Pflanzen und Tiere).

Gardner hat vermutet, dass die Basis für die besonderen Fähigkeiten oder „Intelligenzen" in einer Kombination grundlegender Prozesse besteht, die schon bei der Geburt vorhanden sind oder früh im Leben entstehen. Es handelt sich um Einstellungen des Nervensystems, die einen Menschen beispielsweise sensibler für Töne oder Handgriffe machen. Die weitere Entwicklung des Talents erfordert die Beteiligung anderer sensorischer Systeme, persönliche Eigenschaften wie Beharrlichkeit und Neugierde sowie die Unterstützung der Gesellschaft.

Gardners Theorie der multiplen Intelligenzen hat wichtige Konsequenzen für die Schule. Eine von ihnen lautet, dass individuelle Stärken und Schwächen des Kindes in einem realistischen Gesamtzusammenhang beurteilt werden sollten, nicht nur in isolierten Tests. Gardner schlug zum Beispiel vor, dass man das „Portfolio" eines Kindes, die Sammlung all seiner Arbeiten – sowohl aus der Schule wie aus der Freizeit –, heranziehen sollte, um seinen Fortschritt in der Schule einzuschätzen. Zum „Portfolio" gehören Zeichnungen, Lesestoff, Angaben über soziale Tätigkeit und sportliche Aktivität. Eine andere Konsequenz besteht darin, dass individuelle Stärken genutzt werden können, um die Lernbereitschaft in anderen Bereichen zu fördern und zu unterstützen. Ein Kind etwa, das kein Interesse am Lesen hat, aber sehr gut im Sport ist, kann Freude am Lesen entwickeln, wenn man ihm für den Lesestart Geschichten über seine Sportidole gibt.

Viele Wissenschaftler verfolgen in der Frage der Intelligenz einen anderen Ansatz. Sie spalten den komplexen Begriff *Intelligenz* auf in einzelne Leistungen, die mit grundlegenden neuronalen und mentalen Prozessen in Verbindung gebracht werden können. Ein Beispiel ist das Berliner-Intelligenzstruktur-Modell, das die Operationen *Bearbeitungsgeschwindigkeit*, *Gedächtnis*, *Einfallsreichtum* und *Verarbeitungskapazität* enthält und die Fähigkeit evaluiert, die entsprechenden Inhalte bildhaft, sprachlich oder zahlenmäßig darzustellen. Obwohl es Untersuchungen gibt, die diese grundlegenden Verhaltensweisen mit späteren Schulleistungen in Zusammenhang bringen, wäre es irreführend zu meinen, dass sie die gesamte Eigenschaft *Intelligenz* messen.

David Wechsler, der für seinen Intelligenzskalen berühmt ist, hat Intelligenz als allgemeine Qualität definiert, die Eigenschaften wie „Beharrlichkeit, Begeisterungsfähigkeit, Selbstkontrolle und Zielstrebigkeit" umfasst. Diese Eigenschaften werden in Intelligenztests nicht direkt gemessen und haben dennoch eine beträchtliche Auswirkung auf die Leistungen eines Kindes. Es handelt sich um Eigenschaften, die Eltern im Alltag fördern können.

Musikalisches Genie und das Gehirn: das Beispiel Mozarts

Unsere Faszination für das seltene Phänomen der Wunderkinder führt zu immer neuen Spekulationen über die Gründe für das außergewöhnliche Talent Mozarts. Die Notizen eines Zeitgenossen Mozarts sind aufschlussreich.

Dr. Samuel Tissot (1728–1797) war ein bekannter Arzt in Lausanne und ein Verwandter des berühmten Uhrmachers. Er war so beeindruckt, als er den jungen Mozart hörte – der offiziell neun, eher aber zehn Jahre alt war –, dass er in einem Artikel für die Zeitschrift *Aristide ou Le Citoyen* vom 11. Oktober 1766 eine genaue Zusammenfassung seiner Beobachtungen veröffentlichte. Er meinte, das herausragende musikalische Talent des kleinen Wolfgang beruhe zum Teil auf der besonderen Natur seines Gehirns. Sein Gehirn reagiere besonders empfindlich auf Töne und verarbeite Tonhöhe und Harmonie mit größter Präzision. Die Empfindlichkeit von Mozarts Hörsystem sei aber nicht der alleinige Grund für sein Talent. Dr. Tissot fuhr begeistert fort: „Zuweilen wurde er unwillkürlich wie durch eine geheime Gewalt zu seinem Clavier gezogen und entlockte ihm Töne, die der lebendige Ausdruck der Vorstellung waren, die ihn gerade beschäftigte. Man könnte sagen, er ist in diesen Augenblicken ein Instrument unter den Händen der Musik, aus harmonisch und mit einer solchen Kunst gespannten Saiten zusammengesetzt, dass man keine einzige berühren kann, ohne dass alle anderen mitschwingen." Musik habe die Macht, ihn tief und auf eine einzigartige Weise zu bewegen. Mozarts Affinität zur Musik habe ihn dazu veranlasst, viel zu üben, was sich wiederum auf die Feinabstimmung seines Systems ausgewirkt habe.

Tissot mutmaßte, dass Mozarts musikalisches Genie sich möglicherweise nie ausgebildet hätte, wenn er nicht in eine Familie hineingeboren worden wäre, in der Musik zum Alltag gehörte. Auch wenn das Gehirn des Jungen außergewöhnlich empfindliche und gut koordinierte Systeme für das Gehör und die Feinmotorik hatte, seien Übung und Disziplin entscheidend. Dem Vertrauen seines Vaters in seine Fähigkeit und seiner unaufhörlichen Unterstützung und Ermunterung habe Mozarts Erfolg viel zu verdanken.

Die Autoren eines unlängst veröffentlichten Artikels über das Verhältnis zwischen „Begabung" und „selbstständiger, bewusster Übung" weisen ebenfalls auf die Bedeutung der elterlichen Unterstützung für das Vertrauen eines Kindes in seine Fähigkeit und seine beharrliche Verfolgung eines Ziels hin.

Einige von Tissots Beobachtungen sind für heutige Eltern nicht ohne Interesse. Tissot berichtet, Mozarts Vater habe ihn nicht zwingen müssen, sich mit Musik zu beschäftigen. Im Gegenteil, er habe sich selbst bemüht, die Energie seines Sohnes so zu bündeln und in die richtigen Bahnen zu leiten, dass sie ihn voranbringen würde. Mozart und seine Schwester Nannerl betrachteten ihren Vater als Vorbild und reagierten stark auf sein Lob und seinen Tadel. Der Hoftrompeter Andreas Schachtner kannte Mozart als Kind. Er hat ihn als äußerst lebhaftes und begeisterungsfähiges Kind geschildert und bemerkt, Mozart hätte sich vielleicht nicht so gut entwickeln können, wenn er nicht so gute Bedingungen in der Familie genossen hätte. Mozarts Begabung ist das Resultat einer besonderen Kombination von biologischen Grundlagen und persönlichen Erfahrungen.

Viele Wunderkinder, die wie Mozart beginnen, fallen bald der Vergessenheit anheim. Andere Komponisten, wie Camille Saint-Saëns und Felix Mendelssohn-Bartholdy, die als Kinder vielleicht sogar Mozart in den Schatten gestellt hätten, haben später das Niveau seiner Leistungen nicht erreicht.

Um Unterschiede im Gehirn zu finden, die die Leistungen außerordentlich begabter Menschen erklären könnten, haben Wissenschaftler die Gehirne von Lenin und Einstein untersucht. Ihre Ergebnisse sind jedoch wenig aufschlussreich. Wenn das Gehirn Eigenschaften hat, die außergewöhnliche Begabung erklären könnten, werden wir sie wahrscheinlich nicht durch die anatomische Untersuchung eines toten Gehirns finden. Vielleicht können zukünftige Forschungen, die sich neuer Abbildungstechniken bedienen, Licht auf das Phänomen der verschiedenen Begabungen werfen, indem sie die biochemischen und elektrophysiologischen Prozesse untersuchen, die sich im lebendigen Gehirn vollziehen. Doch werden sie ein Genie wie Mozart wohl nie ganz erklären können.

Genetik, Umwelt und Erfahrung beeinflussen die Gehirnentwicklung

Die aufregende Mitteilung verbreitete sich blitzartig in der wissenschaftlichen Welt und in den Massenmedien: Ein Team von Wissenschaftlern der Princeton Universität und des Massachusetts Instituts für Technologie (MIT) hätte durch die Veränderung eines einzelnen Gens die Fähigkeit von Mäusen verbessert, den Weg durch ein Labyrinth zu finden. Dies ist ein Test, der angewendet wird, um Lernen und Gedächtnis bei Tieren zu prüfen. Plötzlich erschien in den Massenmedien das Wort „Intelligenzgen" – und das war umso aktueller, als gerade in dieser Zeit die menschliche Genkarte publiziert wurde. Vielerorts wurde die Frage diskutiert, ob man durch Genmanipulation wohl die Intelligenz des Menschen verbessern könnte oder ob eventuell auch speziell gewünschte Fähigkeiten „eingepflanzt" werden könnten.

Dazu ist vorerst Folgendes festzuhalten: Gene an sich vermitteln keine direkte Information für spezielle Verhaltensweisen. Sie liefern lediglich die Information für die Bildung von speziellen Eiweißen. Diese neugebildeten Eiweiße können in die Synapsen eingebaut werden. Es werden somit bestehende Schaltkreise verstärkt oder neue Schaltkreise gebildet. Dies hat nun einen Einfluss auf Funktionen des Nervensystems, was schlussendlich in Änderungen des Verhaltens resultieren kann.

Des weiteren sind komplexe Verhalten wie Intelligenz oder Neugierde ohnehin nicht mit der Aktivität eines einzelnen Gens korreliert, sondern sie benötigen die Information von mehreren Genen zusammen. Nur in Ausnahmesituationen kann die Mutation eines einzelnen Gens Verhaltenskonsequenzen nach sich ziehen oder gar ein Leben verunmöglichen. Dazu gehören Mutationen, die zum Beispiel einen essentiellen Stoffwechselschritt verhindern.

Während die Bedeutung von Genen für das Verhalten nicht unterschätzt werden darf, ist die Vererbung allein jedoch nicht hinreichend, um Unterschiede im Verhalten von einzelnen Menschen zu erklären. Entscheidend ist die Zusammenwirkung von Vererbung und Umwelt einschließlich der Aktivität eines Menschen. Als der Hirnforscher Donald O. Hebb gefragt wurde, welches die relative Bedeutung von Genetik und Umgebung ist, antwortete er: „Was ist wichtiger für die Größe eines Rechtecks, die Länge oder die Breite?"

Die Interaktion zwischen Genen und Umwelt wird in Untersuchungen über Zwillinge und Adoptivkinder erforscht. Da eineiige Zwillinge das gleiche Genom haben und in gewisser Weise „natürliche Klone" sind, liefert die Beobachtung ihrer Entwicklung wichtige Einsichten in die Auswirkungen der Umwelt, wenn die Zwillinge nach einer Adoption in getrennten Familien aufwuchsen. Zweieiige Zwillinge und die üblichen Geschwister haben durchschnittlich nur etwa die Hälfte ihrer Gene gemeinsam. Die Ergebnisse all dieser Untersuchungen zeigen, dass Gene und Umwelt zu Verhaltensunterschieden etwa gleich viel beitragen. Der Einfluss der Gene ist jedoch nicht bei allen Verhaltensweisen und in jedem Alter gleich.

Auf der Basis von Zwillingsforschungen, in denen eineiige mit zweieiigen Zwillingen verglichen wurden, kann man annehmen, dass die Gene zu Unterschieden in der Sprachbeherrschung mit etwa 60 Prozent beitragen und 50 Prozent zu Unterschieden bei räumlichen Fähigkeiten.

Temperamenteigenschaften wie Extravertiertheit und Introvertiertheit zeigen einen genetischen Einfluss. Eineiige Zwillinge gleichen sich in Bezug auf diese Eigenschaften. Dies gilt nicht für zweieiige Zwillinge, auch wenn sie im gleichen Haushalt aufwuchsen.

Im gleichen Haushalt aufwachsen bedeutet nicht unbedingt die gleiche Umgebung zu erleben

Warum unterscheiden sich Geschwister oft so stark voneinander, obwohl sie zusammen aufwachsen?

Eine Erklärung, die sich auf alle Kinder, nicht nur auf Zwillinge, bezieht, besteht darin, dass das Leben in derselben Familie nicht gleichbedeutend ist mit „in der gleichen Umgebung leben". Kinder, die im selben Haushalt aufwachsen, teilen einige Faktoren ihrer Umgebung, andere aber nicht. Zu den gemeinsamen Faktoren zählen die jeweilige Kultur, das Bildungsniveau der Eltern und Familientraditionen. Schon im Mutterleib haben eineiige Zwillinge keine identische Umgebung; denn ihre Lage und Blutversorgung ist nicht identisch, was sich auch in Unterschieden im Geburtsgewicht zeigt. Später hat jedes Kind seine eigenen persönlichen Beziehungen innerhalb der Familie, zu den Eltern und zu den anderen Geschwistern. Jedes Kind hat seine eigene Art, seine Umwelt und Ereignisse zu interpretieren, sie also anders zu erleben – und es ist das Erlebnis, nicht das Ereignis an sich, das zählt. Geschwisterkinder suchen sich unterschiedliche Freunde, unterschiedliche Gruppen, und sie wählen unterschiedliche Bücher aus, die sie lesen wollen. Da Geschwister eine verschiedene Genetik haben und dazu noch ihre Umgebung anders erleben, ist es kein Wunder, dass sie so verschieden sein können.

Ein Beispiel für die Interaktion von Genetik und Umwelt

Im Jahr 2002 wurde in der angesehenen Zeitschrift „Science" eine wichtige Arbeit zum traurigen Thema „Kindesmisshandlung" publiziert. Die Resultate der Studie zeigten einen wichtigen Aspekt der gegenseitigen Beeinflussung von Genetik und erlebter Umgebung. Obwohl die Resultate noch durch weitere Forschungsergebnisse zu vertiefen sind, weisen sie auf ein wichtiges Prinzip hin. 1037 Personen männlichen Geschlechts wurden zwischen dem Alter von drei bis 26 Jahren in ihrem Lebenslauf verfolgt. 8 Prozent der jungen Menschen erlitten im Alter von 3 bis 11 Jahren schwere Misshandlungen. Doch nicht alle in dieser Gruppe zeigten später auch ein antisoziales Verhalten. Die Forscher fragten sich, warum. Es stellte sich heraus, dass eine Untergruppe von den misshandelten Kindern, die sich antisozial entwickelt hatte, eine Störung im Abbau der Neurotransmitter Dopamin und Adrenalin zeigten. Im Gegensatz dazu hatten Kinder mit einer hohen Abbauaktivität dieser Neurotransmitter trotz Misshandlung eine signifikant geringere Wahrscheinlichkeit einer späteren antisozialen Entwicklung. Die Studie illustriert, dass weder die Genetik allein noch die Umgebung allein für das Resultat entscheidend ist.

Wie Genetik und Aktivität zusammenwirken

Wir wissen, dass Vererbung und Umgebung, inklusive Aktivität, zusammen die Entwicklung beeinflussen und dass Gene nicht nur bei der Befruchtung eine Rolle spielen, sondern während des ganzen Lebens. Doch wie und wo kommt diese Zusammenarbeit zustande? Was passiert zum Beispiel, wenn wir etwas lernen und Erinnerungen bilden? Forschungen in den letzten Jahrzehnten haben wichtige Einsichten dazu geliefert, wobei auf allen Ebenen Erkenntnisse gewonnen werden mussten – in einzelnen Neuronen, in Zellkulturen, in Meeresschnecken und in höheren Lebewesen. Für Leistungen auf diesem Gebiet wurde auch der erste Nobelpreis in Medizin im 21. Jahrhundert an die Forscher Paul Greengard und Eric Kandel vergeben.

Der Treffpunkt von Genetik und Aktivität liegt im Zellkern der Neuronen. Sowohl körperliche wie auch geistige Aktivität löst mittels Neurotransmittern einen komplexen biochemischen Prozess aus, wobei Gene, die sich im Zellkern befinden, angeregt werden, die Eiweißbildung einzuleiten. Dieser Prozess wird als „Gen-Expression" bezeichnet. Die Eiweiße, auch Proteine genannt, werden in die Synapsen eingebaut. Dadurch werden bestehende Schaltkreise verstärkt oder neue gebildet. Erinnerungen werden auf diese Weise gespeichert und Fertigkeiten konsolidiert.

Zusammenfassend zeigen die Forschungsergebnisse drei wichtige Prinzipien:

1. Jede mentale Aktivität ist verbunden mit neuronaler Aktivität. Wie allerdings die neuronale Aktivität zu einem mentalen Bild führt, bleibt die große Frage.

2. Gene arbeiten während des ganzen Lebens in einer ständigen Interaktion von Genetik, Umwelt und Aktivität.

3. Die individuelle Interaktion von Genetik, Umwelt und Aktivität ist die Basis für die individuelle Entwicklung des Kindes und führt zu seiner einzigartigen Persönlichkeit.

Fragen und Antworten

Was kann ich tun, wenn mein Kind häufig mutlos ist?

Für manche Menschen ist das Glas halb voll, für andere halb leer. Grundstimmungen haben zwar ein biologisches Fundament und gehören zum Temperament, können aber durch Erfahrung beeinflusst werden. Wenn Ihr Kind oft Sätze äußert wie „Das schaffe ich nie", sollten Sie herausfinden, ob es Angst hat, dass es eine Aufgabe nicht bewältigen kann, ob es befürchtet, dass die Durchführung zu lange dauern könnte oder ob es einfach keine Lust dazu hat. Im ersten Fall können Sie ihm Aufgaben geben, bei denen es Erfolg haben kann und es, wenn nötig, am Anfang ermutigen, neue Strategien zur Lösung von Problemen zu suchen. Im zweiten Fall präsentieren Sie ihm zuerst kleine Aufgaben, die in kurzer Zeit gut erledigt werden können. Erst nach und nach lassen Sie es länger dauernde Aufgaben bewältigen. Im dritten Fall stimulieren Sie seine Motivation, indem Sie eine Aufgabe in Beziehung bringen zu einer Tätigkeit, die das Kind schon kennt und gerne ausführt. Versuchen Sie, das Selbstvertrauen des Kindes zu fördern, indem Sie es zu einem aktiven Mitglied des Familien-Teams machen.

Ist es schlimm, wenn mein Kind schüchtern ist?

Heute meinen viele, alle Menschen sollten extravertiert und gesellig sein. Das wäre eine eintönige und vor allem anstrengende Welt. Ihr Kind muss kein Partylöwe sein. Es reicht, wenn es einige gute Freunde hat. Schüchterne Kinder sind oft vorsichtiger und nachdenklicher als ihre extravertierten Altersgenossen. Sie können eine lebhafte Fantasie haben und sehr kreativ sein.

Wenn Ihr Kind allerdings unter seiner Schüchternheit leidet, sollten Sie ihm helfen, positive Erfahrungen mit anderen Menschen zu machen, weil es ihm dadurch später leichter fällt, sich in einem größeren Kreis zu bewegen. Statt seine Schüchternheit direkt zum Thema zu machen, erzählen Sie Geschichten, wenn möglich, aus Ihrem Bekannten- oder Familienkreis, die schildern, wie schüchterne Menschen ihre Ziele erreicht haben.

Eine geringe Zahl schüchterner und zurückgezogener Kinder sammelt im Inneren Wut und Ressentiments an, die in gewalttätigen und brutalen Handlungen zum Ausbruch kommen können. Es ist wichtig, das frühzeitig zu erkennen, um den betreffenden Kindern Selbstvertrauen und konstruktive Problemlösungen zu ermöglichen. Geben Sie Ihrem Kind viele Gelegenheiten, um in entspannten Alltagsmomenten – zum Beispiel beim Essen, Spazierengehen oder gemeinsamen Aufräumen – über seine (und auch Ihre) Erlebnisse, Hoffnungen und Ängste zu sprechen.

Warum muss man Kinder in der gleichen Familie nicht unbedingt gleich erziehen?

Jedes Kind kommt mit einem individuellen Ensemble von Temperamentseigenschaften auf die Welt und reagiert deshalb unterschiedlich auf Ereignisse. Dazu entwickelt sich im Verlauf der Zeit der persönliche Stil, Ereignisse zu verarbeiten. Eltern können ihren Erziehungsstil, wenn nötig, entsprechend adaptieren. Ein Kind zum Beispiel, das sich Kritik sehr zu Herzen nimmt, braucht mehr Aufmunterung und einen sanfteren Stil als ein selbstsicherer „Draufgänger".

Aber nicht nur das Temperament des Kindes ist entscheidend. Das ganze Umfeld muss stimmen. Das heißt, dass Kinder und die Erwachsenen, die für sie sorgen, im „Einklang" sein müssen. Für diesen Zustand wird manchmal der Begriff „Passung" verwendet. Er besagt, dass die Persönlichkeit eines Kindes sich optimal entfalten kann, wenn die Erwartungen, Bedürfnisse und Möglichkeiten der Eltern mit dem Temperament, der Motivation und den Fähigkeiten des Kindes übereinstimmen. Wenn Eltern das Temperament ihres Kindes besser verstehen, ist es leichter, diesen Einklang zu erzielen.

Was weist auf eine besondere Begabung hin?

Gelegentlich zeigt ein Kind Fähigkeiten, die überdurchschnittlich für sein Alter zu sein scheinen. Wichtig ist es zu beobachten, welche Tätigkeiten das Kind gerne freiwillig ausübt. Zeigt es Ausdauer und Begeisterung über längere Zeit hinweg? Übt es mit Freude? Zeigen Sie Ihrerseits Interesse und freuen Sie sich mit Ihrem Kind über seine Leistungen, aber behandeln es nicht als „Wunderkind". Und vergessen Sie nicht, dass viele Fähigkeiten, oft erstaunliche sogar, erst im Verlauf der Schuljahre zur Blüte kommen.

Ist Genetik Schicksal?

Nicht unbedingt. Es gibt seltene Fälle, in denen einzelne Gene für Krankheiten verantwortlich sind. In den meisten Fällen ist jedoch die genetische Anlage allein nicht für Fähigkeiten und Verhalten entscheidend. Wie wir am Prinzip der Gen-Expression gesehen haben, braucht es Anlage *und* Umgebung. Die Genetik können wir nicht ändern, doch können wir sehr wohl auf viele Weisen die Umweltfaktoren beeinflussen.

Kapitel 11

Sieben Orientierungshilfen für Eltern

Sie fragen sich mit Recht: „Wo steht mein Kind jetzt, und wie wird es weitergehen?" Obwohl heute die Grenzen zwischen Kindergarten und Schule nicht mehr so deutlich sind wie früher, bedeutet der Übergang in die Schule eine bedeutende Ausweitung des Lebensraumes, eine Verminderung des Einflusses der Eltern und den Übergang in eine Phase mit neuen Möglichkeiten, Risiken und Verantwortungen.

Bei aller Individualität des Kindes gibt es kognitive, emotionale und soziale Verhaltensweisen und Fähigkeiten, die Kinder im Alter von 5–7 Jahren erreichen können, und zwar unabhängig davon, ob sie im Zentrum einer Großstadt, in einem Vorort, einem Dorf oder auf einem Bauerndorf aufwachsen. Das Erreichen dieser Fähigkeiten ist eine gute Voraussetzung dafür, die folgenden Schuljahre und die Pubertät als eine faszinierende Herausforderung und nicht als eine Quelle ständiger Frustrationen und Stress zu erleben. Die Liste impliziert keine Hierarchie.

Die sieben Fähigkeiten:

1. Persönliche Beziehungen aufbauen
2. Kommunizieren
3. Werte entwickeln
4. Ziele setzen und durchhalten
5. Kreativ handeln statt nur konsumieren
6. Verantwortung für sich und andere übernehmen
7. Die persönliche Sichtweise ausweiten

Die Tatsache, dass Kinder die Anlage für bestimmte Verhaltensweisen haben, bedeutet noch nicht, dass sie die entsprechenden Fähigkeiten automatisch entwickeln. Sie erinnern sich an die Gene, die nur durch Umgebungseinflüsse und Aktivität „gezündet" werden. Kinder kommen mit den Voraussetzungen auf die Welt, eine Sprache zu lernen. Doch welche Sprache oder Sprachen sie lernen, entscheidet sich erst durch ihre Erfahrungen mit der jeweiligen Sprache in ihrer Umgebung.

Wenn Sie feststellen, dass Ihr Kind eine oder mehrere Fähigkeiten noch nicht entwickelt hat, lohnt es sich, jetzt schon zu handeln. Eine altes Kinderarzt-Sprichwort besagt, dass Erziehung in den ersten 5–7 Jahren stattfindet – danach heißt es „Umerziehen", und das ist bedeutend schwieriger. Wir möchten hiermit betonen, dass sich sehr viel auch nach dem siebten Lebensjahr entwickelt. Doch ist das „Umprogrammieren" von vielen grundlegenden sozialen und emotionalen Fähigkeiten mit immer größeren Anstrengungen verbunden.

Am besten gehen Sie so vor, dass Sie Ihre Vermutungen in Bezug auf das Verhalten Ihres Kindes so weit wie möglich objektivieren. Welche Fähigkeiten hat es nicht oder nur teilweise entwickelt? Welche Verhaltensweisen beunruhigen Sie? Was könnten die Ursachen dafür sein? Besprechen Sie Ihre Feststellungen mit Ihrem Partner/Ihrer Partnerin und mit anderen Bezugspersonen. Vielleicht wird es Ihnen schon jetzt klar, was Sie unternehmen können. Fühlen Sie sich jedoch unsicher, ziehen sie Fachleute zu Rate.

1. Persönliche Beziehungen aufbauen

Kinder werden in eine Welt hineingeboren, in der sie zunächst vollständig von Erwachsenen abhängig sind. Mit zunehmendem Alter werden ihre Beziehungen weniger einseitig und immer stärker gegenseitig. Es reicht dabei nicht, einfach zu wiederholen: „Ich habe dich lieb." Eine gute Beziehung muss im Alltag erfahren und empfunden werden – in vielen oft scheinbar unbedeutsamen Situationen, in Gesprächen und Gesten. Gegenseitigkeit bedeutet Respekt für andere, die Bereitschaft zu helfen und sich mit Konfliktsituationen auseinander zu setzen. Ein Kind, das sich ständig bedienen lässt, das seine Mithilfe verweigert, wenn es darum geht, den Tisch abzuräumen, sendet ein Signal, dass sich etwas ändern muss.

Eine Voraussetzung für persönliche Beziehungen ist die Fähigkeit, sich in die Gefühle anderer hineinzuversetzen, Empathie. Kinder können einen mehr oder weniger ausgeprägten Sinn für Empathie zeigen. Sie können zum Beispiel merken, wenn ein Familienmitglied oder Spielkamerad glücklich oder unglücklich ist. Sie können sogar unterscheiden, ob die betreffende Person

Ermutigung oder Trost braucht oder lieber für eine Weile allein sein möchte. An seinem Umgang mit Tieren oder Insekten kann man ebenfalls beobachten, ob ein Kind einen Sinn für Empathie besitzt. Gelegentlich wird ein vierjähriges Kind die Katze am Schwanz ziehen oder sogar einer Fliege die Flügel ausreißen. Wenn das Kind nach einer Ermahnung, dass das Tier darunter leidet, seine Tat versteht und bereut, ist das weiter nicht schlimm. Wenn das Leid anderer Lebewesen es jedoch nicht berührt oder ihm sogar zu gefallen scheint, ist es Zeit, diesen Tendenzen entgegenzuwirken.

Was können Eltern tun, wenn sie den Eindruck haben, ihr Kind empfinde selten Empathie? Kinder, die sich unsensibel zeigen oder schlecht teilen können, lassen sich motivieren, indem man sie die Rolle der anderen Person spielen lässt. Vernunft allein ist nicht ausreichend. Auch Belohnungen richten nichts aus. Ein Kind muss die Möglichkeit haben zu beobachten, wie Erwachsene anderen gegenüber Empathie zeigen. Eltern können ihr eigenes Beispiel noch unterstreichen, indem sie über die Gefühle anderer sprechen. Anhand von Geschichten kann man Situationen erläutern, in denen Empathie in praktischen Situationen zu beobachten ist. Beim Anhören von Geschichten empfindet das Kind nicht, dass es primär kritisiert wird. Es erarbeitet den Sinn der Geschichte selbst.

Ein Kind sollte sehen, wie sehr sich Menschen freuen, wenn man etwas Gutes für sie tut. Wenn Ihr Kind Ihnen zum Beispiel aus freien Stücken Blumen bringt und gute Besserung wünscht, zeigen Sie Ihre Freude, und nehmen Sie dies nicht als selbstverständlich hin.

Schüchterne Kinder zeigen oft weniger Empathie nach außen als extravertierte. Das liegt nicht unbedingt daran, dass sie weniger empfinden. Sie sind eher zu sehr mit ihren eigenen Ängsten beschäftigt oder haben Angst, auf andere Menschen zuzugehen.

Eltern können ihnen helfen, indem sie mit ihnen über diese Ängste sprechen.

Das Alter von 5-7 ist die Zeit für die Entstehung von ersten Freundschaften. Dadurch erfährt das Kind auch außerhalb der Familie, was Gegenseitigkeit und Vertrauen bedeuten. Kinder suchen ihre Freunde und Spielgruppen aus und werden zunehmend von ihnen beeinflusst. Eltern sollten unbedingt die Freunde ihrer Kinder kennen.

2. Kommunizieren

Manche Eltern stellen plötzlich fest, dass ihr Kind zwar viel redet, aber nicht „kommuniziert". Entweder hört es gar nicht zu oder es spricht undeutlich oder erzählt ohne Zusammenhang. Echte Kommunikation baut auf Gegenseitigkeit auf, auf Reden und Zuhören. Nur so wird es möglich, Gedanken auszutauschen, über Gefühle zu reden und gemeinsame Projekte zu planen. Mittels Sprache hat ein Kind Zugang zur Geschichte und zu den Werten seiner Familie und seiner Kultur.

Mit sieben Jahren hat ein Kind einen Wortschatz von 3 000 - 5 000 Wörtern. Je vielfältiger sein Wortschatz, desto größer sind seine Möglichkeiten, sich präzise auszudrücken und Missverständnisse zu vermeiden. An Gesprächen teilzunehmen gibt einem Kind die Gelegenheit, über seine eigenen Erlebnisse zu sprechen, die Ansichten und Bedürfnisse anderer besser zu verstehen und das Selbstvertrauen zu erwerben, das es braucht, um seine Meinungen in der Gruppe zu vertreten. Sprache fördert den Sinn für Humor und hilft dem Kind, auch die lustigen Aspekte einer Situation zu erkennen.

Darüber hinaus ist der mündliche Gebrauch der Sprache eine wichtige Voraussetzung für Lesen und Schreiben. Wenn ein Kind seine Worte undeutlich ausspricht, werden sie nicht nur von anderen weniger gut verstanden; das Kind wird auch mehr Mühe haben, Buchstaben zu lesen oder Laute in Schriftzeichen umzusetzen.

Sprache – ob mündlich oder schriftlich – ist eines der Hauptwerkzeuge für Wissen und Verstehen. Eltern können die Sprachfähigkeiten ihres Kindes auf verschiedene Weisen fördern.

Um diese Zeit gilt es, einen weiteren Faktor zu berücksichtigen: Wie steht es mit dem Erlernen einer zweiten Sprache? Da Kinder in dieser Zeit enorm schnell lernen und Freude daran haben, sich eine Fremdsprache anzueignen – für sie ist das ein Spiel –, wäre es schade, eine so günstige Gelegenheit zu verpassen. Das Erlernen einer zweiten Sprache vermittelt auch den Zugang zu einer anderen Kultur, was die Beweglichkeit von Denkprozessen fördert und in unserem globalisierten Zeitalter immer wichtiger wird.

3. Werte entwickeln

Um das Alter von fünf bis sieben Jahren findet ein wichtiger Entwicklungsschritt statt. Kinder handeln mehr und mehr nach allgemeinen Grundsätzen, die sie aus ihrer Umwelt und ihren Erfahrungen aufgebaut haben. Zu diesen Werten gehören Begriffe wie Ehrlichkeit, Gerechtigkeit und Fairness. Der amerikanische Psychologe William Damon hat die Entwicklung eines Sinns für Fairness erforscht. Unter vier Jahren beziehen Kinder ihre Werte hauptsächlich auf ihre eigenen Bedürfnisse. Die Werte der 5–6-Jährigen richten sich eher auf das Gleichheitsprinzip. Acht- bis neunjährige Kinder haben differenzierte Wertvorstellungen. Sie berücksichtigen beispielsweise Leistung, aber auch andere Kriterien, wie etwa Armut oder Behinderung der Betroffenen.

Anhand des Beispiels der Oma und der Hexe im Abschnitt über Vorurteile haben wir gesehen, dass Kinder lernen, Menschen aus mehr als einer Perspektive zu beurteilen. Die Kinder im Alter von vier Jahren waren allesamt der Meinung, die „Oma" sei nett, ganz gleich, wie sie die Katze behandelte. Die sechsjährigen Kinder zeigten eine Grundlage für Toleranz, indem sie ihre Stereotypen ablegen konnten und die Oma und die Hexe nicht nur nach ihrem Aussehen beurteilten, sondern auch nach ihrem Verhalten.

4. Ziele setzen und durchhalten

Ziele setzen und verfolgen ist außerordentlich wichtig und setzt Selbstvertrauen, Selbstkontrolle und Ausdauer voraus. Viele Vorhaben können für ein Kind als „Ziel" gelten: etwa, ein Lied auf dem Klavier zu lernen oder eine schöne Zeichnung zu verfertigen. Allmählich lernen Kinder, dass viele Teilschritte zu einem Ziel führen können: Erst muss man die Buchstaben lernen, bevor man lesen kann. Diese Teilschritte umfassen auch Tätigkeiten, die nicht immer sehr viel Spaß machen. Doch kann ein Kind erleben: „Übung macht den Meister". Es lohnt sich, sich über längere Zeit einzusetzen.

Dabei gilt es, mit Frustrationen und Enttäuschungen umzugehen. Das Kind muss manchmal angeleitet werden, eine neue Strategie zu probieren. Vielleicht lässt sich ein Problem lösen, wenn man eine andere Methode versucht? Hat das Kind ein Verständnis für Ursache und Wirkung? Eltern können das Kind ermutigen und helfen, bis zum Schluss durchzuhalten. Dann wird es durch seinen eigenen Erfolg belohnt.

Es gibt Kinder, die häufig mit großem Schwung neue Projekte beginnen und dann nicht zu Ende führen. Wenn sich Eltern dessen bewusst sind, können sie dem Kind helfen, sich auf ein Ziel zu konzentrieren.

Wenn ein Kind sich kaum Ziele setzt, kann das daran liegen, dass es enttäuscht wurde. Vielleicht steckt es sich zu hohe Ziele und erlebt daher ständig Enttäuschungen. Eltern können ihr Kind dabei unterstützen, realistische Ziele zu wählen und die Schritte dazu als „Herausforderung" und nicht als „Stress" zu empfinden.

5. Kreativ handeln statt nur konsumieren

Kreatives Handeln umfasst Neugier, Vorstellungskraft und die Freude an Kunst und Musik. Kinder auf der ganzen Welt haben Spaß an Zeichnen, Musik und Tanz. Aktiv zu malen, zu musizieren oder sich zur Musik zu bewegen – oder auf andere Art kreativ tätig zu werden – eröffnet dem Kind neue Welten, die es erkunden kann. Sie regen seine Vorstellungskraft an und bieten ihm die Gelegenheit, Kreativität zu genießen und sich in anderen Medien als der Sprache auszudrücken.

Hier kann man die speziellen Fähigkeiten eines Kindes anregen oder unterstützen. Dadurch fördert man sein Selbstvertrauen und beugt einem rein passiven Konsumieren vor.

Weil sich in den Künsten universelle Aspekte des Menschen ausdrücken, hat der französische Hirnforscher J.-P. Changeux vermutet, dass in ihnen der Schlüssel zu einer Verständigung zwischen den verschiedenen Kulturen der Welt liegen könnte.

6. Verantwortung für sich und andere übernehmen

In vielen Regionen der Welt kümmern sich Kinder – oft im Alter von weniger als sechs Jahren – um ihre jüngeren Geschwister und erledigen Aufgaben wie Wasser holen, Wäsche waschen und Botengänge. Man muss ihnen dabei nicht dauernd sagen, wie wunderbar sie sind. Sie wissen, dass sie gebraucht und geschätzt werden. In einer landwirtschaftlichen Gesellschaft, in der es wenig technische Hilfsmittel gibt, finden sich schnell Aufgaben für

Kinder jeden Alters. In unserer modernen Gesellschaft braucht man etwas Fantasie dazu. Wir sollten unsere Kinder nicht unterschätzen. Sie können einen echten Beitrag zum Familienleben leisten.

Damit Kinder einen Sinn für Verantwortung entwickeln, sollten sie über einen längeren Zeitraum regelmäßige Aufgaben erhalten. Dadurch lernen sie zum einen, dass ihre Leistungen Anerkennung finden, zum anderen, dass ihre Aufgaben, die in sich vielleicht nicht sehr interessant sind, einem übergeordneten Zweck dienen. Immer mehr Eltern arbeiten außer Haus und haben immer weniger Zeit, sich dem Haushalt zu widmen. Mit zunehmendem Alter können Kinder einen immer größeren Beitrag dazu leisten. Im Alter von drei Jahren kann ein Kind beispielsweise den Tisch decken. Mit vier oder fünf Jahren kann es einen Salat zubereiten. Je älter das Kind wird, desto mehr kann es sich an der Planung und Zubereitung der Mahlzeiten beteiligen. Sechsjährige können die Schmutzwäsche sortieren, den Müll hinausbringen und Staub saugen.

Die Hilfe im Haushalt sollte durch einen Sinn für Selbstvertrauen, Selbstkompetenz und Zugehörigkeit motiviert sein, nicht durch finanzielle Belohnung. Kürzlich wurde in der amerikanischen Zeitschrift „Newsweek" berichtet, dass immer jüngere Kinder für die Mithilfe im Haushalt bezahlt werden, etwa für die Zubereitung von Mahlzeiten, Gartenarbeit und Arbeit am Computer, damit sie den Umgang mit Geld lernen. Auf diese Weise wird der entscheidende Lernprozess, sich am Familienleben zu beteiligen, durch eine weniger wichtige Lektion ersetzt. Um den Umgang mit Geld zu erlernen, sollten die Kinder eher ein regelmäßiges Taschengeld erhalten, das nicht aufgestockt wird, wenn sie es ausgegeben haben.

Einen Sinn für Verantwortung setzt die Fähigkeit voraus, die Konsequenzen des eigenen Handelns oder Nicht-Handelns zu realisieren. Kinder müssen die Gelegenheit haben, dies in Alltagssituationen zu lernen, die keine Gefahr bedeuten. Zum Beispiel kann ein Kind die Verantwortung für sein Schulmaterial tragen. Wenn es seine Bilder zu Hause liegen gelassen hat, muss es vielleicht zuschauen, wenn die anderen Kinder ihre Bilder an die Wand aufhängen. Es muss aber auch lernen, dass es auch für andere Verantwortung trägt. Wenn es zum Beispiel versprochen hat, jeden Abend den Tisch für die Familie zu decken und es dann vergisst, muss es spüren, dass die ganze Familie mit dem Essen warten muss.

Verantwortung übernehmen bedingt Verständnis für die Bedürfnisse anderer (Empathie) und eine erweiterte Sicht über die eigenen Wünsche und Bedürfnisse hinaus.

7. Die persönliche Sichtweise ausweiten

Ein Kind von 5–7 Jahren ist durchaus fähig, seine Perspektive „über die eigene Nasenspitze" hinaus zu erweitern. Es kann über seine eigenen Belange hinaus die einer größeren Gruppe sehen. Sein Horizont erweitert sich, und es empfindet sich als Mitglied einer ethnischen oder kulturellen Gruppe. Mit der Zeit absorbiert es die Normen und Werte dieser Gemeinschaft. Wie sehr eine Kultur die Betonung auf das Individuum oder die Gesellschaft legt, hängt von ihren Werten ab. Kinder müssen lernen, dass es andere Kulturen mit eigenen Wertsysteme gibt, die es zu respektieren gilt. Gelegentlich laden Lehrer Angehörige anderer Gemeinden oder Nationen ein, Zeit mit der Klasse zu verbringen, sodass die Kinder sie kennen lernen und mit ihnen sprechen können.

Oft machen sich Kinder Sorgen über Menschen, die krank oder behindert sind. Sie bemerken die Unterschiede zwischen Arm und Reich. Sie stellen beispielsweise Fragen, wenn sie in einer Einkaufszone einen Obdachlosen sehen. Ohne Ihr Kind mit umständlichen Erklärungen zu überfordern, können Sie es dennoch für soziale Probleme sensibilisieren.

Gespräche mit den Großeltern, Urgroßeltern und anderen älteren Familienmitgliedern können dem Kind einen Eindruck von den Bedürfnissen älterer Menschen vermitteln. Außerdem lernt es, dass diese Menschen interessante Geschichten zu erzählen haben und dass sie oft als Kind ähnliche Probleme oder Vergnügen hatten.

Kinder können auch auf Anliegen der Natur angesprochen werden. So lernen sie Respekt für die Bedürfnisse der Pflanzen und Tiere und für die Notwendigkeit, unsere Umwelt zu schützen.

Die erweiterte Sichtweise erstreckt sich also über ein beginnendes Verständnis von Vergangenheit und Zukunft, der Umwelt, anderer Kulturen oder Gruppen mit anderen Bedürfnissen.

Von jetzt an verbringt das Kind mehr und mehr Zeit mit Menschen außerhalb der Familie und immer mehr Zeit unter Gleichaltrigen. Es wird neue Eindrücke verarbeiten müssen und sich mit neuen Einflüssen auseinander setzen. Die grundlegenden Fähigkeiten, die es in seiner Kindheit erworben hat und nun in seine Schulzeit mitbringt, werden für sein persönliches Wohlergehen eine große Hilfe sein.

Anhang

Die Zentren und Regionen des Gehirns: Wie Sie sich zurechtfinden

Sich im Nervensystem zurechtzufinden ist ein bisschen, als würde man eine neue Stadt erkunden. Es ist sinnvoll, sich zuerst die Gesamtanlage des Stadtplans anzusehen, bevor man sich mit kleineren Straßen und einzelnen Gebäuden beschäftigt. Wenn wir einen Längsschnitt des menschlichen Körpers betrachten, stellen wir fest, dass das Nervensystem aus zwei Hauptbestandteilen besteht: dem zentralen und dem peripheren Nervensystem. Das zentrale Nervensystem (ZNS) besteht aus dem Gehirn, dem Hirnstamm und dem Rückenmark. Alle Nervenverbindungen außerhalb dieser Teile gehören zum peripheren Nervensystem. Wir werden uns in erster Linie mit dem zentralen Nervensystem befassen. Dabei dürfen wir allerdings nicht vergessen, dass alle Teile des Nervensystems eng miteinander verbunden sind.

Eine der augenfälligsten Eigenschaften des Gehirns ist seine Unterteilung in zwei Hälften oder Hemisphären. Sie lässt sich schon etwa vier Monate nach der Empfängnis beobachten. Obwohl die beiden Hemisphären viele Eigenschaften gemeinsam haben, sind sie keineswegs Spiegelbilder voneinander. Jede Hemisphäre trägt Tätigkeiten bei, auf die sie spezialisiert ist. Gleichzeitig arbeiten beide Hemisphären ständig zusammen.

Der zerebrale Kortex

Die äußere Schicht des Gehirns wird als *Kortex* bezeichnet. Sie ist nur wenige Millimeter dick, aber sie hat eine große Oberfläche, die vielfach gefaltet ist, um in den Schädel zu passen. Dieser Teil des Gehirns hat sich im Laufe der Evolution des Menschen besonders stark entwickelt.

Der Kortex ist in spezialisierte Areale gegliedert, wenngleich die Regionen nicht von klaren Grenzen oder Mauern umgeben sind. Eine Region im Hinterhaupt ist auf den Sehsinn spezialisiert, eine andere an der Seite auf das Gehör; ein Streifen in der Mitte, der die willkürlichen Bewegungen der Muskeln kontrolliert, wird *motorischer Kortex* genannt. Neben dem motorischen Kortex befindet sich ein Gehirnareal, das für die körperlichen Empfindungen verantwortlich ist. All diese spezialisierten Regionen sind in primäre und höhere Areale unterteilt. Das primäre Areal empfängt die Signale und leitet sie an die höheren Areale weiter, die sie interpretieren und an die motorischen Areale schicken, von denen die Befehle zum Handeln ausgesandt werden. Einige Bahnen sind über Kreuz angeordnet. Beispielsweise kontrolliert der rechte motorische Kortex die Bewegungen der linken Körperseite, während der linke motorische Kortex seine Befehle an die rechte Seite schickt. Dies gilt auch für Körperempfindungen.

Besondere Regionen des Kortex sind auf die Sprache spezialisiert. Bei den meisten Menschen sind sie eindeutig in der linken Hemisphäre angesiedelt. Das *Wernicke-Areal* ist für das Sprachverstehen zuständig. Das *Broca-Areal* ist ebenfalls daran beteiligt und dafür verantwortlich, die richtige Reihenfolge der Muskelbewegungen bei der Lauterzeugung festzulegen.

Zu den Aufgaben des *präfrontalen Kortex* gehört es, gespeicherte Erinnerungen mit gegenwärtigen Situationen zu vergleichen. Ferner schmiedet er Pläne und überprüft Strategien, damit sie ausgeführt werden können (Exekutivfunktionen). Ein besonderer Teil des frontalen Kortex ist der *orbitofrontale Kortex*. Er ist eng mit den Emotionszentren des Gehirns verknüpft und spielt eine wichtige Rolle bei unserer emotionalen Interpretation von Ereignissen. Diese Verknüpfung ist entscheidend dafür, ein Gleichgewicht zwischen unseren Gefühlen, Gedanken und Handlungen herzustellen.

So wie wir beispielsweise von Backbord und Steuerbord sprechen, um Positionen auf einem Schiff zu kennzeichnen, gebrauchen wir Fachausdrücke, um Bestandteile des Gehirns zu lokalisieren. Mit *frontal* meinen wir die Gegend hinter der Stirn, mit *parietal* die Scheitelgegend, mit *temporal* die Schläfengegend und mit *occipital* das Hinterhaupt.

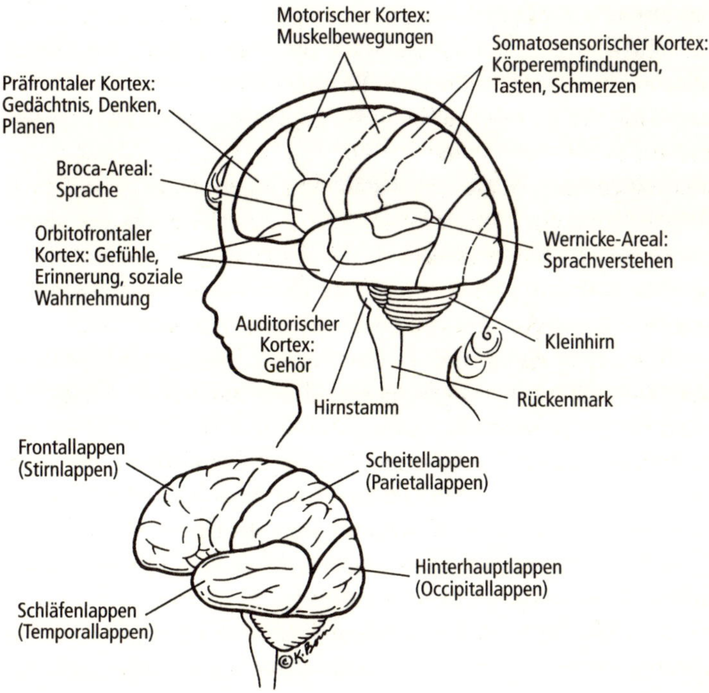

Unter dem Kortex

Die Hirnregionen, die unter dem Kortex liegen, werden als *subkortikale Strukturen* bezeichnet. Der *Hippocampus*, der diesen Namen wegen seiner Ähnlichkeit mit einem Seepferdchen trägt, verwahrt für eine begrenzte Zeit Informationen, bevor sie im Langzeitgedächtnis gespeichert werden. Die Informationen von den primären und höheren sensorischen Kortexregionen kommen in den Hippocampus und mit ihm verknüpfte Areale. Dort können sie mehrere Wochen bleiben, bis sie in spezialisierte Regionen im zerebralen Kortex verlagert werden. Der Hippocampus ist möglicherweise mehr als nur ein Zwischenlager. Er dient eventuell auch dazu, die Speicherung von Informationen in anderen Hirnregionen zu erleichtern.

Die *Basalganglien* kontrollieren die motorischen Programme, die für die automatische Ausführung erlernter Bewegungen und die Anpassung an Veränderungen der Körperhaltung erforderlich sind. Da die Basalganglien über zahlreiche Verbindungen mit dem zerebralen Kortex verfügen, sind sie auch für komplexere Bewegungen wichtig, beispielsweise für die Planung der Bewegungen beim Klavierspiel. Die Verknüpfungen zum assoziativen Kortex und zum limbischen System binden die Basalganglien in verschiedenste Denk- und Gefühlsprozesse ein.

Die Erforschung des *Kleinhirns* stand lange im Schatten der Entdeckungen über die Rolle des zerebralen Kortex. Diese Vernachlässigung ist heute vorbei. Das Kleinhirn ist mehrfach mit der Hirnrinde verbunden, auch mit dem assoziativen und paralimbischen Kortex. Daher könnte das Kleinhirn nicht nur an motorischen Funktionen, sondern auch an kognitiven, sprachlichen und emotionalen Reaktionen beteiligt sein. Klinische Beobachtungen bestätigen diese Vermutung.

Der *Thalamus* ist die wichtigste Übermittlungsstelle zwischen dem Kortex und den subkortikalen Zentren. Er dient auch als

Tor zum Gehirn, durch das die Informationen von den Sinnesorganen gelangen müssen. Der *Hirnstamm* hat entscheidende Bedeutung für lebenswichtige Funktionen wie das Atmen und den Kreislauf. Ein Teil des Hirnstamms, die *Retikulärformation*, ist besonders für Wachheit und Aufmerksamkeit zuständig. Der *Hypothalamus* spielt eine wichtige Rolle beim Schlafrhythmus. Er und die *Hypophyse* regulieren die Hormonproduktion. Zusammen mit dem autonomen Nervensystem kontrollieren sie die Funktionen unserer inneren Organe. Daher haben sie besondere Bedeutung für den Umgang mit Stress und Infektionen.

Die mandelförmige *Amygdala* (auch *Mandelkern* genannt) gehört zu einem sehr alten System, dem limbischen System, das schon früh in der Evolution entstanden ist. Für das Überleben hat es große Bedeutung, weil es auf Gefahrenzeichen reagiert, indem es den Körper in Alarmbereitschaft versetzt. Es schärft nicht

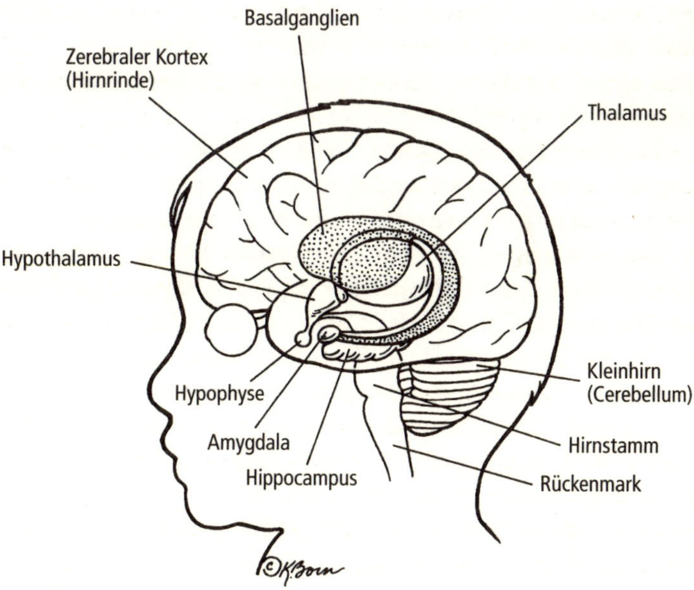

nur die Aufmerksamkeit, sondern löst auch Prozesse aus, die den Körper auf schnelle Reaktionen und Ausdauerleistungen vorbereiten. Beim Menschen trägt die Amygdala zur emotionalen Färbung von Ereignissen bei. Im Laufe der Evolution hat der menschliche Kortex eine enorme Entwicklung erfahren und eine enge Verknüpfung mit dem limbischen System ausgebildet. Das bedeutet, dass der Kortex mehr von seinen Informationen zur Verfügung stellt und dass höhere Denkprozesse eine größere Flexibilität ermöglichen.

Die Nervenzelle (Neuron) und ihre Verbindungen

Nervenzellen, auch *Neuronen* genannt, sind die Grundbestandteile des Nervensystems. Das Neuron besteht aus dem Zellkörper mit einem langen Axon und einer großen Anzahl Verästelungen (Dendriten). Manchmal bezeichnen wir das Axon auch als Nerv. Axone schicken Signale, Dendriten empfangen sie. Während einige Axone nur 0,1 mm kurz sind, erreichen andere eine Länge von fast 2 m.

Neuronen kommunizieren miteinander, indem sie elektrische Impulse über das Axon an das nächste Neuron schicken. Der Punkt, an dem der Impuls von einem Neuron zum anderen überspringt, heißt *Synapse*. An einigen Synapsen fließt der elektrische Impuls direkt zum nächsten Neuron. Bei einem anderen Typus von Synapse ist das Ende des Axons der sendenden Nervenzelle durch eine Lücke vom Dendriten der empfangenden Zelle getrennt. Um diesen „Spalt" zu überspringen, benötigt der elektrische Impuls einen chemischen Botenstoff, den man als *Neurotransmitter* bezeichnet. Die sendende Zelle schüttet den Neurotransmitter in den Spalt aus, wo er von den Rezeptoren am Dendriten der empfangenden Zelle aufgenommen und wieder in einen elektrischen Impuls umgewandelt wird.

Die Neurotransmitter beeinflussen die Reaktionen der Nervenzellen auf mehrere Arten. Jeder Typ von Transmitter hat spezielle *Rezeptoren*, an die er sich bindet. Ein Neurotransmitter kann sogar mehrere Unterarten von Rezeptoren haben. Diese Vielfalt ermöglicht ein breites Spektrum komplexer Verhaltensweisen.

Wenn Sie meinen, die Liste der E-Mail-Adressen im Adressbuch Ihres Computers sei lang, sollten Sie sie einmal mit den Kontaktstellen eines einzelnen Neurons vergleichen. Eine einzige Nervenzelle in Ihrem Gehirn kann bis zu 20 000 Kontakte mit anderen Neuronen haben. Das bedeutet, dass sich im Gehirn Billionen von Synapsen befinden, die es zur komplexesten uns bekannten Struktur im gesamten Universum machen. Da jedes Neuron so viele Verbindungen mit anderen Neuronen hat, können Informationen im riesigen Netzwerk des Gehirns große Verbreitung finden. Wenn man alle Verbindungen im Gehirn eines Erwachsenen in einer Reihe anordnen würde, könnte man die Kette mehrmals um den Äquator wickeln. Die Landkarte des Gehirns zeigt lediglich die Verbindungen zwischen Neuronen. Tatsächlich aber haben Nervenzellen auch mit anderen Zelltypen Verknüpfungen, beispielsweise mit Muskeln und Drüsen.

Die Axone der Nervenzellen sind von einer Myelinschicht umhüllt. Sie sorgt für Isolierung und eine schnellere und effizientere Übermittlung der elektrischen Impulse. Die Myelinschicht wird gebildet, wenn elektrische Impulse durch die Axone geschickt werden. Auf diese Weise stimuliert Gehirnaktivität die Myelinisierung. Es handelt sich um eine Wechselwirkung: Mehr Aktivität bedeutet mehr Myelin und mehr Myelin beschleunigt die Aktivität. Obgleich Myelin sehr wichtig ist, kommen einige Impulse ohne Myelin aus. Manche Verbindungen – zum Beispiel Axone zu den inneren Organen – werden nie myelinisiert.

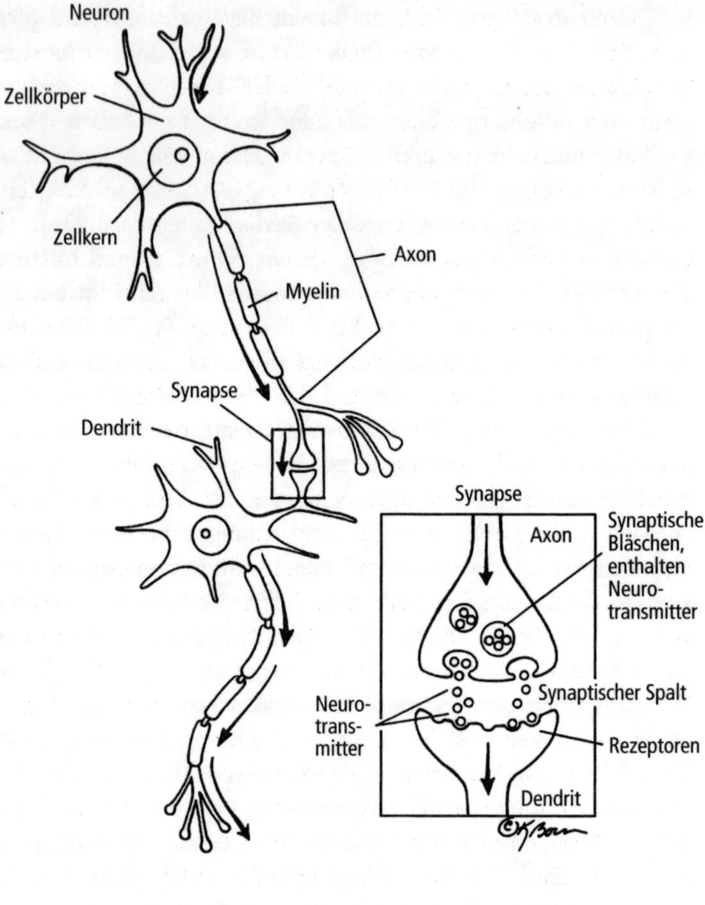

Von der Wahrnehmung zur Handlung

Am Beispiel eines Jungen und seines Dreirads (vgl. Abb. S. 320) wollen wir den Kreislauf zeigen, mittels dessen das Gehirn Informationen zusammensetzt, Pläne schmiedet und Signale zum Handeln aussendet. Das Beispiel beginnt damit, dass der Junge sein Dreirad an der Wand neben der Garagentür lehnen sieht. Sein *visueller Kortex* analysiert die Informationen, die seine Netzhaut entlang der unterschiedlichen Bahnen für Farbe, Form, Tiefe und Bewegung liefert. Die Bahnen für Farbwahrnehmung und Gestalterkennung enden beide im *temporalen Kortex*. Dieses System ist auf die Umrisse von Gegenständen und die Einzelheiten innerhalb der Umrisse spezialisiert. Da das System für die Eigenschaften zuständig ist, die man zur Erkennung eines Gegenstands benötigt, nennt man es auch die „Was"-Bahn. Die einzelnen Bestandteile des Bildes – die Farbe sowie die Form der Räder, des Sattels und des Lenkers – werden zusammengefügt und das Gehirn des Jungen nimmt ein Dreirad wahr.

Eine andere Bahn des visuellen Systems bestimmt den Ort des Dreirads. Die „Wo"-Bahn erkennt das räumliche Verhältnis zwischen Gegenständen und die Bewegung eines Gegenstands im Raum. Diese Bahn führt zum *parietalen Kortex*, der die vom visuellen Kortex ausgesandten Signale interpretiert. So kann das Dreirad in der Auffahrt vor dem Haus des Jungen lokalisiert werden. Die „Was-" und die „Wo"-Bahn vereinigen sich im präfrontalen Kortex.

Der *präfrontale Kortex* setzt die Informationen zusammen und vergleicht sie mit Situationen aus der Vergangenheit. Unser kleiner Dreiradfahrer erkennt das Fahrzeug als sein eigenes, das er zu seinem Geburtstag bekommen hat. Es ist hellrot, hat glänzende schwarze Reifen und eine besondere Klingel. Der Junge erinnert sich an die Freude, die er empfindet, wenn er die Auffahrt hinunterfährt und die Räder gleichmäßig über den Asphalt rollen fühlt. Er realisiert, dass sein Dreirad auf dem Vorplatz steht. Nun fasst er einen Plan. Er beschließt, seinen Helm aufzusetzen, den Lenker zu ergreifen und das Dreirad so zu steuern, dass er beim Fahren das Gleichgewicht halten kann. Der präfrontale Kortex schickt die Nachricht über diesen Plan zur Ausführung an den *prämotorischen* Kortex, der die Befehle zu den entsprechenden Bewegungen vorbereitet. Die Signale werden an den *primären motorischen Kortex* weitergeleitet, der sie seinerseits an die Neuronen des *Rückenmarks* sendet. Diese Neuronen übermitteln die Befehle an die Muskeln und veranlassen sie zum Handeln. Der Junge beginnt rhythmisch in die Pedale zu treten und die Räder gleiten über den Asphalt. Das vestibuläre System hilft ihm, das Gleichgewicht zu halten, während das Kleinhirn ständig über die Bewegungen seiner Muskeln wacht. Damit ist der Kreislauf vollständig. Das Gehirn erfüllt seine drei wichtigsten Funktionen: Informationen sammeln, die Informationen interpretieren und dementsprechende Handlungen auslösen. Während wir noch darüber nachdenken, verschwindet der kleine Junge zufrieden aus unserem Blickfeld.

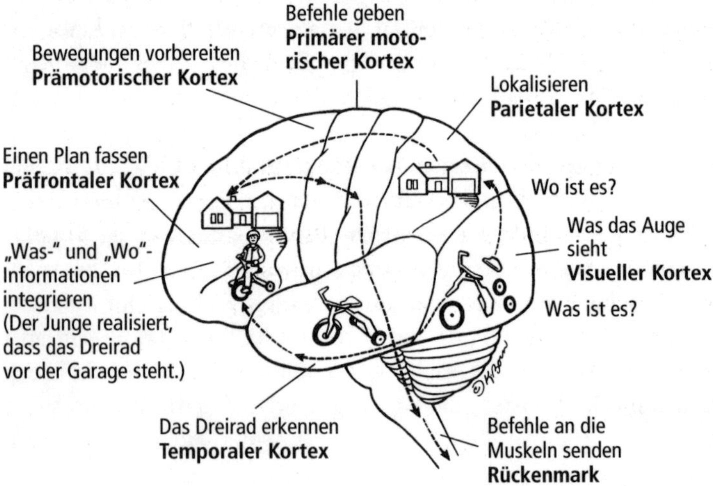

Meilensteine der Entwicklung in den ersten sechs Jahren

Die Balken zeigen die großen Unterschiede in den Zeitpunkten, zu denen Kinder die Meilensteine der Entwicklung erreichen. Das linke Ende des Balkens bestimmt den Zeitpunkt, zu dem 25 Prozent der Kinder das entsprechende Verhalten zeigen. Das rechte Ende stellt das Alter dar, in dem 95 Prozent der Kinder den Meilenstein erreicht haben.

Die Grafik wurde erstellt nach W. K. Frankenburg et al. (1992): The Denver II: A major revision and restandardization of the Denver Developmental Screening Test, Pediatrics 89 (S. 91–97), und M. D. Levine, W. B. Carey, A. C. Crooker (Hg.) (1999): Developmental-Behavioral Pediatrics (3. Auflage), Philadelphia: W. B. Saunders.

Meilensteine der Grobmotorik in den ersten sechs Jahren

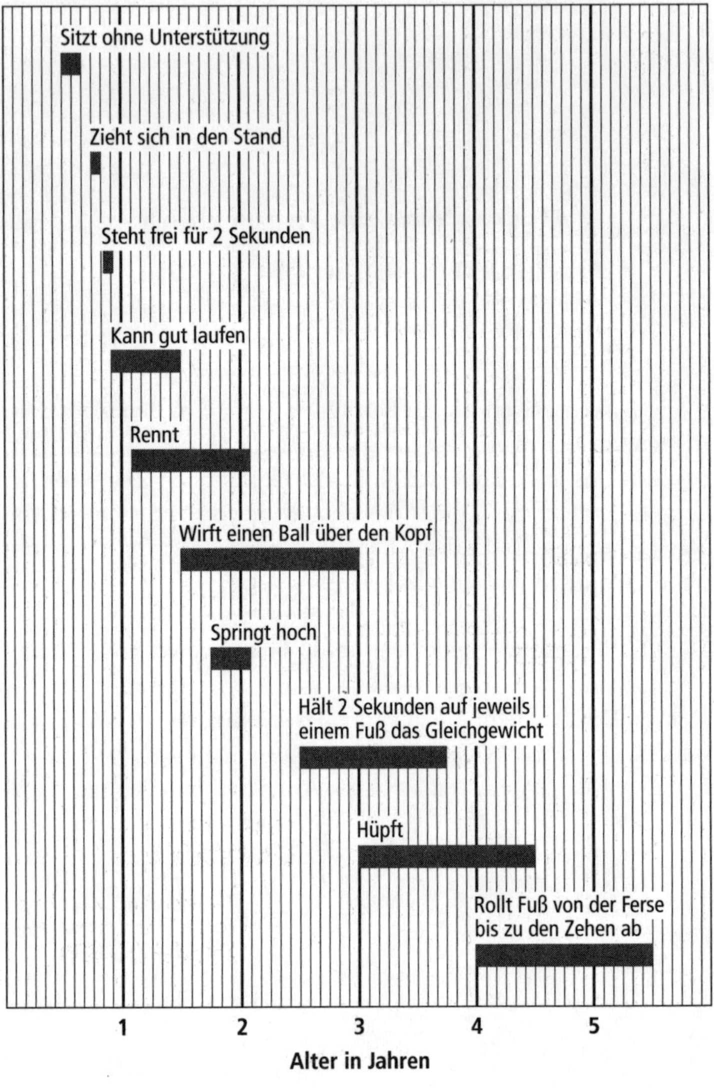

Meilensteine der Feinmotorik in den ersten sechs Jahren

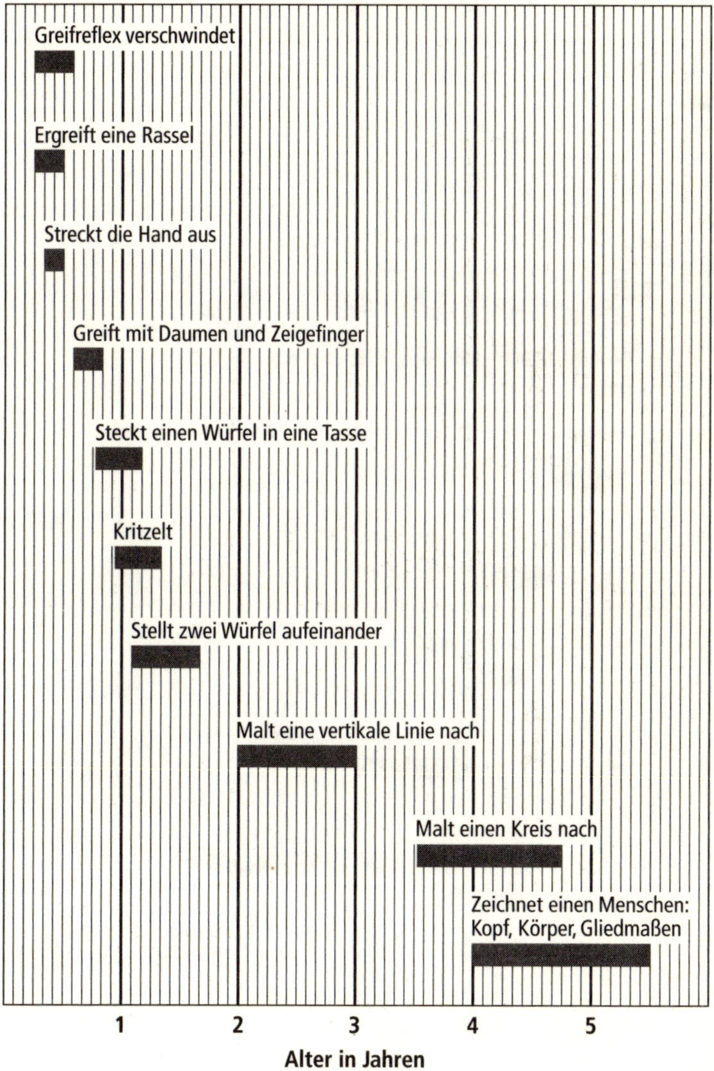

Meilensteine der Sprache in den ersten sechs Jahren

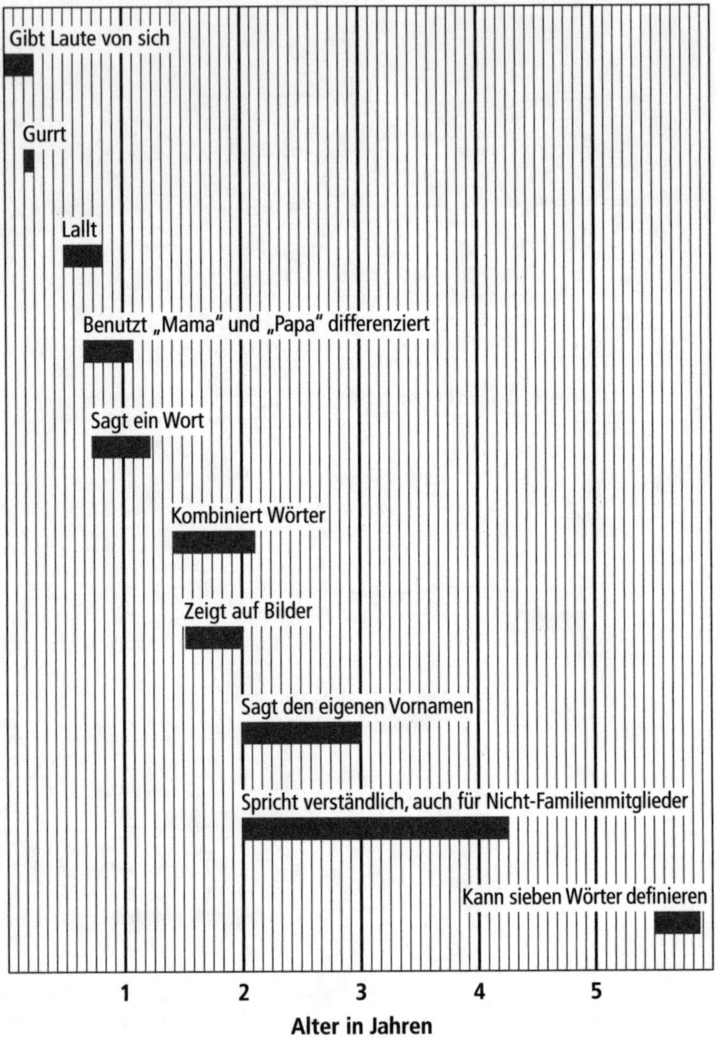

Meilensteine des Spiels und des Alltagslebens in den ersten sechs Jahren

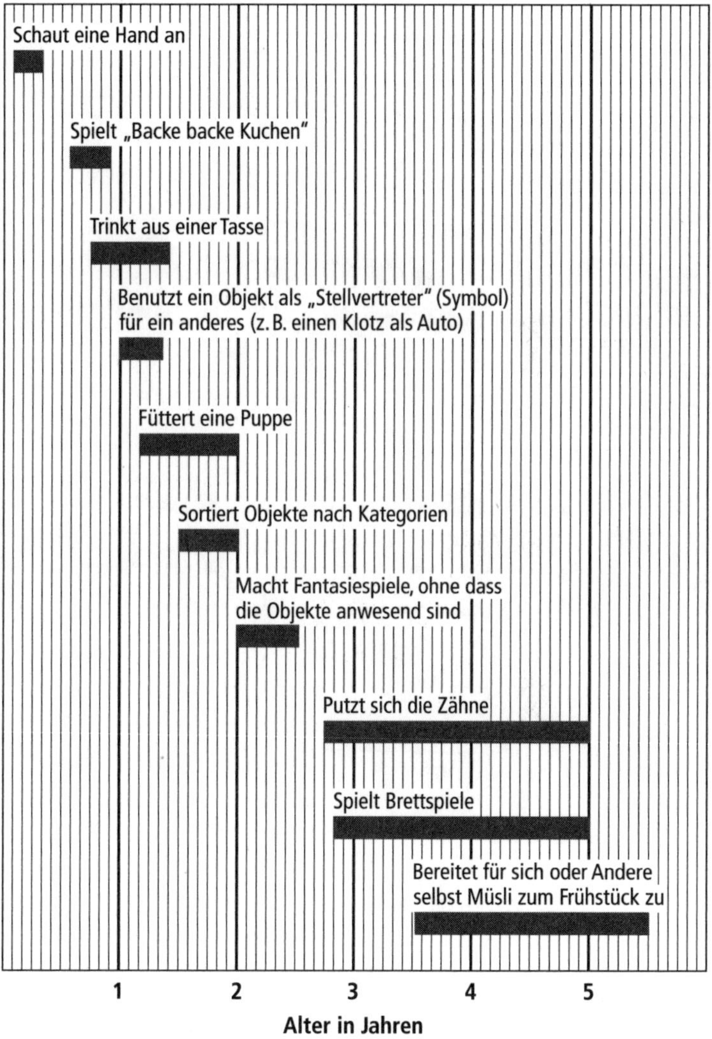

Glossar

Amygdala (Mandelkern)	Mandelförmige Struktur des Gehirns, die bei emotionalen Reaktionen (speziell Angst) aktiviert ist. Steht in enger Verbindung mit dem autonomen und hormonalen System. Teil des limbischen Systems.
Astrocyten	Zellen, die den Neuronen „Treibstoff" (Hauptsächlich Zucker) aus dem Blut liefern, Abfallprodukte aus den Neuronen fortschaffen und die Tätigkeit der Neuronen regulieren.
Autonomes Nervensystem	Kontrolliert Körperfunktionen wie Blutdruck, Atmung, Darmbewegungen, Harnblase, Schwitzen, Körpertemperatur. Es besteht aus sympathischem und parasympathischem System, sowie einem weiten Nervengeflecht in den Wänden des Verdauungstrakts.
Axon (Nerv)	Faser, die Impulse von der Nervenzelle weg zu einer Synapse am Endziel transportiert.
Balken (corpus callosum)	Dickes Nervenbündel, das die beiden Gehirnhälften verbindet.

Basalganglien	Subkortikales Kontrollsystem, das an motorischen, kognitiven und emotionalen Funktionen beteiligt ist.
Broca-Areal	Region in der Hirnrinde, die wichtig für das Sprechen ist.
Dendriten	Verästelte „Antennen" der Neuronen, die Impulse von anderen Neuronen empfangen.
Elektroenzephalogramm (EEG)	Technik zur Registrierung elektrischer Aktivität des Gehirns.
Ereignisbezogene Hirnpotentiale (ERP, EVP)	Elektrische Aktivität des Gehirns als Antwort auf eine Stimulation.
Gen-Expression	Aktivierung der in den Genen vorhandenen Information zur Eiweißbildung. Die neugebildeten Eiweiße werden in neuronale Strukturen eingebaut (Plastizität).
Hemisphären	Hirnhälften, links und rechts.
Hippocampus	Seepferdchenförmige subkortikale Hirnstruktur, die wichtig für Gedächtnisbildung und Lernen ist. Teil des limbischen Systems.
Hirnrinde	s. Kortex
Hirnstamm	Subkortikale Struktur, die die Hirnrinde mit dem Rückenmark verbindet. Koordiniert viele Funktionen, wie Muskelbewegungen, Bewusstseinszustände, Schlaf, „Wachheit", und automatische Funktionen wie Herzschlag, Atmung und Darmtätigkeit, die meist nicht wahrgenommen werden.
Hypophyse	Drüse an der Basis des Gehirns. Hat eine Schlüsselstellung für die Steuerung von anderen hormonproduzierenden Drüsen im ganzen Körper.

Hypothalamus	Die nur 4 g schwere Struktur ist ein wichtiges Kontrollsystem für das autonome System, speziell für endokrinologische, immunologische und emotionale Funktionen. Wichtig für Schlaf. Steht in enger Beziehung zur Hypophyse. Teil des limbischen Systems.
Inferenz	1) Die Fähigkeit, eine kurzzeitige Assoziation zwischen einem Objekt oder Ereignis und einem anderen zu bilden und auf Ähnlichkeiten zu schließen. Ermöglicht den Gebrauch von Symbolen. 2) Die Fähigkeit, aus Beobachtungen von mehreren ähnlichen Situationen ein allgemeines Prinzip abzuleiten.
Kleinhirn (cerebellum)	Kontrolliert und korrigiert die Kraft und Richtung der Bewegungen, ist am Erlernen motorischer Fähigkeiten sowie an kognitiven und emotionalen Funktionen beteiligt.
Kohärenz	Zustand, bei dem Neuronen in verschiedenen Schaltkreisen im gleichen Rhythmus zur gleichen Zeit aktiv sind. Es kommt dabei zur temporären Bindung von Einzelkomponenten zu einem Ganzen.
Kortex (Hirnrinde)	Eine etwa 6 mm dicke Schicht an der Oberfläche des Gehirns. Enthält die Nervenzellen (graue Substanz), von der die Axone ausgehen (weiße Substanz). Ist in verschiedene Regionen unterteilt, die alle spezifische Funktionen haben und miteinander verbunden sind. Die Hirnrinde sendet Information zu den anderen Hirnstrukturen und zum Körper und empfängt Informationen vom ganzen Körper.

Limbisches System	Ist an allen Formen emotionalen Verhaltens und Denkens beteiligt sowie am Lernen und an der Bildung des Gedächtnisses. Es löst emotionale Reaktionen aus. Besteht aus Amygdala, Hypothalamus, Hippocampus sowie Teilen des Thalamus und des zerebralen Kortex.
Magnetresonanz-bildgebung	Auch „Kernspintomographie" genannt. Erlaubt sehr gute Bildgebung der Hirnstrukturen, ohne Röntgenstrahlen zu benutzen. Kann auch eingesetzt werden, um Gehirnteile zu zeigen, die im Moment besonders aktiv sind.
Melatonin	Im Gehirn gebildete chemische Substanz, die eine große Rolle im Tag-Nacht-Rhythmus spielt und damit auch im Schlaf-Wach-Rhythmus.
Myelin	Isolierende Schicht um das Axon, die die Übermittlung von Impulsen durch den Nerv beschleunigt. Myelin wird von speziellen Zellen gebildet.
Neuron (Nervenzelle)	Basiszelle des Nervensystems. Besteht aus Zellkörper, Axon und Dendriten. Das Besondere an der Nervenzelle ist die einzigartige Schnelligkeit und Präzision der Kommunikation. Im Gegensatz zu anderen Körperzellen bleiben Nervenzellen größtenteils lebenslang erhalten.
Neurotransmitter	Chemische Botenstoffe, die an den Synapsen als Transportmittel funktionieren und damit Neuronen untereinander und mit ihren Endorganen verbinden.
Oligodendroglia	Zellen, die die Myelinmembran um Axone im Zentralnervensystem bilden.
Peripheres Nervensystem	Die Nerven außerhalb des Gehirns und des Rückenmarks.

Plastizität	Auf Aktivität beruhende lebenslange Eigenschaft des Gehirns, funktionell wirksame Anpassungen auf verschiedene Anforderungen vorzunehmen (z.B. Lernen, Rehabilitation).
Positron-Emissions-Tomographie (PET)	Technik, um den Stoffwechsel in Hirnregionen zu messen, die aktiv sind.
Präfrontaler Kortex	Vorderes Areal in der Hirnrinde, hinter der Stirn gelegen.
REM-Schlaf (**R**apid **E**ye **M**ovements)	Schlafphase mit charakteristischen raschen Augenbewegungen (Rapid Eye Movements). Phase des Träumens.
Retikulärformation	Teil des Stammhirns, der den allgemeinen Grad der Aktivität des Gehirns kontrolliert und damit auch die Wachheit und den Muskeltonus.
Rezeptor	Spezifische Rezeptorproteine an der empfangenden Seite der Synapse, die Neurotransmitter binden, die das Neuron entweder erregen oder hemmen.
Schwann'sche Zelle	Bildet die Myelinmembran um Axone im peripheren Nervensystem.
Subkortikale Struktur	Gehirnteile, die sich unterhalb des Kortex befinden.
Synapse	Verbindung zwischen Neuronen. Die Verbindung kann chemisch mittels Neurotransmitter (also „indirekt") stattfinden oder elektrisch auf direktem Weg erfolgen.
Thalamus	„Eingangstor" zum Gehirn für Sinnesinformationen. Wichtige Vermittlungsstation zwischen dem Kortex und den subkortikalen Zentren.

Vestibuläres System	Spielt eine wichtige Rolle für die Körperhaltung und für das Aufrechterhalten des Gleichgewichts.
Weiße Substanz	Schicht unterhalb des Kortex, die die myelinisierten Axone der Neuronen enthält.
Wernicke-Areal	Assoziatives Areal im zerebralen Kortex, das am Sprachverstehen beteiligt ist.
Zentralnervensystem	Gehirn und Rückenmark.
Zirbeldrüse (Epiphyse)	Kleine Drüse im Gehirn, die Melatonin produziert. Sie kontrolliert den Tag-Nacht-Rhythmus.

Weiterführende Literatur

Astington, Janet W.: Wie Kinder das Denken entdecken, München (Ernst Reinhardt) 2000.

Brazelton, T. Berry: Ein Kind wächst auf: Das Handbuch für die ersten sechs Lebensjahre, Stuttgart (Klett-Cotta) 1995.

Bruer, John T.: Der Mythos der ersten drei Jahre: Warum wir lebenslang lernen, Weinheim (Beltz) 2000.

Csikszentmihalyi, Mihaly: Kreativität, Stuttgart (Klett-Cotta), 5. Aufl. 2001.

Damon, William: Die soziale Entwicklung des Kindes, Stuttgart (Klett-Cotta) 1989.

Eliot, Lise: Was geht da drinnen vor? Die Gehirnentwicklung in den ersten fünf Lebensjahren, Berlin (Berlin Verlag) 2001.

Elschenbroich, Donata: Weltwissen der Siebenjährigen, Kunstmann (München) 2001.

Gardner, Howard: Der ungeschulte Kopf. Wie Kinder denken, Stuttgart (Klett-Cotta), 4. Aufl. 2001.

Gardner, Howard: Intelligenzen. Die Vielfalt des menschlichen Geistes, Stuttgart (Klett-Cotta), 2. Aufl. 2002.

Goleman, Daniel: Emotionale Intelligenz, München/Wien (Hanser) 1996.

Gopnik, Alison / Patricia Kuhl /Andrew Meltzoff: Forschergeist in Windeln. Wie Ihr Kind die Welt begreift, Kreuzlingen/München (Hugendubel) 2000.

Greenspan, Stanley I.: Die bedrohte Intelligenz: Die Bedeutung der Emotionen für unsere geistige Entwicklung, München (Goldmann) 2001.

Haug-Schnabel, Gabriele / Barbara Schmid-Steinbrunner: Wie man Kinder von Anfang an stark macht, Ratingen (Oberstebrink), 2. Aufl. 2002.

Herschkowitz, Norbert: Das vernetzte Gehirn. Seine lebenslange Entwicklung, Bern (Hans Huber), 2. Aufl. 2002.

Kagan, Jerome: Die Natur des Kindes, Weinheim (Beltz) 2001.

Kohlberg, Lawrence: Die Psychologie der Moralentwicklung, Frankfurt/Main (Suhrkamp) 1996.

Largo, Remo: Kinderjahre, München (Piper) 2000.

Largo, Remo: Babyjahre, München (Piper) 2001.

Michaelis, Richard / Gerhard W. Niemann: Entwicklungsneurologie und Neuropädiatrie, Stuttgart (Thieme), 2. überarb. u. erw. Aufl. 1999.

Oser, Fritz / Wolfgang Althof: Moralische Selbstbestimmung, Stuttgart (Klett-Cotta), 4. Aufl. 2001.

Postman, Neil: Das Verschwinden der Kindheit, Frankfurt/Main (Fischer) 1994.

Pinker, Steven: Der Sprachinstinkt: Wie der Geist die Sprache bildet, München (Kindler) 1996.

Spitzer, Manfred: Lernen. Gehirnforschung und die Schule des Lebens, Heidelberg (Spektrum akademischer Verlag), korr. Nachdruck 2003.

Sternberg, Robert J.: Countdown zum Erfolg. Was man braucht, um seine Ziele wirklich zu erreichen, München (Droemer Knaur) 2002.

Zentner, Marcel: Die Wiederentdeckung des Temperaments, Frankfurt/Main (Fischer) 1998.

Die in den einzelnen Kapiteln beschriebenen Studien wurden ausschließlich in englischer Sprache veröffentlicht und daher nicht in das Literaturverzeichnis aufgenommen. Interessierte Leser können nähere Informationen direkt von den Autoren beziehen:

Elinore Chapman Herschkowitz
Prof. Dr. Norbert Herschkowitz
Pourtalèsstr. 57
CH-3074 Muri/Bern
Tel.: 0041-31-951-55-01
Fax: 0041-31-951-55-21
E-Mail: norbert.herschkowitz@pupk.unibe.ch

Leben mit den Kleinsten

Emmi Pikler
Friedliche Babys – zufriedene Mütter
Pädagogische Ratschläge einer Kinderärztin
Band 4986

Emmi Pikler warnt vor frühen Überforderungen: Babys brauchen Zeit, um in Ruhe ins Leben zu wachsen. Ein Klassiker der Erziehungsliteratur.

Thomas Grüner
Was Kinder stark und glücklich macht
Die kleine Elternschule
Band 5440

Orientierung, Bindung, Einflussmöglichkeiten, Spaß und Anerkennung: Wie Eltern diese Dinge in eine gute Balance bringen, ohne sich selbst hintan zu stellen, zeigt der erfahrene Psychologe.

Katharina Kruppa / Astrid Holubowsky
Babys wissen, was sie brauchen
– Eltern auch –
Band 5449

Babys können ihre Bedürfnisse deutlich mitteilen. Und Mütter wissen, was für ihr Kind gut ist – wenn sie ihrem intuitiven Wissen trauen. Was Eltern schon lange über den guten Start als Familie wissen wollten!

Sabine Laerum
Kleine Kinder – große Sorgen?
Probleme richtig einschätzen bei Kindern von 3–6
Band 5530

Kein Anlass zur Sorge: Im Alter von 3–6 haben Kinder so ihre Eigenheiten. Das Orientierungsbuch für Eltern, das hilft, Verhalten richtig einzuschätzen.

Vreni Merz
Was Kinder können, bevor sie es lernen
Schlummernde Kräfte wecken und fördern
Band 5668

Leistungsdruck ade! Vieles, was Kinder brauchen, um erfolgreich und glücklich zu werden, ist schon in ihnen angelegt: sie brauchen nur die Unterstützung, um es immer wieder zu üben. Für alle, die Kindern mitgeben möchten, worauf es ankommt.